珍藏本·增订本

纪念版

汉译世界学术名著丛书

社会科学方法论探究

〔奥〕卡尔·门格尔 著

姚中秋 译

商務印書館
SINCE 1897
The Commercial Press

Carl Menger

UNTERSUCHUNGEN ÜBER DIE METHODE DER SOCIALWISSENSCHAFTEN UND DER POLITISCHEN OEKONOMIE INSBESONDERE

汉译世界学术名著丛书
（120年纪念版·珍藏本）
增订本出版说明

2017年10月，为纪念商务印书馆创立120周年，本馆推出“汉译世界学术名著丛书”（120年纪念版·珍藏本），计七百种。近五六年来，仰赖学界同人倾力支持，订正旧译，增补新译，拓展新著，积累日多。为满足读者需要，本馆在七百种的基础上，继续推出“汉译世界学术名著丛书”（120年纪念版·珍藏本·增订本）三百种。至此，“汉译世界学术名著丛书”累计出版已达千种。

今后，本馆将继续推进丛书的翻译出版工作，在积累单本名著的基础上陆续分辑刊行，汇印出版。为促进中外文明互鉴、推动我国学术发展，使“汉译世界学术名著丛书”这项对我国学术文化有基本建设意义的重大工程发挥更大作用，诚望海内外学术界、翻译界继续给予支持，帮助我们把这套丛书出得更好。

商务印书馆编辑部

2024年2月

引领时代思想，为本土原创学术的发展提供丰富的文化滋养，为推动中国现代学术和现代化进程做出了突出的贡献。

为纪念商务印书馆成立120周年，我们整体推出“汉译世界学术名著丛书”120年纪念版的珍藏本，寄望既利于文化积累，又便于研读查考，同时向长期支持丛书出版的译者、编者和读者致以敬意。

两甲子后的今天，商务印书馆又站在了一个新的历史时间节点上。我们不仅要铭记先辈的身影和足迹，更须让我们的步伐充满新的时代精神。这是商务人代代相传的事业，更是与国家和民族的命运始终紧密相连的事业。我们责无旁贷，必须做好我们这代人的传承与创造，让我们的努力和成果不仅凝聚成民族文化的记忆，还能成为后来人可以接续的事业。唯此，才能不负前贤，无愧来者。

商务印书馆编辑部

2017年10月

目　　录

卷二　经济学研究之历史视角

卷三　对社会现象之有机理解

卷四　历史地研究政治经济学的观念之发展

附录

相关文献

前　　言

政治经济学领域之理论性探究，特别是在德国，尚未发展出有关此学科之真正方法论。相反，德国经济学家，以及很大程度上其非德国之同行们，全身心关注之理论论题，主要涉及政治经济学及其分支之性质与概念，其真理之性质，构思经济学问题以便恰当处理现实状况，等等诸如此类之问题。他们尚未触及实现经济学研究诸目标之知识路径，因为其经济学研究本身就大成问题。

其实，此现象相当晚近才出现。时间回溯到不久以前，当时，政治经济学之性质及其真理之形式化性质似乎已经稳固建立，我们这门学科领域中之理论探究确实已经思考其真正的方法论问题。人们认为，确定政治经济学是“关于国民经济之规律的科学”，就已经足够了，因为关于它的看法，作为纯技术问题，已然解决。科学讨论已经可以深入探究这些规律究竟是通过思辨还是通过经验、是通过演绎还是通过归纳来掌握的问题了，探究在社会现象领域、具体而言在国民经济领域，何种具体形式适合于这些方法的问题了。它可以深入探究真正的方法论所涉及之其他类似问题了。

当然，一旦我们开始更彻底地处理方法论问题，这一切就不能不改变。我们学科之学者不能不意识到，政治经济学在其理论性与实用性(practical)分支中展示了具有完全不同之形式化性质的知识。因此，我们不能说政治经济学之一种方法、唯一方法，只能说它的诸种方法。获知之道与研究方法，系由研究目标、由我们欲求知晓之真理的形式化性质所指引。理论经济学的方法与国民经济之实用学科的方法不可能相同。然而，即便在处理方法论问题时坚持这一根本区分，或者认为唯有理论经济学才至关重要，更细致深入的探究也必定会揭示出，哪怕是“现象之规律”这样的概念也是含混的，由具有完全不同的形式化性质之诸真理组成。因此，把政治经济学或者哪怕把理论性经济学视为一门“关于国民经济之规律”的学科，也是不准确的。

后古典时代（the postclassical period）学者之经济学概念绝大多数只是简单立足于如下观念，经济学就是关于国民经济规律之科学，关于经济现象之共存与相续（co-existence and succession）之规律的科学，这些规律差不多有自然规律之形态。他们未能意识到这种知识之不同性质，因此也未能意识到上述概念是不精确的。而在视政治经济学为类似于物理学和化学的概念之外，解剖学－生理学理路，比起我们这门学科中个别研究者以前提出它时已经更为显眼了。将国民经济视为有机体、其规律类似于解剖学和生理学规律，此理路与物理学理路恰成对立；经济学研究中的生物学理路与原子论理路也呈相对之势。

科学探究并未止步于方法论问题之这一意蕴。已有人指出，一般意义上的社会现象，具体而言国民经济现象，会因国家个性、因地区状况，尤其是因社会发展阶段，而各有其具体特征；它们呈现时间、空间上之差异，而不可能不对合于它们的规律产生决定性影响。从这一角度看，欲求不受时空条件影响，关于国民经济之普遍、永恒规律，因而欲求立基于此规律之科学，似不可能，纯属妄想；这似乎必定不恰当地从现象中抽离“完整经验实在”(full empirical reality)。因此，不仅在“实用经济学”领域，就是在理论经济学，也即“关于经济规律之科学”领域，考察经济现象之时空差异，似乎是一条必然要求。

另有人更甚，以至于相信，他们不必承认自然规律与国民经济规律间的相似性，相反，后者完全被视为历史发展的规律[作为经济历史之相似性(parallelisms)]，是大数规律(作为国民经济统计数据之相似性)。在对我们学科之原子式理路与有机的理路之外，又出现了历史－哲学的研究取向与统计－理论的研究取向，它们欲在理论经济学中保留国家和历史的视角。

好像这还不够，又有一种研究取向走红，它甚至质疑政治经济学就是“关于国民经济之规律的科学”之特征。相反，与历史法学和历史语言学一样，它把政治经济学视为特殊的历史性学科，在国民经济领域中，历史的理解是唯一正当的，是唯一可实现研究目标之进路。在关于经济规律之性质、因而也是关于理论经济学之性质的多种看法——这事实上也是对这些规律之本质的看法——之外，又添入了这种视政治经济学为特殊的历史科学之观点。

上述观点之间的分歧，不限于我们学科之真理之形式化性质。有人认为，经济学是研究“经济现象”之规律的科学，有人则在这种观点中看到，这是把国民生活一个侧面不恰当地孤立起来进行研究。有理论认为，国民经济现象要在与国家之总体社会与政治发展状况的内在关联中予以处理，这种理论在经济学家中有很多支持者。关于我们学科之真理的形式性质及我们学科本身之性质，本已众说纷纭，又加进有关我们学科应研究之现象领域之范围和界限的争议。事实上，很多人看起来甚至有点怀疑，一般意义上的政治经济学是否还可视为一门独立的学科，而毋宁是普遍社会科学的一个有机组成部分？

迄今已持续近半个世纪之讨论，一直围绕着所有这些研究取向之正当理由而展开，而这些研究取向在一定程度上是相互冲突的，有时又可彼此融合、互补。毋庸讳言，我们学科之方法论的这一发展状况根本不可能是有益的。对通往政治经济学领域研究目标之道的探究（关于真正的方法论之探究），何以得出令人满意的结论？进一步说，假如这些目标本身就如此大成问题，学术界怎会有兴趣严肃地面对相关问题？

此即本书宗旨所在，本书发源于我的以下感受：解决上述问题是政治经济学领域之迫切需求，应首先服务于这一需求。面对理论探究之现有角度，本书也主要关注于确定政治经济学、其各分支、其真理之性质，简言之，关注我们学科领域之研究目标。狭义的方法论将主要留待未来探究，因为，一旦就本书研究之基本问题达成若干共识，必定立刻引发研究狭义方法论之兴趣。

若形成这方面的共识，则解决上面所说问题之第二个部分，可能比乍看起来容易得多。不管怎样，人们只要多少熟悉相关文献即可知道，在很高程度上，哲学性探究从一开始即可转化为真正的方法论问题，并在此如何达致其最有价值之成果。我们首先需十分清楚国民经济领域之研究目标，则可期望在这之后，确定实现这些目标之路径并不太难，只要所有那些感到在确定政治经济学方法论时需要合作之士，致力于将一般性理论探究之成果应用于解决我们学科之特殊问题，当然是认真地应用之，比迄今为止之所为更为认真而明智。

当然，我们将会看到逻辑学家的论著对于探究政治经济学领域之研究目标无益。关于对这一知识领域之真理性质的洞见，只能来自全面而充分地考量我们研究之现象的领域，与这一领域对我们学科提出之特殊要求。无可置疑的是在上述方面，我们不应指望从逻辑学家那里得到多少教益，相反，他们倒可指望从我们这里得到教益。不过，最近有迹象显示，德国经济学家中有些人试图就我们学科之研究目标问题，从主流逻辑学家的论著中寻找教益。无疑，我们只能把这一点看作我们学科之理论结构之这一部分尚处在极端不能令人满意状态的象征。不过我确实相信，只要我们就政治经济学之真理的性质获得较可靠的成果，则一般理论性探究对我们会高度有益，它们将有益于检验这些真理之形式化条件与获得真理之知识路径。

确实，即使那样，对我们学科来说也只有很少助益，它现在本就远远落后于其他学科。事实上，我情不自禁地说，我未高估方法论对一般研究、具体而言对政治经济学领域研究之重要意义。最重大的科学成果多出自那些无意探究方法论之士，而最伟大的方法论专家则很少能证明自己是某某学科中非常杰出的学者，尽管他们极清晰地阐述了该学科之方法。在方法论的建立与学科之令人满意的发展之间，有一道难以逾越的鸿沟，只有该领域之天才人物，才有可能贯通两者。实证性研究通常会在没有发达之方法论时创造出一门学科，或使其发生划时代变革，而没有天分之方法论是永远做不到这一点的。对于一门学科领域中之二流成就来说无比重要之方法论，对留待天才解决之那些重大问题，就不甚重要。

只有在一种情况下，方法论探究才确实对学科发展而言最为重要、最为迫切、最为吃紧。这可能出现在这样一个知识领域中，在此，因为这样那样的原因，对于从研究对象之性质所确定之研究目标，学者们已丧失精确感觉。可能出现以下情形：人们对该学科之次要问题赋予过大甚至决定性意义。势力强大的学派所支持之错误方法论原则完全掌控局面，片面地以之判断该知识领域的一切努力。简言之，学科进步之所以受阻，乃因为错误的方法论原则盛极一时。在这种情况下，澄清方法论问题，确实是取得科学研究进步之前提，此时，本来宁愿投入其精力于解决本学科自身问题之士，恐怕也有责任卷入方法论之争中。

而在我看来，此即目前德国政治经济学领域之现象，此种状态于那些没有仔细追踪这门学科近几十年发展之人士来说，是难以理解的。

对于我们学科之性质、其论题、其范围，尤其是确定政治经济学领域研究新目标之努力，存在着相互冲突之观点，这种局面最初并不是从那些从事理论性探究的经济学家的兴趣发展出来的。它始于人们越来越清晰地认识到，亚当·斯密及其追随者留给我们的经济学理论缺乏可靠的基础，即使对其最根本问题，也未找到解决办法，对于国民经济实用学科、因而对该领域之实践，尤其不能提供充分基础。甚至在德国历史学派经济学家出现前，已有一种信念日益生成：从前关于我们学科已至完美状态的流行看法是错误的，恰恰相反，这门学科需要彻底的修正。

一旦有此信念，可有三条思路革新我们的学科。或者，基于此前关于我们学科之性质、问题之观点展开政治经济学之革新，从政治经济学起步之处，对亚当·斯密所创建之学说予以完善；或者，另外开辟研究之新路径。此革新，可以是对以前的做法予以改革，可以对所研究之理论予以改革。

除此两种革新取向外，还可采取性质和趋势上有所不同的另一思路，人们也可以最终采用之，它在很大程度上是融合上述两种革新观念为一体。革新政治经济学，依然可从以前的立场出发，又当开辟新取向。任何单一研究取向不可能涵盖所有研究论题。相反，欲改进对我们现实世界及其发展过程之认知，提高对理论和实用知识之要求，须持续不断地提出获取知识之新取向。单一研究取向，即使本身充分正当，若从我们学科所解决之全部问题角度看，也是不充分的。对于一门学科之理论来说，尤其如此。只有在所有正当理论研究取向得到令人满意之发展，并将其研究成果组织为理论框架或体系时，此学科才算达到完善。在理论性自然科学中是如此，在一般性理论社会科学，具体而言在理论性国民经济学科中，同样如此。开辟理论研究新分支与革新以前的理论研究，相伴而生。

以上所述革新经济学三思路中的第一种，表面看起来最简单也最为显而易见，实则由于不止一个原因，面临异乎寻常之困难。所有国家最杰出的头脑沿着以前研究路径努力，终究无所得，而现在我们想有所得；曾令天才人物束手无策者，现在我们想把握。不仅要提出批评，或打开更宽广的视野，还要创造出实证性成果。拟采取之研究取向要求其代表人物有原创性，有能力取得实证性研究成果。在此知识领域，考虑到其无与伦比的困难，对学者的才智提出了最高要求。

由于另外一些原因，此处所描述之努力于我们的需求，没有多大价值。再也没有比循此前研究路径革新学科更难的了，至少乍看之下，也没有比这更无益的了，此时，杰出才智之士循此而行，已无所获。其权威之压力将削弱努力追随他们之人的信心，与此同时妨碍人们认可已取得之成就。它压制创新性头脑之活力与接受性头脑(receiving minds)之自由判断力。

综合所有这些，则可得出结论，依老观点革新我们的学科是困难的，因而实在没有吸引力。经济学理论，主要由英国经济学家塑造之所谓古典学派，没有能力令人满意地解决关于国民经济之规律的学科的问题。而其学说之权威却完全成为我们的负担，阻碍人们在这些路径上取得进步，早在亚当·斯密之前几个世纪的学术贤人，就沿着这些路径寻求解决建立理论性社会科学之这一重大问题。

革新我们学科的另一思路似乎更简单，也更值一试。目前不能令人满意的状态，无人认为是学者的能力不足以解决其问题所致，而在于错误的研究取向，则采取新取向，即有望一劳永逸地解决问题。不管是谁，只要能确立此一新取向，就可视为政治经济学之革新者，即便其在深化此取向、证明其正当性的实际路径上未有值得一提之贡献，即便其对解决其问题未有直接贡献。即使他仅仅满足于开拓更大视野，或在本身具有正当性却截然不同于政治经济学之知识领域中努力，即使他仅仅满足于汇编那些旧有研究取向之成果、以揭示其谬误所在，并予以强烈批评，而无连贯认识，也仍是政治经济学之革新者。

还有多种因素可有助于推进上述努力。在语言研究领域、政治科学领域和法学领域，各种新的研究取向已占据优势，并取得成果，而学术界和公众舆论——尤其是在德国——未能正确估计其价值，而在很大程度上予以高估，至少暂时地。运用这些成果于我们的知识领域，这种想法何其显而易见！欲以政治经济学革新者身份出名，除了对研究之类似性的敏锐感觉外，几乎不再需要别的素质。循旧观念革新政治经济学既很困难，也不光荣。另一方面，研究新取向之先驱者、开创者的名声，则会随着知识工具之适度投入源源而来。因此，无人对下面事实感到奇怪：在德国真正的学院经济学家中，理论的发展每况愈下。渴望一朝成名之人，在新方向上总可搞出点名堂，只要有才之士自命其为有用，甚至能力稍差、不足以研究国民经济之重大关系、不足以精确分析其现象者自命其为有用即可。

在做此创新时，这些人确实忽视了政治经济学之形式化性质与其他学科之形式化性质间的根本差异，因此多多少少机械地借鉴那些学科之基本原则，甚至照搬其研究结果。他们尤其未能认识到，那些基于历史主义而改变了法学之科学运动的真实趋势。我下面将会证明，一些罕见的误解在德国革新者改革政治经济学过程中发挥了决定性作用。研究新取向在不小程度上不过是扭曲的类比之产物，而未能正确认识到政治经济学真正问题之所在。

不过，即使本身确实正当之研究新取向得以流行，也未必全面洞见国民经济领域中有待于科学解决的那一整套问题。我们随处可见下面现象在重复，某一研究取向，常常只有比较次要的价值，却使革新政治经济学事业排他性地依赖于它的成功，而完全拒绝其他研究取向之正当性。开辟研究新路径从而改变政治经济学令人不能满意之状态的愿望,在德国,却带来关于我们学科及其问题之一系列看法,其部分是误导性的,部分是偏颇的。它所带来之观点,让德国经济学家脱离所有其他国家的这门学科之文献的学术趋向。事实上,它所带来的观点导致德国学者之努力,由于其偏颇性,根本无法为德国之外的经济学家所理解。

毋庸赘言,在此情况下,基于我上面所述之普遍基础而进行的政治经济学变革,完全不同于这门学科之德国革新者的精神气氛。在前述研究取向之代表人物中,看不到一个有才之士全面审视了关于国民经济之规律的科学所不能不解决的问题之整体。不见一人愿意全面考察作为国民经济之理论学科整体中之正当分支的各个理论研究取向,或者哪怕愿意考察其与国民经济学领域其余非理论性分支之间的关系。事实上,甚至无人愿意阐明对于方法论问题之全面认识。相反,我们遇到的研究取向,部分地是误导性的,部分本身是正当的,但相对于政治经济学的整体来说多多少少是次要的。然而,凡此种种,又被人等同于普遍的国民经济学领域之研究本身。

而德国政治经济学现状之真正麻烦就在于此。情况并不是,我们学科的革新者——带着其信心而露出头角——没有致力于消灭其有缺陷的状态,而这恰恰构成问题之真正核心。问题也不在于他们只关注相对次要的问题,忽视政治经济学领域之主要研究目标,甚至忘却那门学科本身。问题的核心在于,他们毫不掩饰对其余一切研究取向之蔑视,基本上漠视之,而事实证明,这些研究取向对我们整个学科来说通常是最重要的。

有鉴于此，现在确实到了将政治经济学领域的方法论探究置于科学研究之首要位置之时。目前，我们学科的进步受到错误方法论原则之妨碍。因而，方法论是至关重要的，并将一直占据重要地位，直到通过澄清研究目标，并相应地澄清实现目标之途径时，直到清除那些妨碍政治经济学在德国进步之误导性方法论原则时。

至于我所能达到的结果本身，我想，对其无须多言。考虑到我们处理之问题的难度，我已尽我所能，简单而清晰地论述它们。我也已尽我所能，对其进行分类、组合。就让它们自己说话吧。但我还是禁不住在此略说一点，因为这涉及我对德国同行之态度。

我已意识到本论著之巨大争议性质，但争议无一因为本人对我们学科那些杰出代表人物怀有恶意。相反，我为自己设定的任务之性质，让我不能不如此。我对德国政治经济学目前状态之认识，让我必须如此。我激烈地反对目前通行之经济学研究取向，既非为了批评而批评，甚至也不单纯是为了表面的花哨。它们是我的任务之组成部分；确实，这些批评不得不是有力的、横扫一切的，即使我知道，有时，这有伤害到别人感情之风险。

即便这将多少损害我的论述可能取得的表面成功，乍看起来确实如此，我也无所抱怨。过去几十年来，由于一直处于孤立隔绝状态，晚近德国经济学文献很少受到德国以外学术界之仔细审查，并由于其自身特点而很难为人理解，所以，几乎未受到严肃批评之影响。由于德国经济学对自己方法的坚定信心，通常也缺乏哪怕是一丁点严厉的自我批评精神。在德国，若有人采用不同研究方向，会被人视若无睹，而无人反驳。这种长期做法发展出关于我们学科之方法论问题的一套自成体系的术语体系，其中一部分是荒唐无稽的。正是这套术语，由于人们不假思索地搬用，而未受严肃批评，对德国政治经济学发展之危害，已越来越大。这甚至让人不能不呼吁，在我们学科领域来一场划时代的剧变。在此情形下，迫切需要不偏不倚的审视和考察，迫切需要严肃的批评。他人长期而广泛地忽视这一点，我不得不来填补这一空白。

不过，不怀偏见的读者将立刻认识到，若我蔑视我的德国同行，于我的意图实无任何助益。我时刻不忘公正对待他人之优点，我将尽我所能做到这一点。即便在我必须反对某种错误研究取向或偏颇时，也总是尽量最仔细地强调我所批评之学说中的真理因素。我也不会仅仅望文生义，就抛弃某个学说，相反，我每次都会对正在讨论之学说做深入考察。指导我的想法是，在德国从事政治经济学领域研究，须重新意识到其真正任务。我希望把德国政治经济学从有害于我们学科发展之各种片面性中解放出来，把它从自绝于世界经济学潮流之孤立状态中解放出来，从而在德国准备好进行经济学改革之土壤；考虑到这门学科目前令人不满的状态，进行这样的改革是非常紧迫的要求。

所有伟大的文明民族在科学发展过程中都有其特定使命，一个国家的学术界或其中相当大部分学者若脱离正轨，必将在科学知识发展过程中落伍。政治经济学也不可能离开德国才智之士一心一意的合作。本书任务是致力于将德国政治经济学带入正轨，别无任何其他考虑。

卡尔·门格尔

维也纳，1882 年 12 月

卷一

作为理论性学科之经济学，及其与历史的、实用的经济学科之关系

第一章　国民经济学领域研究之诸方面

提要：一般历史性学科与理论性学科，具体而言有关经济之历史性学科与理论性学科之对比。——关于经济之历史性学科之性质与论题。——经济理论之性质、论题和意义。——关于经济之实用学科之性质与论题；它们与理论经济学之关系，与经济实践之关系。

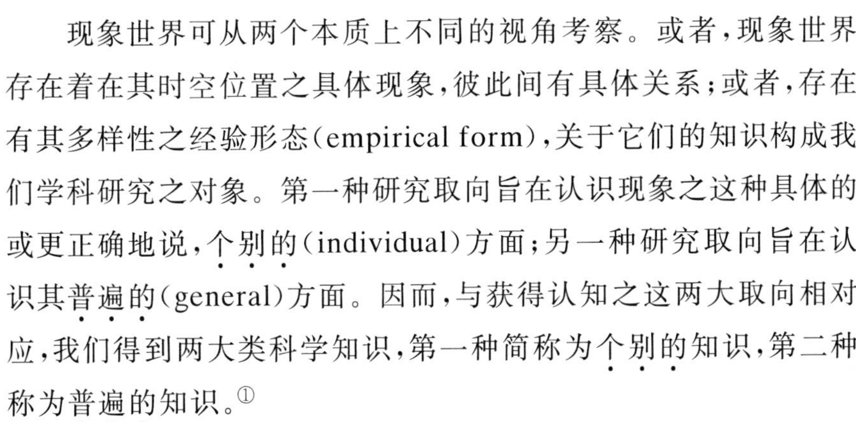

现象世界可从两个本质上不同的视角考察。或者，现象世界存在着在其时空位置之具体现象，彼此间有具体关系；或者，存在有其多样性之经验形态（empirical form），关于它们的知识构成我们学科研究之对象。第一种研究取向旨在认识现象之这种具体的或更正确地说，个别的（individual）方面；另一种研究取向旨在认识其普遍的（general）方面。因而，与获得认知之这两大取向相对应，我们得到两大类科学知识，第一种简称为个别的知识，第二种称为普遍的知识。[①]

---

① 我们在此使用“个别的”（individual）一词，仅仅是为了与“普遍的”（general）东西相对照，为了使具体的现象与现象的形态相对照。我们有意避免使用“具体的”（concrete）与“抽象的”（abstract）两个词，因为它们是含糊的，而且不能准确地反映上面的对照关系。

人类头脑投入于认识具体现象（都是个别的）之兴趣，及其对实际生活之重要意义，是不言而喻的；致力于认识个别东西所得之结果的形式化性质，也是不言而喻的。普遍性知识之性质和重要意义，对一般人的理解来说却不是那么显而易见的；而由于这一议题对理解理论性学科之性质有重要意义，并与历史性学科恰成对比，这里也许应当略做考察。

尽管存在大量具体现象，但哪怕只是粗略地观察，即能认识到，不是每一单个现象都能展示具体经验形态，区别于所有其他经验形态。相反，经验告诉我们，有特定现象在不断重复，有时十分严格地重复，有时没那么严格，以略有变化的形态重复出现。我们称这些经验形态为类型（types）。具体现象之间的关系也同样如此。这些不会在每一单个情形中展示都完全的个别性状。相反，我们能够毫不费力地在其中观察到某些关系，或多或少有规律地重复出现[也即在时间的前后相续（succession）、在发展、在并存（co-existence）时表现出规则性]，这种关系，我们称之为典型的（typical）。买卖、货币、供需、价格、资本、利率等现象就是经济中典型经验形态之例证。另一方面，一种商品的价格会由于供给增加而有规律地下跌，一种商品的价格会由于通货的增加而上涨，利率会由于资本积累的大幅度增加而下降，等等，向我们展示了经济现象间之典型关系（typical relationships）。经过这样一番讨论，我们所说的普遍的与个别的现象间之对立，或关于现象的普遍性的与个别的知识之对立，当已完全清楚。

探究现象之类型和典型关系，对于人类生活确有无可比拟之重要意义，丝毫不下于对具体现象之认知。若无关于经验形态的

知识，我们就不可能把握我们周围的大量现象，也无法在头脑中厘清它们；它是更全面地把握现实世界之前提条件。若未把握此类典型关系，我们就不仅不可能深入地理解现实世界，对此，下面将深入讨论；而且，可以轻易看出，我们的全部认知也无法超出眼前观察之范围，也即，不可能对事态做出预测、进行控制。人的一切预测，从而人的一切随自己之意塑造事物之活动，都以我们前面所称普遍的知识为基础。

此说法适用于现象世界之所有领域，当然也适用于一般经济现象领域，及其社会形态，即具体的“国民经济”[①]领域。对国民经济现象，我们也可从上面所说两种完全不同的视角进行考察。在经济领域中，一方面，我们必须区分个别（具体的）现象，区分其在时空中之个别（具体）关系；另一方面，我们也得区分类型（经验形态），区分其典型关系（最广义上的规律）。在经济领域中，我们也同时碰到个别的和普遍的知识，相应地，也存在着关于现象之个别特征之学科，和关于现象之普遍特征之学科。前者属于经济历史学和经济统计学，后者属于理论经济学；因为前两者的任务是探究个别的[②]经济现象，即使是从不同视角进行探究。后者的任务是

① 参见本书“附录一　国民经济之性质”。

② “个别的”（individual）不能与“单个的”（singular）相混淆，换句话说，个别现象不能与单个现象相混淆。因为，与“个别的”对应的是“普遍的”（general），而与“单个现象”对应的是“集体性现象”（collective phenomenon）。具体一个民族、一个国家，具体的一个经济体、一个社团、一个社区等，都属于个别现象，却不是单个现象（相反，它们都属于集体性现象）；而尽管商品、使用价值和企业家等的现象形态（phenomenal forms）是普遍性现象，却不是集体性现象。有关经济的历史性学科反映的是经济的个别现象，但这并不排斥我们从集体性视角认识这些现象。不过，关于人类现象的个别方面与普遍方面的探究与描述之对立，一般都能使我们将历史性社会科学与理论性社会科学区分开来。

探究经济现象之经验形态和规律（普遍性质和普遍关联）。[①]

上述区分通常体现在这门学科划分为历史性部分和理论性部分，即便其含义略有不同。关于经济之历史和统计学属于历史性学科，经济学则是理论性学科。[②]

除了上述两大类经济学科之外，我们在此需要谨记还有第三类，其性质截然不同于前述两类：此指所谓的**各门实用性学科或技术**（practical sciences or technologies）。

这种类型的学科不使我们认识现象，不管是从历史的视角，还是从理论的视角；它们并不教给我们**实然知识**。其论题毋宁是确定一些基本原则，据此，在不同情况下特定类型之努力是最适合实施的。它们教我们，人要实现自己特定目标需要什么样的条件。经济领域中的这类应用学科就是**经济政策**和**财政科学**。

因此，基于我们的具体目的，我们将经济学领域区分为三大类

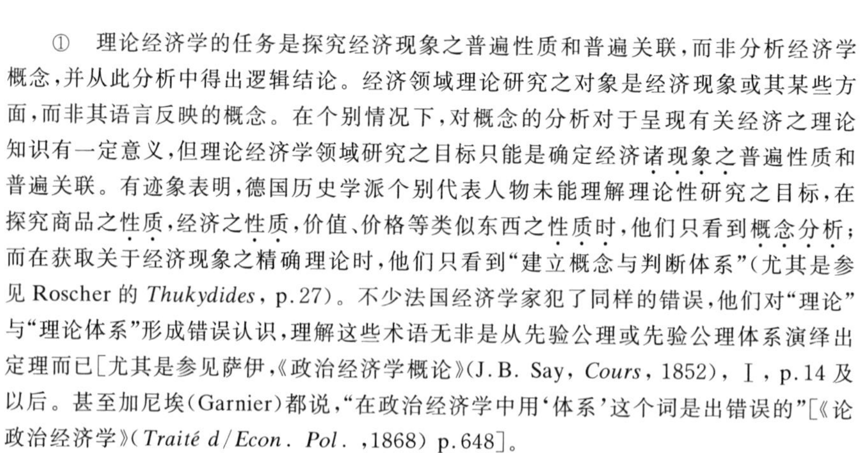

① 理论经济学的任务是探究经济现象之普遍性质和普遍关联，而非分析经济学概念，并从此分析中得出逻辑结论。经济领域理论研究之对象是经济现象或其某些方面，而非其语言反映的概念。在个别情况下，对概念的分析对于呈现有关经济之理论知识有一定意义，但理论经济学领域研究之目标只能是确定经济**诸现象**之普遍性质和普遍关联。有迹象表明，德国历史学派个别代表人物未能理解理论性研究之目标，在探究商品之**性质**，经济之**性质**，价值、价格等类似东西之**性质**时，他们只看到**概念分析**；而在获取关于经济现象之精确理论时，他们只看到“建立概念与判断体系”（尤其是参见 Roscher 的 *Thukydides*，p.27）。不少法国经济学家犯了同样的错误，他们对“理论”与“理论体系”形成错误认识，理解这些术语无非是从先验公理或先验公理体系演绎出定理而已［尤其是参见萨伊，《政治经济学概论》（J.B. Say，*Cours*，1852），Ⅰ，p.14 及以后。甚至加尼埃（Garnier）都说，“在政治经济学中用‘体系’这个词是出错误的”［《论政治经济学》（*Traité d/Econ. Pol.*，1868）p.648］。

② 参见本书“附录二　理论经济学之概念与其规律之性质”。

学科：首先是关于经济之历史性学科（历史学[①]）和统计学[②]，其任务是探究和描述经济现象之个别性质和个别联系；第二类是理论性经济学，其任务是探究和描述经济现象的普遍性质和普遍关联

① 克尼斯这样阐述经济历史之研究论题："其任务是，不仅理解和描述经济理论之历史发展，及一般性国家权力为实现其物质需求、增进国家经济利益之意图和做法，也理解和描述不同国家、时代之实际经济状况和发展过程。"我们以为，科学的经济历史之论题似有三层：1.探究经济历史之史料；2.对这些史料进行外部的、内部的考证；3.基于由此获得的历史材料描述我们称之为"经济"的那些集体性现象之发展过程。史料研究越深入全面，对其考证越仔细、越得法，描述的水平就越高，历史学家越能成功地向我们呈现真实地反映单个国家、某一组国家，甚至整个人类的经济发展历史之图景。另一方面，在我们看来不科学的那些学者所采取之研究手法，不过是从各个国家经济历史之现成著述中东拼西凑，而未深入地追溯资料来源，未对史料做最基本的批评性考证。尤其是有些人，尽管引用大量历史资料，却按照表面特征编排，不能呈现反映经济发展之连贯图景，我们要说，这样不加批评地堆积资料之历史学，更少科学性。

② 作为一门历史性学科的统计学，要解决的课题与历史学一样，不过，不涉及发展的过程，而涉及社会的状态。不加批判地汇编统计数据，或者仅将统计数字做一番纯粹表面的编排而缺乏较高程度的内在逻辑，不能算已进入科学描述领域。将历史统计定义为"处于停止状态的历史"、"历史发展的平均状态"、"对于某一特定时间点上的社会的描述"等诸如此类的认识，都会导致对于这门学科之正确性质形成错误理解。历史统计学的任务不是向我们提供某一特定时间点上社会的外在图景，因为，受所选择之时间点的制约，这幅图景不可避免地是极端偏离常态的、极端不完整的，无助于考察人民的全部生活。相反，历史统计学的任务是描述从社会运动中产生的社会生活之全部要素（哪怕是那些不易察觉的因素），历史学的任务则是刻画这种运动本身。作为历史性学科，历史统计学区别于统计学之处在于，其从大量观察中获得之统计数据自我呈现为单纯的科学材料，此数据既相对于历史统计学，也相对于理论统计学。发掘到的甚至经过批评性考证的史料本身不是"历史"，同样，纯粹的统计资料也不能说是"统计学"。同样应当显而易见的是，获取统计数据的方法也必然会有别于对统计结果之科学描述。"作为一门科学的统计学"不可能只有一种方法。一般称之为"统计学理论"的东西，就其性质而言，通常就是这门学科的方法论（所谓的认识理论）。更准确地说，只有对统计资料进行一番真正的理论考察后所得到的结果，即有关社会诸现象并存及前后相续之规律，才可称为理论性统计知识，其总和构成理论统计学。"大数规律"构成这种理论统计学之最重要部分，但却不是其唯一的部分。

(即经济现象之规律);最后一类是国民经济之实用性学科[①],其任务是探究和描述在国民经济领域中据以采取恰当行动(因条件而异)之基本原则(经济政策和财政科学)。

而对用国民经济学[②]一词,我们理解其为关于国民经济之理论性-实用性学科之总和(理论经济学、经济政策和财政科学),现在它们共同归入此词之下。[③]

① 参见本书“附录三 国民经济之实用性学科与经济实践、与理论经济学之关系”。

② 有人提到,第一个使用“政治经济学”(économie politique)一词的是蒙克莱田(Montchrêtien Sieur de Vateville),他于1615年在鲁昂与让·奥斯蒙(Jean Osmont)出版《论政治经济学》(*Traicté de l'économie politique*)。此词后来广为流传,不过,它只出现在这本书的封面上,版权页上并没有,在那里,书名写为《论经济利润》(*Traicté économique du profit*),正文中也找不到此词踪影。因而,看起来,此词很可能是作者一时灵感;也许是在本书已排版后从同时代另一本著作那里借鉴而来。这本著作分三卷,分别论述贸易、商业和航运,基本属于实用经济学[(参见加尼埃,《经济学杂志》(J. Garnier, *Journal des économistes*), Aug.-Sep., 1852]。迪瓦尔,《蒙克莱田回忆录》(Duval, *Mémoire sur Antoine de Montchrétien*, Paris, 1868)。“政治经济学”一词可能在伪托亚里士多德之《经济学》中已提到,不过在此只用来指城邦之经济。在中世纪拉丁语中,politia一词要比politica用得更广泛,指统治的艺术[在最早的词汇表中,该词译为:“statorrdenunge, regiment eyner stat, kunst von der regierung der stst, ein kunst von statten zu regieren”(城邦秩序,城邦政府,治理该城邦之艺术,治理诸城邦之艺术)]。在中世纪拉丁语中,Oeconomia意思一般是俸禄、乡村庄园;Oeconomus的意思是管家、守护者、辩护士等。在早期学者著述中,我未发现谁将这两个词合起来使用,甚至在教父那里也没有[参见Du Cange (1845), Ⅴ,333及以后和Ⅳ,696,迪芬巴赫,《拉丁文-德文辞典》(Laur. Diefenbach, *Glossarium Latino-german*, 1857), p. 445]在蒙克莱田之前所发表的著述,一般都使用亚里士多德的术语,他们在研究政治学或经济学,从未研究过政治经济学。

③ 参见本书“附录四 经济学科之术语与分类”。

第二章　未察知理论经济学之形式化性质而致之谬误

提要：混淆关于经济之历史性学科与经济理论。——混淆关于经济现象之历史性与理论性理解。——应用历史法学观点于理论经济学中之谬。——不适当地区分后者与实用经济学科。——透过政治经济学历史说明这种谬误。——此谬误对于一般政治经济学研究策略、方法论和进步所造成之危害。

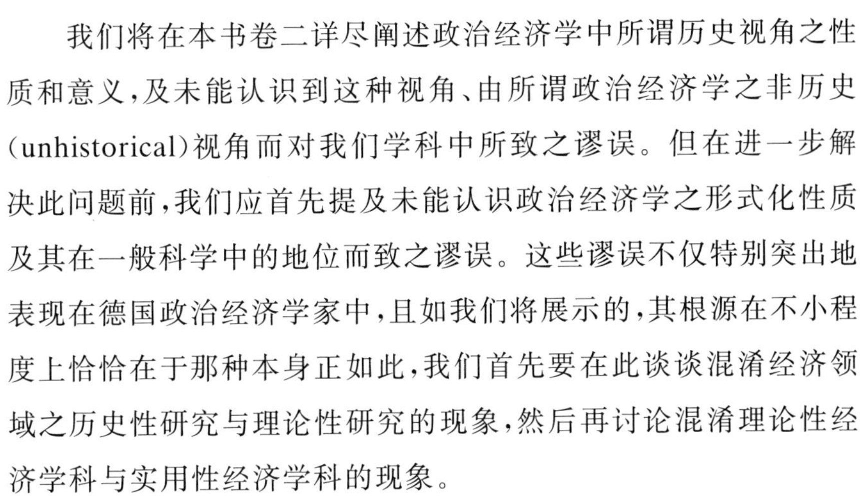

我们将在本书卷二详尽阐述政治经济学中所谓历史视角之性质和意义，及未能认识到这种视角、由所谓政治经济学之非历史(unhistorical)视角而对我们学科中所致之谬误。但在进一步解决此问题前，我们应首先提及未能认识政治经济学之形式化性质及其在一般科学中的地位而致之谬误。这些谬误不仅特别突出地表现在德国政治经济学家中，且如我们将展示的，其根源在不小程度上恰恰在于那种本身正如此，我们首先要在此谈谈混淆经济领域之历史性研究与理论性研究的现象，然后再讨论混淆理论性经济学科与实用性经济学科的现象。

上文已强调指出，可从两个角度探究现象，从个别的角度（最宽泛意义上的历史的角度），从普遍的角度（即理论性角度）。前一研究取向之任务是认识具体现象之个别性质及个别关联。后一取向之任务是认识该现象之经验形态（类型）和典型关系（现象的规律）。对某一民族和国家之具体活动、命运和制度、对具体的文化发展过程及状况的探究，是历史学和统计学之任务；理论社会科学之任务则是阐明社会现象之经验形态及其相续、并存之诸规律。

历史性学科与理论性学科间的这种反差，若我们思考特定现象领域，当可更为明显可见。假如我们为此目的挑选经济现象，然后，确定经济现象之经验形态、规律、类型和典型关系就成为理论研究之任务。寻求确定经济现象变化过程中重复出现之经验形态，比如交换、价格、地租、供给、需求之普遍性质，和这些现象之间的典型关系，比如供给和需求的增长或减少对价格之影响、人口增长对地租之影响等，即可推动理论经济学之发展。相反，关于经济之历史性学科则教给我们关于个别的特定经济现象之性质和发展过程，比如，特定国家或一组国家之经济状态或发展过程，特定经济制度之现状或其发展过程，特定经济区域之价格、地租的变化过程，等等。

因此，关于经济之理论性学科和历史性学科确有根本差异，只有那些完全不能认识到这些学科之真正性质者，才会混淆彼此，或有想法，以为两者可以互换。相反，显而易见的是，在我们认知经济现象时，理论经济学永远不能取代经济历史或经济统计学，同样，后两个领域哪怕最为全面彻底的研究，也不能取代理论经济学，否则，定会在经济学科体系中留下漏洞。[①]

尽管如此，假如大量研究经济问题的学者以为自己正在研究经济学，实际上却一门心思从事经济领域之历史性研究，那就确有必要尝试解释此一极端明显的错误。下面的探讨旨在对此问题给出答案，在考察德国历史学派时，这一探讨很有用。

学术研究的目标不仅在于认知(cognition)、还在于理解(understanding)现象。假如我们已获得有关该现象之心理映象(mental image)，我们就已获得对该现象之认知。而当我们认识到它得以存在及表现出如许特殊属性之理由(它存在及它如此存在之理由)之时，我们就理解了它。

而我们能透过两种方法获得对社会现象之理解。

我们可以一种特殊的历史进路(透过其历史)，探究其个别的发展过程，也即，揭明其赖以发展变化(即它之所以成为现在之所是)、具有其特殊属性的具体关系，理解一个具体现象。

通过探究一系列重大经济现象之历史，也即以特殊的历史进

① 关于经济学方法论这一极为根本问题上常表现之混淆，另请参见罗舍尔的《国民经济学体系》(W. Roscher, *System der Volkswirtschaft*, Ⅰ, §26)，作者认为，理论的任务首先是简单地呈现一个国家的经济之性质和需求，其次简单地描述旨在满足这些需求之法律和制度，最后简单地分析这些法律和制度之成败得失，而作者说，采取这种研究取向之成果“就相当于关于经济的解剖学与生理学”！克尼斯、施默勒、赫尔德等人之最近著作，还有舍尔(Scheel)新著[给因格拉姆《国民经济学之必要改革》(Ingram, *Die notwendige Reform der Volkswirtschaftslehre* ,Jena, 1879)所写前言，p. vi]则表明，即便在历史学派信徒中，也正出现一种反弹，以表达对上述错误认识之不满，这种错误认识目前依然更多体现在实践中，而不是在理论研究中。这种谬误就相当于在法学领域中将法律史等同于历史法学。

路，以德国学术从事此工作之广为人赞誉之方式，可在多大程度上理解此现象，是众所周知的。我只需请大家注意法律和语言。特定国家之法律、特定民族之语言是具体现象。当我们揭明其发展过程，也即，当我们揭明该特定法典、该特定语言如何逐渐发育，在此发挥何种影响，等等，我们对这些现象之理解程度，远高于我们仅基于对其现状之研究——不管这研究有多深刻、多基本——而获得理解。萨维尼曾说："法学的研究对象由各国家之集体性过去而给定……法律生成于国家之根本性质及其历史！"[①]萨维尼接着说，历史学不只是例证之汇编而已，而是正确地认知我们所处之现实状况之唯一(!)途径。另一处他又说："历史法学观……最要害处在于认识到把现在与过去连接起来的活生生之联系纽带，如无此知识，对目前的法律现状，我们只能认识其外在表面，而无以全面把握其根本性质。"[②]

可能无须赘言，上述研究取向本身是完全正当的，也可类比地应用于经济现象领域。对经济之各项制度、活动及其结果的理解，对特定国家之经济立法状况之理解，等等，可通过考察期发展过程，也即，以类似于法律领域中历史的方法而获得。对具体现象给予特殊的历史理解，对经济领域来说也完全是恰当的。

然而，对具体社会现象之历史性理解，绝非我们借科学研究所

① 萨维尼：《历史法学杂志》(*Zeitschrift für geschichtliche Rechtswissenschaft*, 1815)，Ⅰ，p.436。

② 萨维尼：《现代罗马法体系》(*System des heutigen Römischen Rechtes*, Berlin, 1840)，Ⅰ，p.xv。

能获得之唯一成果。[①] 毋宁说，对社会现象之理论性理解，具有完全同等的价值和同等的重要意义。我们以理论方式（基于相应的理论学科）理解具体现象，就是认识到它是现象之相续与并存之某种规则性（合乎规律）之特殊情形。换句话说，我们欲揭明具体现象存在之基础及其性质之独特性，即需认识到，它只是普遍性现象之合规律的具体表现而已。故而，比如，我们以理论方式理解了具体情形地租上涨、资本利息下降等诸如此类现象，乃因为，相关现象向我们表明（基于我们所运用之理论知识），它们不过是地租规律、资本利息规律等规律之具体例证而已。因此，关于一般社会现象之历史学和理论，二者都提供我们以关于社会和经济现象之某种理解。但在各种具体情况下，这种理解各不相同，有时截然不同，就仿佛理论与历史学本身之区别一样。

我们的历史学派经济学家并不总能非常严格地区别这两种理

① 那些在理论经济学领域与法学领域中的历史研究取向间看到相似性，并认为完全可以将历史法学派之方法论观点简单照搬到我们学科之士，在这样做时忽视了一个非常重要的问题。历史法学派探究法律之具体构形（configuration）及其历史发展时承认没有名副其实之理论性法律科学。因为在历史法学派看来，法学总的来说就是一门历史性学科，其目标是历史地理解法律；仅有法教义学者（dogmatics）与之一道也主张其权利。相反，在经济学领域中，即使历史研究取向之最高级代表人物也承认，存在着有关经济现象之普遍性质和规律的科学，存在着有关这些性质和规律之理论。因而，理论经济学中之历史研究取向不能构成对后者之理论属性之否定，只承认经济历史学才是理解经济现象之工具。毋宁说，只有在关于经济的理论中保留历史的观点，才能合理地理解这类现象之独特性。只要还想保持经济学作为一门理论性学科之性质，历史法学派之所欲，与经济学中历史方法的信奉者必定追求不同，类似于历史和理论之不同，或者毋宁说，类似于历史和借历史研究予以澄清之理论的不同。两个学派尽管有共同的座右铭，但其方法论从根本上说是对立的。因而，把历史法学之研究要求和观点机械地照搬到我们的学科，这种做法，只要是受过方法论训练的学者，只需略加思索，即不会予以赞成。

解经济现象之方法，尽管其性质和基础大相径庭；结果形成一种看法：理解经济现象时，经济理论可取代经济历史，或者反过来，经济历史可以取代经济理论——在我看来，这是其混淆经济理论和经济历史之第一原因，对此，上述学派经济学家给我们提供了珍贵的例子。在获得对经济现象之历史性理解时，该学派意欲认可把历史取向本身原封不动地应用于理论经济学的做法。

此外还有一点，在更大程度上形成对理论经济学之形式化性质及其在经济学科领域中之地位之模糊认识。

对具体事实、制度、关系等之理解，简而言之，对具体现象之理解，不管哪类现象，当严格地有别于这种理解之科学基础，也区别关于该现象之理论和历史，关于具体经济现象之理论性理解，尤其当与经济理论区分开。旨在建立和呈现经济理论之科学活动，当然不可混同于旨在根据该理论理解具体经济现象之活动。因为，不管一个人在理论地理解具体经济现象——比如根据某种流行的理论——时如何地认真、如何地全面，也不能使他成为经济理论家。一个人，只有把发展和描述理论本身作为自己的任务，才可为理论家。相反，借助该理论理解具体经济现象，应用理论经济学作为这种理解之工具，运用经济学理论研究经济历史——所有这些都是历史学家之课题，而对他们而言，以此思考，社会科学只是辅助性学科。

若我们概括以上所述，则很容易对德国历史学派经济学家所犯之错误，即理论经济学是历史性学科之观点之性质的问题做出回应。它没有区分关于经济之具体的历史性理解与理论性理解，而是混淆两者。就是说，它混淆了借经济历史或借经济理论理解具体经济现象之活动与这些学者本身，大多数人尤其混淆了具体的理解活动与理论经济学领域之研究本身。它以为自己正在为经济理论做贡献，通过获得对经济之具体事实和发展过程的理解而描述经济理论，通过诉诸经济之历史和理论深化这种理解。

那些把理论经济学混同于经济政策的人，在理论经济学之性质及其在社会科学中地位问题上所犯的错误是同样巨大的，他们混淆了研究有关经济现象之普遍性质和普遍关联的学科，与用于在实践中指导和推进经济发展之原理。这种错误丝毫不亚于混淆化学与化工应用技术，混淆生理学、解剖学与治疗技术、外科手术，等等。由于在知识理论中已对此有深入阐述，我们在此实在不愿对此做更多讨论。而假如这种错误不仅表现在我们这门学科起步之初，而是令人惊奇的，甚至到了今天，也在经济学文献中随处可见；[①]而尽管从原则上说，这些错误已有所收敛，但仍在很高程度上影响着我们学科之方法论和研究策略；鉴于此，我们只好说，这种错误之根基，只有到一般知识之独特历史发展过程，尤其是在经济领域之知识的独特历史发展过程中寻找。

不管在哪门学科中，理论知识只能从实用判断中，随着人们日益需要以更为深入的科学充实其实践，而逐渐发展而来。有关经济领域之理论性知识也循此发展过程。它最初也是在实践之基本原理偶尔激发下形成，就其性质而言，一直存留着其起源的痕迹，最初附属于经济政策之痕迹。然而，尤其是考虑到我们这门学科

① 关于最近文献，尤其请参见普赖斯：《实用政治经济学》(Bonamy Price, *Practical Polit. Economy* ,London, 1878), p.1 及以后各页。

之策略和方法论，则十分清楚，以经济学认识之现状而言，严格地区分我们这门学科中之理论性知识与实用知识是何等的重要，而混淆两者，将会导致何等严重的后果。

将理论性知识与实用知识混在一起、不加区分，必然导致一个后果：将实用知识归入理论知识体系中，或者反之，将理论知识归入实用知识体系中。如此做法，当然将使得任何对经济学知识领域，也即这里所涉及之两门学科中之任何一门之性质而言至为恰当的论述，完全归于无效，也使我们无法描绘另一门学科之性质。

除此之外，将上述两组科学知识不加区分地处理，还会使我们不可能保持理论之完整。像这样将两组科学知识混合处理的做法，在我们学科中已相当流行，在大多数情况下，如此确有可能以或者还算合适或者不那么合适的方式向我们提供关于经济的理论，但如此提供给我们的经济政策，却只能是临时性、极端零碎的。如此研究政治经济学，将使我们无法得到关于经济政策之专门论述。因此，至少在全面地论述经济政策之需求已很明显之时，我们无法无视人们的怀疑，怀疑上述混合理论性知识与实用性理论之做法在政治经济学论述中可能带来好处。

上述理论性和实用性视角之混淆已对我们学科领域之理论探究造成非常不利的影响。因而，如果理论性与实用性政治经济学不保持严格区分，那么，经由探究经济学的整个方法，也即，探究性质完全不同的两门学科之方法（一种是理论性的、一种是实用性的）揭示出来的东西，又能什么有价值呢？事实上，探究那种混淆理论经济学、经济政策和财政科学的，作为理论性－实用性学科的政治经济学之整体方法，又能有什么价值呢？

无可否认，比起所有其他国家这一领域的文献来，德国经济学更为严格，已经理解了如何避免上面所讨论的谬误，因此，也起码在一定程度上避免了此谬误对我们学科之研究策略和方法论所产生之影响。德国财政学家(cameralists)积极地要求全面论述经济管理活动之种种努力，对此成功显然做出了重大贡献。

另一方面，我们前面提到的错误，即在经济之科学研究中混淆历史性视角与理论性视角，恰恰在德国文献中确实造成最为混乱的后果。出现这种错误，乃因为学者们欲求拓展、深化对具体经济现象之历史性理解，这种愿望本身是完全正当的，但上述错误却对我们学科之研究策略和方法论带来了最不利的影响。它一直在影响研究策略，经济学家用大量被认为属于实用性范畴之枝节性历史内容扰乱理论论证，这种做法却被视为将历史方法运用于我们学科；它已影响方法论，由此，对历史研究视角和要求之错误理解，蔓延到理论经济学之方法论中。

而在理论性研究领域中，上述错误也一直最严重地阻碍着我们学科之进步。不能不说，在我们此处讨论的那个博学的学派中，不是可以忽略的少数人，实际上是大多数人，关于经济历史，关于深化对经济的理解，未能免于这一错误；而他们却公开地，至少也是隐晦地，以下面的预设为出发点：他们正在从历史视角阐明和发展经济理论。上述学者希望消除理论经济学中非历史的倾向，这愿望本身是正当的，但此处讨论之方法论错误，致使他们抛弃了经济学科之理论属性。这已导致其用历史性研究、用历史著述取代普遍意义的理论研究，具体而言，取代了保持历史视角之理论性研究。

或许无须多说，在德国，理论经济学领域的研究之所以成绩寥寥，主要由于这一错误理解所致。过去几十年间，勤奋而认真的德国经济学家确实开辟并深化了对于若干单个经济领域之历史性理解。然而，其经济理论，事实上不仅是那些未能认识到在经济学中运用历史视角的理论，而是很不幸地，整个经济理论，都远远落在后面了。

我们丝毫无意于小看德国历史学派经济学家因为从原则上突出强调历史视角在政治经济学，特别是在理论经济学中之地位而做出的贡献，尽管我们后面将会看到，在他们那里，这个以前就曾为人提及之历史视角，既缺乏明晰性、也缺乏连贯性。当然，凡心无偏见者，不论他如何强调历史视角对我们学科之重要性，也无法否认，哪怕完全未能认识到历史性视角，其所犯错误之范围，也远不能与混淆理论经济学与经济历史的做法相提并论。由于如此固执地拒绝承认理论经济学之形式化性质及其在学科领域中的地位，大量德国经济学家陷入比非历史的研究取向所犯错误严重得多的谬误中。这确实是一个学派所能犯下之最为重大的错误，因为其研究整个就与他们欲发展之学科本身不搭界。

假如理论经济学目前是一门高度发达的学科，或者至少其基本属性已比较完善，那么，对于上述错误理解，我们尽可默不作声、听之任之，而这当可有益于经济领域之真正的历史性研究。然而，在一门其基本原理尚未建立之学科中，在一门迄今为止几乎所有东西都大成疑问之学科中，如此博学的学派却成为如此错误理解之俘虏，我们又怎能听之任之？

上述学者通常是能干的历史学家、无能的理论家，我们学科那位伟大创始人*对一门学科之理论体系顺便做出的评论，用在上述这些学者身上倒很贴切："理论体系，其诞生常被归功于某些学者之冥思苦想，他们只熟悉一门学科(art)，对其他学科一无所知，因此，他们就用自己熟悉的那门学科中的(现象)，向自己解释他们陌生的那门学科中的现象。"①

* 指斯密。——译者注

① 斯密:《天文学史》(A. Smith, *History of Astronomy*), Dugald Steward, ed. (Basel, 1799), p.28 及以后。

第三章　经济学领域中理论性知识之特殊性质并不废止经济学作为理论性学科之性质

提要：理论性学科不是同样严格精确的；尽管如此，这并不影响其普遍的形式化性质。——不管理论经济学的真理(truth)显示之严格性(strictness)程度有多大差异，理论经济学作为一门理论性学科的性质不受影响。——据此，它既不能成为历史的、也不能成为实用的学科。——理论性学科对于认知和理解现象之价值，并不因其真理不那么严格而丧失。

现象世界之类型和典型关系(规律)的严格性各个不同。相反，稍事观察各门理论性学科，我们即可发现，现象之并存与相续存在着规律性，在有的情况下，这一规律性没有例外；事实上，对它们，出现例外的可能是完全不存在的；而在有的情况下，确实会出现例外，或者说，在这种情况下，例外是可能发生的。我们称前者为自然规律(laws of nature)，称后者为经验性规律(empirical laws)。

现在，在方法论学者中间，没有哪种观点比下面的观点流传更广：在现象世界的某些领域，主要是在自然界中，可观察到严格的类型和典型关系；而在其他领域，尤其是在社会现象领域，只能观察到一些不那么严格的类型和典型关系。换句话说，只能在前一领域观察到“自然规律”，而在后一领域只能观察到经验性规律。这种意见经常可在有关知识之普遍性理论中看到，后面我们将会证明，这其实是错误的。而对其错误，此处我们仅希望简单指出一点：更细致的考察将证明，此错误是将某一个别现象世界领域之若干不同理论性研究取向，构想为现象之不同性质而致。不过，我们想到后面再讨论这一点，此处仅欲完全从经验上强调一点，不管社会现象领域之规律的严格性有多高，也不管对这些规律之特殊性质和不同类型的探究能使我们得出何种结果，经济学作为一门理论性学科之性质都不受任何影响。经济中的类型和典型关系之严格性可能有高有低，或者宽泛地说，在任何性质上有高有低，但不管怎样，理论经济学之性质都无非在于揭示这些类型和典型关系。换句话说，理论经济学只能是揭示经济现象之规律的普遍性质和普遍关联，而绝对不在于，比如说，揭示个别经济现象之性质和关联，也即，它不是历史性研究，也不是阐述指导人们的经济活动之实用性规则。不管怎样，都不能混淆关于经济之理论与关于经济之历史性学科或实用性学科。只有那些对理论经济学之形式化性质和论题全无所知者，才会由于理论经济学包含的普遍性（理论性）知识之严格性从表面上看，或者确确实实不如自然科学，而将此理论性学科设想为一门历史性学科。当然，他们也许出于另一原因而犯上述错误：诚如我们后面将要看到的，经济现象之发展对经济学赖以解决其理论性问题之途径和方式不产生什么影响。只有那些不能区分解理论性和实用性学科之性质的人，才有可能想

象在经济学中存在一门实用性学科——其理由也许是，与其他理论一样，经济学构成实用性学科之基础。

我们经常碰到的同样错误的看法是，由于上面强调的问题，作为理论性学科之经济学的价值已然丧失。即使我们先验地、不经过一番深入探究就承认，经济现象领域之理论性知识不承认例外的说法是不严格的，尤其是此处讨论之经济现象的发展排斥有关于此之自然规律的事实，即便如此，我们也可以说，也不应得出上面的结论。完全由严格的自然规律构成之自然科学的数量也不多，那些仅仅显现经验性规律之自然科学的价值也是无可置疑的。举例来说，一位自然科学家恐怕绝对不会由于一系列描述有机生命之自然科学是由经验性规律构成的，就否认其理论性学科之属性。假如在经济领域中，由于我们无法得到有关经济现象之严格理论，即放弃不那么严格的理论对我们理解、预测和控制现象所提供之有力帮助，而局限自己于关于经济历史和统计之研究，或局限自己于实用经济学之研究，那是同样愚蠢的。如此做法将在有关经济的理论体系中留下漏洞，此一漏洞与不探究有关经济之历史学科或实用性学科，实无区别。

不管是对理解或预测、控制某现象来说，是否存在现象间并存和相续之规律，或这些规律有多严格，当然不是不重要。规律之严格性越高，我们就能根据这些规律对超出我们直接经验的未来将出现何种现象，或对我们未直接观察到的同时并存现象，得出确定性越高之推论。下列事实是无可置疑的：现象间并存和相续之规律若不那么严格精确，会减弱据其得出之结论的确定性，及以其对现象预测和控制所得结果之确定性。然而，所有这些涉及现象之预测与控制的差异都只是程度上的，而非原则性的。哪怕只是由经验性规律构成的理论性学科，对人类生活也同样具有巨大实用价值，哪怕在此情况下，它们提供的知识不具有完全的确定性，取而代之的是有时高一些、有时低一些的概率。而关于现象之历史性知识和历史性理解本身，却完全不能向我们提供这样的预测（控制等），因而它们永远不能取代理论性知识。相反，历史性知识无非是一些我们可据以确定现象间之规律（比如经济发展的规律）的材料。即使是从事实务的政治家也必须首先从历史获得普遍知识（规则），然后才能就塑造未来事态得出结论。

个别学派看到，在经济现象领域中，具有某种绝对严格性之理论性研究成果是不可能得到的，这一点确实赋予经济现象领域之理论性研究以一种别样的属性，并构建了该领域之某些特征。但不能因此就说，在经济性现象世界之领域，历史的或实用的研究取向可以取代理论性取向，可以替代。即使经济领域的理论性研究之各分支确实会遇到自然科学研究中不会碰到的难题，上述结论也依然成立。归根到底，即使理论经济学提出之论题并不总是完全与理论性自然科学相同，上述说法仍然成立。永远不可视理论经济学为一门历史性学科，也不能像很多人希望的那样，视其为一门实用性学科。

我们必须克制自己不在政治经济学领域中犯此双重错误。误解我们称之为经济的现象领域之基本特征，误解我们借助经济领域之理论性研究所解决的论题的独特性，都是严重的错误。假如我们的本意是正确地处理理论性研究之上述特征，却为此牺牲经济现象领域之理论性研究，不管是明显地还是隐含地；或者，假如我们为全面理解经济理论之某一个别方面，比如历史性方面，而忘记理论本身，简直就是大错特错了。

第四章 一般理论性研究、具体而言经济学领域之理论性研究的两种基本取向

提要：只存在唯一理论性研究取向的看法。——实在的-经验的(realistic-empirical)研究取向及其优势。——它不适于得出关于现象之严格规律，即所谓的“自然规律”之说。它所形成之理论性知识的性质和种类。——经济领域中理论研究之实在的-经验的取向。——一般理论研究之精确取向(exact orientation)。——它的目标和理论基础。——社会科学、具体而言经济学的理论研究之精确取向。——精确理论，就其性质而言，总是只能向我们提供对于现象之某个别方面之理解。——精确经济学只能向我们提供关于社会现象之经济性方面的理论性理解。只有综合整个精确的社会科学，才能向我们展现对于社会现象或它们之某部分之精确理解，揭示其完整的经验性实在(full empirical reality)。

卷二将描述政治经济学中的“历史视角”之性质，或者更准确地说，描述这种视角对有关经济之理论性和实用性学科产生的影响，及由于经济现象具有发展之属性而对理论性与实用性学科的

真理之性质所产生的影响。在进一步探讨此问题之前，我们须先提及另一谬误，它也是德国历史学派经济学家之方法论学说陷入混乱之源，其负面影响不下于前两章讨论的那些错误，因而此处必须对这种错误予以讨论。

不过，我们之所以特别提醒我们的读者关注下面的探讨，不仅仅因为它们揭露了历史学派之基本方法论错误，若对此无知，我们就不可能完整地理解历史学派对此处讨论之问题的态度。同时，下面的讨论也从不止一个方面揭示了我们这门学科所要解决之理论性论题。

以上我们已区分一般性研究，具体而言是经济现象领域研究的两大研究取向：个别的（历史的）研究与普遍的（理论性）研究。前者旨在认知现象之个别性质和个别关联，后者旨在把握其普遍性质和普遍性关联。但若相信，在各种现象世界领域之普遍性研究取向，哪怕在某一具体领域中，比如说经济领域的普遍性研究取向，只有一种而无差异，那是过于片面了。个别的研究取向可划分为各种具体取向（较狭窄意义上的历史研究取向，统计研究取向，等等），它们确实都有个别性研究取向之总体属性，而相互比较又会同时呈现出各自的特殊属性；同样，理论性研究也可划分为几个分支。其中的每一分支确实都有普遍性研究取向的总体属性，也即，其目标都是确定现象之类型和其间的典型关系；尽管如此，它们却未必从同一视角解决问题。以下探讨之宗旨就是确定对我们的学科来说最为重要之理论性研究之取向。此外还将对方法论专家们普遍持有之一种看法给予批评，他们以为，只存在唯一理论性研究取向，或者说，只有唯一理论性研究取向（比如，经验性或精确的，甚至历史的－哲学的、理论的－统计的，等等）适合于对某一现象领域、具体而言适合于对经济领域进行理论性研究。

理论性学科之目标是理解现实世界，获得关于现实世界而超出直接经验之知识，并控制之。我们借理论工具理解现象，因为我们知道，在每种具体情况下，现象不过是某种普遍规律性的例证而已。在具体情况下，我们从某些已观察到的事实，可以对某些当下不能观察到的其他事实得出结论，从而获得关于现象超出直接经验之知识。我们基于现象之并存和相续的规律而如此作为。我们也基于我们的理论性知识控制现实世界，我们设定某一现象的条件在我们的控制下，以此能够制造出该现象本身。

获取科学和实用性知识之如此巨大的欲望，认知现象之类型和典型关系之欲望，与人类文明一样古老。在一般的文化发展，具体而言在科学发展过程中，这种对知识之欲望的发展程度，只是有所提高而已。

为解决上述（理论性）问题最显而易见的念头，就是探究在我们面前呈现出其“完整经验形态”，也即呈现出其性质之整体和全部复杂性之现象的类型和典型关系；换句话说，安排此现实现象之整体为某种确定的经验形态，并以经验方式确定其并存和相续之规律性。

在所有现象世界之领域，这种想法自然会形成与之相应的理论性研究之取向，也即实在的－经验的取向。人们这样做，不仅仅因为，如上所述，它对我们呈现得最为明显，也是因为下面的理由：理论性研究所求之目标，似乎同时可借这一研究取向最方便、最完整地得以实现。

如上所见，理论性学科旨在教我们把握现象之类型（经验形态）和典型关系（规律）。由此它们可提供理论性理解，超出直接经验之认知，由此我们就把某种现象之条件置于我们控制之下，从而掌握它。解决这个问题，除了通过严格地安排那些在经验实在中呈现之现实世界之现象的类型，除了通过获知其严格的典型性关系即“自然规律”之外，我们还能有什么更简单、更合适，而同时又更完备之办法吗？

然而，更深入的考察却告诉我们，上述想法并不完全站得住脚。根据经验，经验实在中的现象会以某种经验形态而重复。但这不可能是完全精确的，两个具体现象间很少会展示出完全的一致性，更不要说一大组现象之间了。比如，我们考虑的是现象之整体和其性质之全部复杂性，在“经验实在”中也不存在严格意义上的类型。如果把每个具体现象都确定为个别的类型，倒确实存在严格的类型。但这让理论研究之目标和用处全然归于无效。因而，欲确定由“所有经验实在”（根据其全部内容）构成之经验形态的严格范畴，是理论研究无法达到之目标。

理论研究的第二项课题也会陷入这样的困境：即确定现象间之典型关系，也即自然规律。假如严格实在地考察现象世界，则现象的规律只是意指由观察方法决定并属于某些经验形态的现实现象之并存、相续的实有规律性（actual regularities）。由上述视角获知之A“规律”，实际上只是断言，在现实中，属于经验形态C的现象，将有规律地或毫无例外地伴随着属于经验形态A和B的现象，或者，可以观察到与之共同存在。然而，断言现象C**普遍地**（即在任何情况下，即使未被观察到的）都伴随着现象A和B，或者断言此处讨论之现象普遍地总是共同存在，此结论却超越经验，超越严格经验主义之立场。站在上述考察方式之立场，此结论不是完全正当的。亚里士多德正确地认识到了这一点，他不承认归纳有严格的科学性。然而，即使由培根大大完善了的归纳法，也只能略事提高一下经由上述途径（经验归纳）所获知之规律的绝对性的程度而已，却永远无法提供绝对的保障。理论研究中的实在论思想流派之研究结果，永远不可能是关于现象之严格（精确）规律，即便其为我们可设想之最完善的，其基本观察结果是最全面的、最关键的。

经由上述理论性研究取向，即经验的-实在的取向所能获得之科学知识，只能是下列两类中之一，只需考虑这种取向之方法论预设即可明了此点：

(1)实在的类型（real types），现实现象之基本形态，但在此典型图像中，多少会对特殊性（particularities）留出余地（对于现象的发展也是如此）。

(2)经验性规律（empirical laws），理论性知识，它使我们掌握有关现实现象间相续和并存的实有规律性（尽管它们不能保证不出现例外）。

假如我们将以上所论推导应用于经济现象领域之理论性研究，我们可得出如下结论：若纳入理论性研究的是经济现象之“完整经验实在”，就只关于它们之“实在的类型”和“经验性规律”是可以获得的。严格地说，根据这一预设，一般地说，不存在关于经济现象之严格（精确）理论性知识，具体而言，不存在有关经济现象之严格规律（所谓“自然规律”）。

而我们同样强调指出下面一点：根据上面的预设，除经济之外所有其他现象领域之理论性研究的结果，也同样不可能属于严格意义的类型和严格意义的规律。[①] 即使自然现象，其“经验实在”提供给我们的，既非严格的类型，也非典型的关系。现实的黄金，现实的氢与氧，现实的水，更不要说比较复杂的无机现象，甚至有机现象了，其完整经验实在并无严格典型之性质，而给定以上观察方式，也不可能观察到有关它们之精确规律。不仅在伦理性世界(ethical world)领域和经济领域，就是在自然现象领域，实在论的理论研究取向也只能得出“实在的类型”和“经验性规律”。站在上述视角，伦理性学科与自然科学间其实不存在本质差别，充其量只有程度上的差异。毋宁说，实在论的理论研究取向从原则上排除了在一切现象领域中获得严格的(精确的)理论性知识之可能性。

如果此处讨论之理论研究取向是唯一的，或者如“历史取向”经济学家们相信的那样，这是唯一正确的，那么，旨在获得关于现象之精确理论的任何研究，先验地就是不可能的或不正当的。不仅在伦理性现象领域，其中包括经济现象领域，而且在所有其他现象世界领域，上述努力先天注定是不可能成功的。

无须赘言，此结论在自然现象领域中是不正确的。以下探讨的任务是证明，此结论在人的现象领域，具体而言在经济领域，也不成立。下面也将证明，我们的历史学派经济学家们的看法，即实在的－经验的理论研究取向是经济领域中唯一正当的取向，是片

① 参见“附录五　在人的现象领域精确规律(所谓‘自然规律’)可在与自然科学领域相同之形式性预设下建立”。

面的，并有一些不可避免的恶果。

由上可见，在一切现象世界之领域，理论性研究之实在的－经验的取向提供给我们的成果，从形式上看是不完备的，尽管如此，它们对人类的知识和实际生活来说，仍然是重要的、有价值的。这样的理论只能向我们提供关于现象之有缺陷的理解，只能对现象做出不那么十分确定的预测，也不能保证我们完全控制现象。因而从一开始，人类头脑就在此之外还采纳另一种理论研究取向。这种取向之目标与认知方法，均不同于实在的－经验的取向。

我们后面将称之为精确取向的理论研究取向之目标，这也是所有关于现象界领域之研究所追求的一致目标，乃是确定某类现象之严格规律，及现象相续之规律性，这些规律性呈现给我们的不是绝对的，但我们借以认知这些现象之方法却能保证，我们获得的这些规律具有绝对性。这类研究的目标是确定现象的规律，人们通常所称之“自然规律”，其实更准确的说法当为“精确规律”(exact laws)。①

① 在理论探究中所使用的“经验性规律”和“自然规律”二词，并不完全等同于理论研究中的实在论取向研究之结果与精确研究取向之结果的对立。即使是在自然现象领域中(如在有机界、在气候现象等等领域)，实在论研究取向也只能得出“经验性规律”。因而，有一些自然规律(真正意义上的)只是“经验性规律”，而不是上述严格意义上的“自然规律”；反过来，在另一些现象领域(不仅仅是自然现象领域)，我们也可得到严格规律，即“自然规律”，而它们也同样不是自然规律(有关自然现象的规律)。此处讨论之两种情况可以更准确地用关于现象之“经验”规律和“精确”规律来描述。理论经济学的规律确实不可能是严格意义上的自然规律。相反，它们只可能是有关伦理世界之经验性或精确规律。

另一术语与上述术语密切相关。它也同样是不准确的，并已在很大程度上在我们学科之理论问题上造成混乱。理论性自然科学与理论性社会科学之两分，不过是其从理论角度探究之现象有所不同而已。这种分立并非方法上的，在那两个现象领域(自然由以下论述，可以明了一般性地追求刚刚描述之目标的研究活动之性质，与经济研究之性质。

理论性真理应尽最大可能获得验证而无疑，不仅经由经验，也完全经由我们的思维法则，探究这种真理，有一认知规则。此规则可表述如下：哪怕只是在某个案中观察到某东西，在完全相同的实际条件下必定一再重复出现；或者，考虑到我们的思维规律，简单地说，考虑到我们的需要，本质上相同的东西，严格典型的特定类型的现象必然总是伴随某些不同类型的严格典型的现象。在相同条件下，现象A和现象B必然始终伴随着严格典型的现象C，只要现象A和现象B被认为是严格典型的，而此处讨论之现象间的相续哪怕只在某一个案中曾被观察到。此规则不仅对关于现象之性质成立，对其测度也成立，经验不仅无法提供其例外，而且，在有批评精神的头脑看来，这样的例外似乎是不可想象的。

另一认知规则对理论研究之精确取向同样极端重要，而它只是上一规则的逻辑推论而已。此规则表述如下：某一情形，哪怕仅在一个案中被视为对现象之相续不相干，则在完全相同的实际条件下，对同样结果来说，它总是且必然被证明是不相干的。

因而，若精确规律确实可以得到，那么很显然，这样的规律无

的和社会的）中，都可有理论研究之实在论取向和精确取向。真正重要的分别仅存在于理论研究之实在论取向与精确取向之别，及分别由这两种取向之研究结果所构成之两类科学，即经验的理论科学与精确的理论科学之别。自然科学中有些学科也不属于精确性理论科学（比如生理学、气象学等），反过来，有些精确的理论科学也不属于自然科学（比如纯经济学）。因而，如果有人将后一种科学称为“自然科学”，显然不是一种准确的说法。事实上，它是一门精确的伦理科学。最后一点，在社会科学中，其中包括经济学，谈论自然科学的方法，也同样是错误的。社会科学的方法既可以是经验的，也可以是精确的，但确实永远不可能是“自然科学”的方法。

法从经验的实在论角度获得，只能以此方式获得，以满足上述两条规则之预设的理论性研究获得。

而理论性研究借以达到上述目标之道，完全不同于培根的经验论－实在论归纳法之道，如下所述：它试图辨明现实的每种东西之最简单要素，此要素因其最简单，而必定被认为是严格典型的。它致力于确定这些要素，通过只是局部地经验的－实在的分析方法，也即，不考虑这些要素在现实中是否呈现为独立现象；事实上，甚至不考虑在现实中其是否能够独立地、充分纯粹地呈现出来。用这种办法，理论性研究获得之经验性形态，就其性质而言，是严格典型的。其所获得之理论性研究成果，确实未必能够经受得住全部经验实在之检验（因为此处讨论之经验性形态，如绝对纯粹的氧、纯粹的酒精、纯粹的黄金、只追求经济目标之人等，从一定程度上说只存在于我们的观念中）。尽管如此，这些结果适应于理论性研究之精确取向的具体任务，是获得精确规律之必要基础和前提条件。

精确研究以同样方法解决理论性学科之第二项课题：确定典型的关系，现象的规律。理论性研究之这一具体任务是在现象的关系中确定规律性，并确保这些规律是绝对的，因而是完备的。我们已论证，对现象的完整经验实在而言，这类规律是不可得的，理由其实在于，实在现象不具有严格的典型性。因此，精确科学不考察实在现象相续、并存之类的规律性。相反，它考察更为复杂的现象如何从现实世界最简单的、在一定程度上甚至是非经验的（un-empirical）要素发育出来，该要素是孤立的，不受任何其他因素影响（这同样是非经验的），并且可以始终予以精确（也是理想的）测量。如此考察时,不考虑这些最简单的要素或由此形成之构造物是否在不受人的活动影响之现实中,确可观察到;实际上是不考虑这些要素是否可以其完全纯粹的形态为人发现;在此可见,在现实中进行完全精确的测量也是不可能的。但是,科学会从这些假设出发,因为没有别的办法可令我们实现精确研究之目标,也即建立严格的规律。另一方面,借助有关严格典型要素、精确测量及其完全孤立、不受其他因果因素影响之假设,精确科学确信,事实上,基于我们以上讨论之认知规则,也确能得到现象之规律,不仅是绝对的,而且根据我们的思维规律,只能视之为绝对的,而不能是别的。也就是说,它获得了精确规律,即关于现象之所谓“自然规律”。

现象的某些差异(偏离其严格的典型属性)看起来对特定结果不相干(比如颜色的不同、味道的不同不会影响其重量,这一类及其他方面的差异不会影响其数量间关系),这一点允许我们将精确研究大幅度地拓展到广泛的现象领域中。

由此,我们获得一系列学科,教我们掌握关于现象之严格类型和典型关系,不仅涉及其性质,而且涉及其数量。我们得到的这类学科,确实无一能让我们理解完整经验实在,而只能理解特定面相,因而,从片面的经验性实在论角度,无从理性地判断之。但这些学科之整体向我们提供了关于现象世界之理解,既是独特的,也是深刻的。①

在伦理性世界之领域,上述理论研究取向从一开始就见之于

① 精确研究之方法,也即,实验在其中只发挥一定作用,而思辨因素超出实验和所有经验所扮演之角色,尤其在形成“精确规律”过程中,不是本书阐述之对象。在另一处,我们批评培根之归纳法时,会对此再行阐述。

其杰出代表人物，他们坚定地追求此处讨论的这种类型之认知，尽管其对相关理论问题未必完全清楚。事实上，他们已赋予其以适合伦理现象之具体性质的形态。

尽管如此，伦理现象领域中这种理论性研究之精确取向的性质在于，我们将人的现象还原至其最初始和最简单的构成性要素(constitutive factors)。在此要素之外我们加上与其性质相对应的计量，最后，努力探究更复杂的人类现象由此最简单要素生成之规律，我们视此要素处于孤立状态。

人的现象中，我们认为处于孤立状态之个别构成要素是否实在；这些要素在现实中是否可精确测量；这些最后形成的复杂现象，它已抽离现实生活之多种因素的影响（根据精确研究之性质），在现实中是否确可出现：所有这些对社会现象领域之精确取向的理论性研究来说是不相干的，与在自然领域中一样。只有那些对于精确性研究取向一无理解者，才会以理论性研究之经验的-实在的研究取向之要求为标准，衡量精确取向理论性研究之结果。

若采用这一研究取向，我们可得到一系列社会理论，其中单独每一理论，确实只能给我们拓宽关于人类活动之现象（抽离完整经验实在）某一特殊方面之理解。然而，只要始终认可依上述取向所得之理论的正确性，则其整体就可教我们理解人的现象，相当于其他一些理论性学科对自然现象作类似考察而提供给我们的对自然现象之理解。当然，不是关于人的现象之某一理论，而是这些理论之整体，一旦我们获得之，则与实在论的理论性研究所获得之结果合，将揭示给我们以人的头脑可以获得的对社会现象之完整经验实在之最深刻的理论性理解。尽管考虑到理论性社会科学之落后状态，我们离上面的理想状态可能还很遥远，但要达到那个伟大目标，舍此别无他法。

至于具体涉及经济现象领域之精确取向的理论性研究，其一般性质由精确研究之要求所决定。其具体性质由作为研究任务之现象领域之特殊性决定。我们将经济理解为人旨在满足其物质需求之有前瞻性活动(precautionary activity)；我们将国民经济理解为这种活动之社会形态。[①] 因而，上述研究取向之课题无非是探究经济之最原初、最基本的要素，确定相关现象之测量办法，探究更复杂的经济现象由这些最简单要素生成之规律。[②]

经济中最原初的几个要素是需求，依其性质可直接供应人们之财货(goods)[既包括消费财货(consumption goods)，也包括生产财货(production goods)]，尽最大可能完备满足需求之欲望(尽可能完备地覆盖物质需求)。所有这些要素归根结底由具体情势决定，独立于人之选择。从事经济活动的人之一切经济活动的出发点和目标(一方面是需求和可得到的一定数量的财货，另一方面是物质需求之尽可能完备之满足)，归根结底是给定的，其性质和数量是严格确定的。[③] 精确取向之理论性研究的任务在于告诉我们某些规律，由此，不是整个现实生活，而是更复杂的人的经济现象，在上述给定条件下生成于人的经济之最基本要素，其可与其他对实在的人类现象产生影响之因素相分离。它告诉我们的规律，

① 参见本书“附录一　国民经济之性质”。

② 请参照我的《国民经济学原理》(*Grundsätze der Volkswirtschaftslehre*，1871)，p. vii 及以后。

③ 参见本书“附录六　所有人的经济之起始点和目标是被严格决定的”。

不仅涉及上述现象之性质，也涉及上述现象之数量，因而能拓宽我们对这些现象之理解，其价值类似于精确的自然科学提供给我们的关于自然现象之规律。

我们已触及人的一般现象领域，具体而言，经济现象领域之精确取向理论性研究之性质和意义，并于社会科学中片面的实在论相对比，而我们确实完全没有否认实在论取向之用处和意义，也不低估它，从而陷入另一片面性。但是，这一指控可以针对以下所有人提出：在经济学领域中片面地追求精确取向之理论性研究，认为建立其经验性规律是没有价值的，或者基于方法论理由而认为，努力获知这样的规律的活动是不可接受的。因为，我们会毫无保留地承认，在经济事务中，人们既非完全受单个某种倾向（propensity）支配，比如利己主义，也不可能不受错误、无知和外在强制之影响。因而也会承认，经济领域中的实在论取向的理论性研究之结果，不可能显示出完备的精确性。但完全不能从这一点得出结论说，从我们此处讨论之现象世界领域，根本不能从实在论视角观察到现象之性质和关联上之规律性。也不能得出结论说，确定这些性质和关联对于理解经济、预测和控制其现象没有多大意义。恰恰相反，不管我们怎么看，经济生活都会向我们呈现出现象并存与相续之规律性。这是一个事实，必定可以归结于下面一点：在其经济活动中，人们即便不是唯一地、无一例外地，但也主要地、在通常情况下都受个体私人利益之支配，而总体上，且通常，人们能正确地认识自己的私人利益，尽管不是在所有情况下绝对做到。现实经济现象确向我们呈现了某种确定形态的现象之类型与关系，重复出现的规律性，现象并存和相续之实际规律性，所有这些确实都

没有绝对的严格性,但不管怎样,确定这些类型、关系和规律性,是理论经济学,尤其是实在论取向的理论经济学之任务所在。

因此,理论性研究之精确和实在论的取向都是正当的。两者都是理解、预测、控制经济现象之手段,对这些目标而言,每一种都以自己的方式做出其贡献。而谁若否认其中这一个或那一个之正当性和用处,就相当于这样的自然科学家,他也许鉴于化学和物理学立足于抽象,而片面高估生理学之价值,并否定化学、物理学之正当性,或不承认其作为我们理解有机结构之工具的正当性。或者反过来,他类似于这样的物理学家或化学家,由于生理学之大多数规律是“经验性的”,便不承认生理学有科学属性。如果在理论性社会科学领域中,类似说法不仅有可能出现,且被那个很有势力的博学学派宣布为根本性的,事实上,被视为划时代的真理,那么,我们在此恰恰看到了这些学科不够完善之最好证据。这也是对一些专家的告诫,他们一直在严肃地追问自己所从事之科学研究活动之理论基础。

无须讳言,晚近研究国民经济之文献完全错误地理解了精确研究取向之性质和重要性。在德国经济学中,至少在历史学派经济学中,抽象思考之艺术,不论其深度和创造性,也不论其是否得到广泛的经验支持,简而言之,就是在其他理论学科中给学者带来最大名声的东西,始终被认为是次要的,其意义远不如史料汇编,在学者看来,掌握此艺术差不多是一种耻辱。然而,真理的力量终将衡量每个人,即使那些感觉自己无力解决社会科学之最高级问题、从而希望将其无能提升为衡量一般科学研究之价值的标准的人士。

第五章　社会科学领域之精确研究取向与实在的－经验的研究取向之关系

提要:上述两种取向之共同点及其区别。——为什么其成果在科学阐述中常不分开处理?——两种研究取向非分别针对经济现象之不同领域,相反,每一种都试图使我们从其特有角度理解整个经济。——为什么精确取向主要用于实现对更基本的经济现象之理解,而经验的－实在的取向主要用于理解更复杂的经济现象?——孔德和穆勒对此之看法。——保证两种取向之结果为真的标准间之关系。——在实在的－经验的取向之研究结果中,寻找衡量精确取向的理论性研究之结果的标准是错误的。——通过例证更清楚地说明,经济领域中两种理论性研究取向之性质及其真伪判断标准间之关系。

结束对伦理现象领域之两种基本理论研究取向之性质的探究,我们不能不略费口舌提及精确研究取向与经验－实在的研究取向及由其所得到之研究结果间的关系。不过,这样做,不仅是因为这个问题本身对我们学科之方法论来说是相关的,也是因为,我们想从源头上防止人们对上节阐述之理论产生若干明显误解。

精确取向之理论性研究的结果与实在论取向之研究结果的共同点在于，它们都能教给我们关于现象之普遍性质和普遍关联。尽管如此，至于其他方面，诚如我们上面已见，就其形式化性质而言，它们展示了种种并非不很重大的区别。但在科学的**论述**中，精确性知识与实在的知识却鲜被分开处理。

各种理由本质上说是实用的。人们假定，理论学科提供我们以关于现象之理解，以关于现象的超出直接经验之知识，以预见它们的能力。这些是全部课题所在，解决这些课题的方案，哪怕在不同意义上，不仅靠理论性研究之精确取向之结果，也靠实在论取向之研究成果，才能提高。给定这一事态，为满足现实需要，自当在论述中聚集所有理论性知识，精确的，实在论的，都涉及现象世界之一个领域（比如经济），在此知识聚集中，所有知识都涉及个别问题（如价值、财货的价格、货币等）。由此，事实上，理论性学科通常呈现给我们的论述图景，是具有部分有别之形式化性质的知识条目之综合。举例来说，物理学和化学基本上属于精确科学，但从不排斥仅从经验中得到的个别知识条目。反之，生理学就其本质而言是实在性研究之结果，但它不仅将实在性知识纳入其理论体系中，也包括大量精确性知识。理论经济学的情况与此相同。理论经济学也由精确的理论研究结果与实在的理论研究结果共同构成。如果显然没有什么障碍从原则上反对我们分别阐述上述两类理论性知识，相反，如果对精确研究结果（某种**精确的**经济学）完全可以单独论述，对一般的实在性知识，具体而言，对经济现象之历史发展规律、对大数规律等，也同样可以单独论述，那么，上面所强

调的现实的考虑，也可让我们有更强有力的理由，对涉及经济问题之所有理论性知识进行全面论述。这样的理由是如此强大，以至于在理论经济学之通常论述中，事实上，在所有场合，都多多少少地允许如此阐述。例如在价格理论中，在全面论述中，不仅处理精确研究之结果，而且通常处理相关一般经验性规律，比如具体而言，相关的发展规律、大数规律等。

尽管由经济学领域中理论性研究之精确取向所得之知识和实在论取向所得之知识，可如此共同呈现，但如上所述，国民经济领域学者这样做，仅遵循实用考量，显然，这不意味着他们忘了相应知识之截然不同的形式化性质。

以上只触及理论性社会研究之精确的研究结果与实在的研究结果间表面上的关系。与此同时，一般社会现象领域，具体而言经济领域中精确性知识与实在性知识间之内在关系，也会引发问题。在此，我们要对有关这种关系之性质的几个广为流传的错误，予以批评。

在理论经济学中，与一般理论性学科一样，精确的知识和实在的知识分别是两种在某些方面有所不同的理论研究取向之结果，因而展示若干形式上的差异。尽管如此，两种研究取向之研究领域却是相同的，都关注全部经济。理论研究之精确取向与实在取向的目标均在于让我们从理论上理解**全部**经济现象，各自以自己的方式。

因而，这两种研究取向不是彼此互补的，比如，不是分别向我们展现对不同经济领域之理解。相反，每种取向的功能都在于让我们以其各自独有的方式理解经济现象之全部领域。只有在两种研究取向都不能取得结果，也就是说，由于客观条件所限，或由于研究技术方面的问题，只好由这种或那种研究取向在某一经济领域的研究中占主导地位，唯有此时，两者间才存在互补关系。

一个现象领域越复杂，将此现象简化为其最简单要素，并探究要素按规律构建现象之过程的研究任务也就越艰难、越繁杂，精确研究得到充分、令人满意之结果也越发困难。因此，可以理解，跟在自然科学中一样，在社会研究领域中，对于复杂现象，我们通常只能获得经验性规律；而对不那么复杂的自然现象和人类生活现象，精确理解则可取得主导地位。由此形成众所周知的事实：若理论知识之课题涉及某一经验领域之较复杂现象，实在的研究取向常较突出。而涉及不那么复杂的现象，精确研究取向占优。然而，从原则上说，这两种研究取向不仅都有能力研究现象世界之一切领域，而且都有能力研究该现象趋于复杂的过程中之所有阶段。如奥古斯特·孔德（Auguste Comte）之类杰出的思想家曾提出这样的要求：社会科学应通过经验发现其规律，然后，根据人性的普遍规律验证之。显然，他之所以产生这种看法，归根到底是因为，他未能清楚认识到上述原则。约翰·斯图亚特·穆勒也犯了同样的错误，他曾表示，这种方法，即他所说的反向演绎（inverse deductive），对社会科学确有决定性意义。

在此还有一问题值得一提。此问题涉及两者之关系，在此关系中，经济学领域之精确理论性研究之结果与实在性研究之结果可确保为真。此问题是重要的，因为在德国经济学家中，尤其盛行低估“精确经济学”之倾向，而原因主要在于其未认识到这种关系之正确性质。

经济学家中常流行这样一种看法：比起他们以为仅从先验公理中演绎出来之精确研究结果，经验性规律，“因其立基于经验”，为其结论之真实性提供了更好的保证。因而当两类理论性知识出现矛盾时，应根据经验规律修改和纠正精确性研究之结果。依此看法，精确研究在方法论上处于从属地位，相反，实在论是我们获取知识之更有保证的途径。无须多说，这种看法触及最敏感的问题，即精确研究在政治经济学中之地位问题。事实上，上述看法实有否定精确研究之独立价值之意。

这一观点之根本错误，起因于未能认识精确取向之理论性研究之性质及此研究与实在性研究之关系，并以实在性研究视角要求精确研究。

再确定不过的事实是：在经济学领域中，跟在任何其他现象领域中一样，若用实在论标准来衡量，精确取向的理论研究之结果是不充分的、非经验性的。当然，这一点不言而喻，因为，事实上，在所有现象领域中之精确研究结果，只在一定条件下为真，而在现实中未必总有此条件。用纯粹经验方法验证精确经济理论，完全是方法论上的无聊之举，缘于其未能认识到精确研究之基础和预设。与此同时，未能认识到精确科学所欲追求之独特的目标。想用完全实在的经验验证纯粹的经济理论，这种做法相当于数学家想通过测量实在的物体修正几何学原理，而没想到，实在的物体不可能等于纯粹几何学所设想之量值，而每次测量必产生不精确的因素。理论研究之实在论并不是比精确取向更高明的东西，因为两者本是不同东西。

实在取向之研究结果与经验方法之间的关系，从根本上不同于精确研究之结果与经验方法间的关系。实在取向之研究结果当然立基于对现象之“经验实在”和复杂性之观察，而判断这些结果是否为真的标准，当然是经验的方法。经验性规律先天地缺乏绝对有效之保证，这是其方法论预设所决定的。经济性规律断言现象之存续与并存之规律性，这规律性未必是绝对的。而牢记这一点，我们注意到，它必定与完整经验实在相一致，从对完整经验实现之考察，可得这一点。尽管如此，把这一原则转而用来衡量精确研究之结果，则是荒唐的，因为未能认识到精确性研究与实在性研究间之重要区别。而对此提出批评，正是以上探究之主要目的所在。

我们这样说，绝非否认下面一点：如果我们能在获得精确知识之同时，又使这种知识合乎真正意义上之完整经验实在，那将最为可取。或者换一种意思完全相同的说法：如果我们能在获取经验性知识之同时，又使其显示出精确知识之好处，那将最为可取。由此，人对现象之认知、预测和控制，从根本上得到助益并简化。不过，我们此处竭力所阐明的是，给定实在的现象世界正常情况下呈现之实有关系，这是无从获得的。

由于此处讨论之问题涉及德国经济学家中已根深蒂固的一个错误，甚至在最出色的外国学者之理论探讨中，对此也常含糊不清，故对我们学科领域中之精确研究之结果与实在研究之结果间的关系，我们当以例证予以阐明。事实上，在此过程中，我们也将同时解释造成这方面混淆之原因。

举例来说，对价格现象领域之精确研究告诉我们，在特定交换地域，对某财货之需求出现增加，则在特定条件下，将导致价格上涨，这可通过测量予以精确的确定（不管需求的增加是由于人口增长所致，还是由于单个经济活动主体对该财货之需求更强烈）。[①]从随便一本条理清楚的理论经济学著作中，我们都可很方便地发现上述命题之预设：(1)此处讨论之一切经济活动主体都在竭力维护自己的经济利益；(2)在讨价还价过程中，他们对自己欲追求之经济目标的认识及实现这一目标的相关措施不会出错；(3)对可能影响价格形成过程的经济状况，他们不是一无所知；(4)没有外部力量剥夺他们的经济自由（追求自己经济利益之自由）。

无须赘言，在现实经济中，上述预设只在极少情况下能全部存在，因而，实际形成的价格通常会或多或少地偏离经济价格（economic price）（即完全对应于经济状况之价格）。在实际经济活动中，人们实际上只在很少情况下致力于完整地维护自己的经济利益。诸多其他考量，其中最重要的是对不那么要紧的经济利益满不在乎，对他人心怀仁慈，等等，会使人在经济活动中，有时根本不维护自己的经济利益，有时则不那么尽心。进一步说，对实现其经济目标之手段，他们可能是糊涂的，或有错误；事实上，对这些目标本身，他们经常是糊涂的，或者搞错。对作为其从事自己经济活动之背景的经济状态，他们之所知也是不充分的、不完整的。最后一点，他们的经济自由受各种各样社会关系的限制，这也不在少数。因此，只在极少数情况下，财货之经济价格才能十分准确地反映特定的经济状态。毋宁说，现实价格总是或多或少会偏离经济价格。

① 参见我的《国民经济学原理》(*Grundsätze der Volkswirtschaftslehre*)，Ⅰ，p. 172 及以后。

如果情况确实如此，则显而易见，在上述常见情况下，对某种财货之需求的实际增加所导致的价格的实际上涨，未必刚好对应于变动后的经济状态；事实上，可能出现这样一种情况，即根本没有导致价格上涨。因而，对一种财货的需求的增加导致价格上涨之规律，或者更准确地说，需求一定数量的增加将导致价格相应上涨之规律，其实是不正确的——也就是说，如果用具有完整复杂性之现实来验证，此规律是非经验的（unempirical）。但这能证明什么呢，除了证明精确研究之结果不应从上述意义上的经验中寻找其判准？尽管存在上述所有这些情况，只要我们从满足精确研究的角度考虑，则上述价格规律仍然是真的，绝对为真，其对从理论上理解价格现象仍是最为重要的。如果我们从实在研究之角度考察这类规律，确实会陷入矛盾中。然而此时，错的不是该规律，而是我们考察它的角度错了。

如果我们现在想获得从实在角度考察价格现象之类似规律，任何一位熟悉经济事务的人，不用多说都知道，这一规律显然十分类似于作为精确研究之结果的那一规律。所有人都知道下面的观察结果：对一种财货的需求之增加，通常会导致其价格之上涨。然而，这一“经验性”规律，尽管与作为精确研究之结果的价格规律在表面上相似，却与后者存在根本区别，此区别对我们极具启发意义，因为我们此处讨论之两种规律的表面类似，导致人们在粗枝大叶的观察中过于轻易地忽视了其区别。精确的规律断言，依特定前提条件，需求之一定数量的增加，必伴之以价格之相应数量之上涨。经验规律则断言，需求之某种增加通常伴之以实际价格之某种上涨，在通常情况下，价格的这种上涨确与需求的增加之间有一定关系，但我们不能用精确方式确定这种关系。精确规律对于任何时代、任何国家的财货交换都为真。经验规律却允许即便在一国内也存在例外，因为，关于需求对价格之影响的量度，在每个市场上都是不同的，只有通过观察才能予以确定。

我们有意地挑选上述例子，在此，经济之精确规律与经验规律尽管有表面的类似，恰恰揭示了此处讨论的两类理论性知识之根本区别。尚可轻易证明，在大量其他情况下，精确性规律与相应的经验性规律即使就在表面形态上，也有所不同。因此，显而易见的是，两种规律绝不可彼此混淆，更不能从同一个角度验证它们。

以经验的实在论及其理论结果作为标准，衡量精确取向之理论性研究结果之人，忽视了一个真正具有决定意义之事实。此即，精确经济学，就其性质而言，要让我们掌握一类规律，对分析地或抽象地构想之经济性世界[①]成立，而经验－实在的经济学则要使我们认识到现实的人类经济现象相续、并存之规律性（这类现象，即便在其“完整经验实在”形态下，也包括大量不出现于抽象的经济世界的要素）。

欲寻找标准，既适用于有关经济之精确规律，也适用于经验性规律，这表明其人未能认识到科学方法论之最基本原理。这相当

① 门格尔之实际用词是 Gesetze der Wirthschaftlichkeit，可译为经济性之规律(laws of economicity)，假如存在“经济性”一词的话。隔几行的译文是“不出现于抽象的经济世界”，门格尔的关键词是 Unwirthschaftlichkeit (“noneconomicity”)。我注意到，使用 Wirthschaftlichkeit 一词的三个其他例证，其特殊意义指“纯粹”经济领域，完全由经济规律支配，而不受任何“非经济”现象之干扰。其中一处在 p. 250，关涉“经济现实之原则”。另一处在 p. 212，在此，门格尔译为“抽象经济现实”。第三处在 p. 218，门格尔再次译为“抽象经济现实”。借助这些便利，Wirthschaftlichkeit 的用法甚至可以是简明的。——英文本编者

于自然科学家要用关于自然现象之经验性规律验证和修正物理学、化学、力学的规律；甚至相当于一个人想用对农民来说非常有用、在专门描写农村人之著述中可找到之规范，验证和修正牛顿、拉瓦锡、亥姆霍茨之精确研究结果——仅仅因为，这些规范通常以非常漫长的经验为依据！

第六章　只在与国家之整体社会、政治发展的关系中处理经济现象之理论

提要：上述两种考察社会现象的方法对历史是适用的。——特别适合于法学之历史取向。——另一方面，机械地应用上述研究视角于一般社会科学、具体而言于理论经济学，也会犯下根本错误。——从与精确取向的理论性研究之关系中考察上述研究视角。——它与我们关于一般精确理论之观念，具体而言与关于经济现象之精确理论之观念之间的冲突。——从其与理论研究之**经验的－理论的**研究取向的关系中考察该研究视角。——它完全不适合于后者。——即使是可设想的最实在论的理论研究取向，也不能不对完整经验实在作某种抽象。——上述看法，依在终极的逻辑，将导致否定任何经济理论，而把历史性撰述视为经济领域中唯一正当的研究取向。

有一种学说，与上章讨论之谬误关系密切，一方面，混淆对社会现象之历史的与理论的理解；另一方面，片面地认为，社会科学面临之理论课题只包括实在的。在现代德国经济学中，再也没有

比这种学说更流行的了，它不仅在所有当代历史学派经济学家之著述中一再重复，且这种认识也确实决定了其所进行之研究的特征和取向。

这在此所说者是下面一些人士的看法：他们要求“只能从与国家之社会和政治发展过程不可分离的关联中理解经济现象”；[①]他们“在研究活动中把经济因素给予独立处理、将其与国家和国民生活之整个环境分离开来的做法，被视为非历史的、不现实的”，进而说，这是“错误结果之原因，只要从此视角以科学处理现实生活之完整真理”。[②]

上述观点[③]是众所周知的，在历史性研究领域中并非新东西。国民生活之具体现象是无数共同发挥作用之因素的产物，因而这

① 迪策尔：《经济及其与社会、国家之关系》(C. Dietzel, *Die Volkswirtschaft und ihr Verhältniss zu Gesellschaft und Staat* ,Frankfurt a.M., 1864),p.52。

② 基斯：《历史方法视角下的政治经济学》(C. Kies, *Die politische Oekonomie vom Standpunkte der geschichtlichen Methode*, Braunschweig, 1853), p. 29 和 p. 109以后。

③ 我们必须指出，施默勒的《关于法律与经济学的若干基本问题》(Schmoller, *Ueber einige Grundfragen des Rechts und der Volkswirtschaft* ,Jena, 1875,p.42 以后)在提出下面要求时，并未完全成功地表达清楚上述基本思想：政治经济学除了探究“技术的、自然的”因素之外，也要“系统地”探究“心理的和伦理的因素……对经济之重要意义”。其实，在上述两类因素间并不存在截然对立。不管怎样，迄今为止，在关于人的各门学科中最重要之因素，人的需求及由此导致之满足这些需求之欲望，作为心理因素，与导致经济现象的自然因素当然一样重要。然而，从施默勒论述之脉络看，他把两者都包括到自然因素中，事实上甚至囊括到“技术的－自然的”因素中，因而，必然将其与推动经济之心理的和伦理的因素对立起来。实际上，倒是在人的经济性倾向（旨在满足对财货之需求的倾向）与其他倾向——人的非经济心理驱动力——之间存在某种对立，而恰恰是从后者并且是在其中形成了现实的社会性生活，此社会性生活之现实，不应仅作为人之经济性倾向之产物而予以阐述。这一观察结论本身极为简单，施默勒的分类不能深化这一观察结果，只能使其更含糊。

种生活中的随便一个现象，几乎都不可能不感受到在塑造人类现象中发挥决定性作用之所有因素的影响。历史学家如果只以人类单一倾向(propensity)，甚至只以塑造历史之单一因素，解释、并使我们把握有关国民生活之复杂现象或一整组现象，则至少不能躲过所有专业历史学家之指责，他们完全有理由指责他太过片面了。这也适用于下面的历史学家，举例来说，他试图仅以重要外交官之性格和个人好恶来解释国家外交政策的事实，只以重要艺术家之个性解释一个时代艺术之发展状况，只以将军之才能解释战斗的胜负。在上述所有这些例子中，历史学家如果没有不以影响重大历史事实之该国的政治、文化和经济状况解释相关现象，理当受到指责。

以上说法显然也适用于有关法律和经济之历史性事实。正是萨维尼(Savigny)比以前任何一位学者更清楚地让德国法学家认识到历史的法学研究对理解法律之重要意义，对此，他从未有过怀疑。他知道，“法律与国民之本质和性格之间存在有机联系”，[①]在他看来，这一点是显而易见的，法律不能凭其自身而存在，相反，从某个角度看，跟语言一样，法律本质上就是从一个具体角度看到的人自身之生活。[②] 他从未想过，以个别人性倾向或从片面角度，历史地解释法律之具体的形态，而不承认所有塑造它之所有其他文化因素和所有历史事实之影响。他没有想过这样做，如经济历史学家那样，仅以特定心理倾向，比如，国民或国民成员的经济自利，

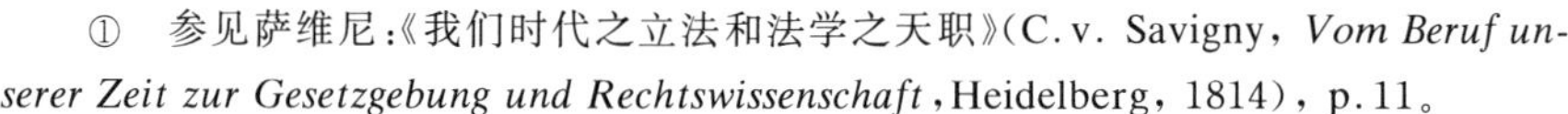

① 参见萨维尼:《我们时代之立法和法学之天职》(C.v. Savigny, *Vom Beruf unserer Zeit zur Gesetzgebung und Rechtswissenschaft*, Heidelberg, 1814), p.11。

② 同上书，第 30 页。

片面地解释经济之历史发展。有其具体表现形态的法律和经济，是国民整体生活之组成部分，只能在与国民整个历史之关联中历史地理解。不可能有任何合理的理由怀疑，关于经济之事实，历史学家当追溯其至参与塑造它们之物质与文化因素之整体。毫无疑问，对经济及经济现象之历史性理解，"只能在其与国家的社会和政治发展过程之联系"才能获致。将经济因素从国家和国民生活之总体复杂背景中分离出来，也即上面所说之分离，不可能是历史的，对现实生活也是不恰当的。我们重复一下，对所有这些事情不可能有任何合理的怀疑，只要我们忽略少数几位致力于以片面的心理倾向构建历史事实之历史哲学家；这些事情确实从来未受历史学家之怀疑，只要涉及对经济现象之历史理解问题，同样如此。

唯有完全未认识到理论性学科之性质与借其获得之对现象之理解的真正性质，未认识到一般性地对现象之理论性理解，具体而言对其任务旨在为我们提供关于经济领域之理论的理论性理解之真正性质——唯有如此，才会误导不少经济学者将上述与历史学和历史性理解有关之视角，简单地，也即完全机械地，套用于关于经济现象之理论和理论性理解。

而我们此处谈论之上述研究要求，首先针对经济领域之精确取向的理论性研究，然后针对实在取向的理论性研究。

在精确理论的范围内，甚至没有一个理论本身能向我们提供关于现象世界，或对某一具体现象领域之完整的理论性理解，哪怕对现实世界之某单个复杂现象也做不到，若以其整体思考的话。毋宁说，只有精确科学，以其整体才能向我们提供这样的完整理解，因为这类精确理论中的每一个只能使我们理解现实世界之个别方面而已。

任何人，若想以精确方式理解经验呈现给我们之自然现象，若想以精确方式理解自然之某一单个现象，也即，将所欲考察之现象视为全部自然事物中之严格规律性的例证，他就绝不能只从化学、力学的规律，或只从物理学等学科的规律中寻求这种理解，相反，只有借助整个、起码是多数精确的自然科学学科，才能获此理解。因为，只有以此方式，他才能得到对现实现象之各个阶段和各方面之精确理解，而若从单独一门精确科学角度看，此现象却有可能呈现某种不规律性，呈现为对现象世界之严格规律性的例外情形。没有一门精确科学能对现实世界哪怕是最微小的一部分给出完整的理论性理解。如上所说，它只能教给我们这种规律性的某一个别方面。

那么，我们是否可因此说化学、物理学或力学为片面的学科？自然科学家能否因为此理论而将上述学科之某一门拓展为有关全部自然现象之理论？或者，一个多少关注理论问题之士，是否可因此贬低此处讨论之学科过于“抽象”，因为其中随便哪一门都不足以解释表现出完整经验实在的哪怕是某一单个复杂现象？

一切方法论之基本原则是：任何一门单独的精确科学，只能向我们提供关于现实世界之某一个别方面的理论性理解。任何人，若非努力通过所有各门学科来获得对具体现象之全面理解，而是企图借将某门精确性学科发展为关于现实现象之某一领域的包罗万象的理论，则说明他未正确理解科学理论之最基本原理。他错得太离谱了，还有没有资格讨论此处探讨之繁难问题，实是大问题。①

那么，对上面提到的那个学说之代表人物，我们还能说什么呢？他们所想的，无非就是把有关国民生活之经济方面的理论，即理论经济学，扩展为一门有关社会现象之包罗万象的普遍理论，而它是一门精确科学——能够是！

人类如果确有一天可以获得关于一般社会现象（可以此完整经验实在为人思考），具体而言，关于经济之全面的精确理解，那只有借助综合大多数精确社会科学，才有可能做到这一点；而只有综合全部社会科学，才能向我们呈现关于社会现象之完整的精确理解。那个时候，我们才确有可能学会理解在那些我们习惯上称为经济现象之现实现象中之非经济的因素及其影响。我们才能够学会理解它们，不仅借助纯粹经济学，也借助其他社会科学，只要是在这些影响力有所发挥的领域中；我们才能够学会用一种精确的方法来理解它们，也即，不是将其作为经济现象表现出来之规律性的例外情况，而是作为社会规律，哪怕（这是不言而喻的）不是有关经济之规律的例证。经济学家可将其最良好的期望扩展到这些学科之发展，并尽可能地协助它们发展。但是，在此之前，我们应按各门学科分派给我们的具体科学任务，将精确经济学从它的谬误

① 这个问题太明显不过了，以至于上述错误——顺便说一句，这种错误是源远流长的——不能不引起像萨伊（J. B. Say）这样的学者的关注，要不然，他在方法论问题上也不会有那样大的权威性。他写道："政治现象本身绝不会无缘无故产生。在这广泛的观察范围里，相同情况的汇集也会导致相似的结果。政治经济表明了其中部分因素的影响，但还有其他许多因素……所有的科学都是相通的，若不研究与我们的知识学科有关的所有学科，就不可能研究我们的知识学科；但谁的智力能掌握如此大量的学识！因此，我认为，我们应该划定研究范围，主要是政治经济领域。"［J. B. Say, *Cours*, 1852, Ⅰ. p.5 以后各页］

中解放出来，并弥补它的漏洞。我们这样做，可对我们当下所关注的东西给予更精确的理解，而由于经济理论确处在令人痛心的状态，因此，这是我们、这是社会科学之经济学方面所面临之最紧迫任务。

而那些片面地理解这一点，并希望将纯粹经济学提升为关于整个社会现象之理论的人士，在此混淆了历史性理解视角与理论性理解视角。他们忽视了以下事实：历史学的任务确实是让我们理解某一现象之所有方面，而精确性理论之任务却只需让我们以其特有方法理解全部现象之某一方面即可。一门学科，如果圆满地完成了它的任务，是不能称其为片面的。

因而，认为必须在与国家之整个社会、政治发展不可分割之关联中研究经济现象的看法，是方法论上的无稽之谈，至少，将此作为经济领域之精确取向的理论性研究之要求是荒唐的。

而认为在运用经济领域之理论性研究的实在取向研究经济现象时，也须在与国家之整个社会、政治发展不可分割的关联中进行研究，此看法同样是荒唐的。经济中的“实在的类型”和“经验性规律”也绝非对包罗国家生活之方方面面的社会现象进行考察之结果。相反，从不止一个方面看，实在的理论性研究同样可被认为是把这些现象之某一方面抽离出来进行研究而得到的结果。

即使在我们所能设想出来的对理论课题最有实在论色彩的认识中，我们提出的有关现象之规律也只能断言，表现为某一经验形态之现象有规律地表现出某种经验形态或有规律地同时出现。因而在这里，在“规律”概念中，事实上，甚至在“经验性规律”概念中，就已以不止一种方式显示了某种显而易见的抽象，即对于整个经验实在之抽象。以下事实可清楚揭示这一点："规律"，不管何种类型的规律，涉及的并非（像在历史学中那样）具体现象之相续或并存，而是经验形态之相续或并存。正因为此一原因，不可避免地要从表现出其完整经验实在之现象中抽离出某些特征。进一步说，在以下情形中也涉及抽象：规律断言特定经验形态之相续或并存，而显而易见，不能将所有其他可想象之经验形态混入其中，而必须与前者分离，从所有剩余现象中抽象出它们。只要简单地给定从关于具体现象之完整经验现象中之某种特定抽象，就相应地有了"现象之规律"的观念。这种抽象不是偶然发生的，比如，不是由于缺乏某种理论性研究取向，如果是这样，抽象当然是可以避免的。在建立任何类型的"现象规律"时，这种抽象都是不可避免的，因而任何试图避免这种抽象的努力，实际上也就取消了建立现象规律之可能性。[①]

因而，即使我们可以设想出具有最强烈实在论特征的理论性研究取向，也须靠抽象才能进行下去。因此，试图使现实存在之现象之类型和典型关系每一次都涉及该现象之"完整经验实在"的抱负，是完全有悖于基于现实而提出之理论性研究的性质的。

而假如无视由理论性研究之性质所要求之上述抽象，我们很难认清，考察完整经验实在意义上的实在取向之理论性研究，需进

① 上述论述与德国历史经济学派几位最极端代表人物确定之理论性研究之性质，是完全对立的。在建立经济（实在的）规律时，他们完全没有正确地理解理论性研究之性质，他们总是称自己充分地考察了那个国家（为什么只是这个国家，而不是整个宇宙，因为，这难道不也算一种抽象吗?）的整个生活。然而，如果真是这样，那从逻辑上说，他们等于最终完全偏离了理论性研究，而进入了撰写历史的学科领域。

行何种改进。假如对应于上述理论性研究取向，有关经济之规律是以纯粹经验方式、通过观察现象之实在的相续与并存而获得，那么，以这种研究程序呈现出来的就是对经验现实本身之完整的考察——而不管我们上面强调之抽象程序。因为毕竟，现实的财货价格、现实的地租、现实的资本收益等，并不仅是专属经济性倾向之产物，也是伦理性倾向之产物。经验地建立这些现实的现象之相续和并存的规律性，我们将考虑我们所能想象的法律、习俗等因素之影响，也考察我们所能想象的一切典型的经济关系。而无人能事先知道，到底哪些影响需予以考察，这尤其是因为，显而易见的是，这些经验性规律，唯对那些特定时空中的关系有效，正是基于这一考虑而获知它们。

因而，在实在取向之理论性研究中考虑非经济因素之抱负，其实是多余的，这是由这种取向之固有性质决定的。在此需要的不是特殊的方法，更不需要一个博学的学派。相反，所需要的是具有独特构造之头脑，以探究经济现象之“经验性规律”，在此头脑中人的经济现象之非经济因素被清除；我们的历史学派经济学家如何将其加进去，他们就如何将其清除。

以上所说涉及一种奇怪的错误理解，既对理论性研究之精确取向，也对其经验取向。

确实，要求“应当在与国民之整个社会、政治发展之联系中研究经济现象”，乃植根于一种糊涂的抱负：企图将特定的历史研究视角强加于理论经济学，而这与理论经济学之性质完全相悖。在此，再次表明我们的历史学派经济学家之方法论造诣实属有限，他们竟然对一种研究取向提出了超出其能力之要求。他们也展示了自己的方法论造诣是多么可怜，由于担心似是而非的片面性，而偏离政治经济学的正当领域，进入历史性研究的领域。这是德国这门学科之全面性的样子，其实根本用不着。

第七章　理论经济学之自利教条及其相对于后者理论课题之位置

提要：如何理解"教条"，它对经济理论有何意义。——有看法认为，只有基于如下错误假设，才可能得到关于经济现象之精确规律，此即，在现实中，人们的经济交易活动只受其充分理解之利益的引导。——反驳上述看法之论证思路。——这种论证思路是不正确的，因为，除了公共精神外，还有错误、无知、外部强制等都被排除在有关经济之精确规律之外，而上述论证思路却未理解这一点。——上述论证思路的错误在于未能认识一般的精确取向之理论性研究、具体而言经济领域之精确取向研究之性质。——精确取向之理论性研究并不从以下预设出发：经济人确确实实只受其经济利益的引导。——在理论经济学中，所谓的自利教条的真正的含义是什么。

"在经济学理论中，个人自我中心（**egoism**）、自利之心（self-interest），扮演着如此重要的角色，它与我们借以掌握经济规律的方法之间，存在着如此直接、如此根深蒂固的联系，它对我们学科之整个观点发挥着如此巨大的决定性影响”，因此，我们应转而探讨这种“自利教条”(dogma of self-interest)与我们学科之理论性课题间的关系，因为在我们看来，“政治经济学的历史方法与无法改变的自利心之间，存在着某种非常特殊的关系”。[①]

有的经济学家把“自利教条”理解为以下原则：以单独经济个体身份、不受政府政治－经济措施影响、追求私人利益之努力，其结果必定等于社会在其所处之时空条件下所能实现之最高程度的公共福利。不过，我们此处不拟讨论这种看法，至少是其一般形态，因为它与本章将讨论的方法论问题并无直接关系。

相反，我们此处感兴趣的是自利教条所指称之以下论旨：人在其现实经济活动中，只受其经济利益之指引。这一论旨，像德国历史学派经济学家的代表人物以为的那样，我们学科的“非历史主义”学派的追随者都将其作为基本公理，置于其政治经济学理论体系之首要位置。而这种看法对我们此处处理之理论问题所具有之重要意义，只需看看下面一点就清楚了：历史学派认为，有关经济现象之严格规律是否可能，因而也就是某种经济学科是否可能，端赖这种教条之正确与否。或者换句话说，上述教条如果是错误的，那就可以完全否定研究经济“规律”之学科的可能性，因而就需要处理我们这门学科之特殊方法，即他们所信奉之历史方法。

而我们的历史学派经济学家在此之论证路径如下：

人的意志受无数实际上在一定程度上彼此互相冲突的动机所

① 克尼斯：《历史方法视角下的政治经济学》(K. Knies, *Die Politische Oekonomie vom Standpunkte der geschichtlichen Methode*, 1853), p.147。

引导。据此，人的行为，具体而言，人的经济行为之严格规律性，先验地就将是不可能的。只有当我们设想，人在其经济活动中，总受同一动机，即自利之引导，随意而为（arbitrariness）的因素才不必须考虑，只有这时，人的每一行为才能严格地予以确定。只有依自利教条，经济规律才是可以设想的。因而，只有借助这一教条，我们才能设想存在那种精确科学意义上的经济学。

然而，事实上，根据经验我们可以断定，人在其行为中，不管是在一般性行为还是经济性行为中，并不只受某一种动机指引。因为，自利至多只是人类经济活动的动机，除此之外，还有公共精神、同胞之爱、习俗、正义感等因素，决定人的经济活动。据此预设，斯密学派（非历史主义的）经济学家之出发点，即自利教条也就是错误的。基于上述预设，不依傍于时空条件之严格的经济规律同样丧失了其存在之基础，从而使一门学科，即前面所说精确意义上的理论经济学丧失其存在的基础。如此所述整个这一研究取向都是非经验的，违背事实真相。只有清除这些错误预设后进行的研究，才能使我们在我们学科领域中得到的结果合乎经济之实在现象。

这大体上就是德国历史学派经济学家反对“人的自利教条”之论证路径。[①]

在此我们首先想指出上述论证路径中存在的一个漏洞，此漏洞在任何一位对生理学研究有一定了解的人士眼里都是显而易见的。人不只是受上述意义上的自利戒律之指引，这一事实取消了

---

① 参见施默勒：《论若干基本问题》（Schmoller，*Ueber emige Grundfragen*，Jena，1875），p.42。

一般意义上的行为，具体而言经济性行为之严格的规律性，因而也就取消了精确的经济学理论之可能性。然而，还有另一同样重要的因素也会产生同样的结果。我所说的是错误，论起这种因素与人的行为之不可分割性，比起习俗、公共精神、正义感、同胞之爱等来说并不稍逊。即使经济人在任何时间、任何地点都让自己仅受其自利心之指引，但由于经验告诉我们，他们曾无数次弄错了自己的经济利益或对经济现状懵然无知，则照上面的推理，恐怕也可认为，经济现象之严格的规律性是不可能的。我们的历史学派经济学家为其考虑得可真周到。于是，经济现象之严格规律性的预设，也就是上述多种意义上的理论经济学之预设，不仅需要人是永恒自利的教条，还需要经济事务中之人"不可出错"(infallibility)、"全知全能"(omniscience)这样的教条。

我们并未断言，上面这几个教条，已穷尽我们的历史学派经济学家们心目中有关经济现象之精确理论之全部预设。毋宁说，对任何一位不是一点都没有接触过方法论研究之人士来说，显而易见的是，在这些教条之外还得补充一系列其他教条(在经济现象领域，尤其要补充完全不受外部强制之教条)。我们不会怀疑，这些教条确能轻易地向历史学派代表人物提供一个施展其巧妙批评之领域。只需靠这些，就足以让他们得出结论，各国最伟大的头脑是多么显眼、多么令人惊异地愚蠢，因为几千年来，他们竟然都在竭力地寻求解释社会现象之精确理论。若非德国历史学派让人类睁开眼睛，人类今天还将处在多么悲惨的状态啊。

这确实是对社会科学领域的一个划时代颠覆，相比之下，下面的情形看起来倒多少令人有点奇怪：研究经济领域的学者们的那些所谓错误被德国历史学派大加指责，然而，我们却可以在理论性研究之所有其他领域，看到完全类似的东西，尤其是在自然研究领域。仔细审视，这一整套理论性学科应当也同样无效，同样变得毫无价值，然而，在我们的自然科学家的头脑中，以前竟从未产生过这样的疑问，实在是令人奇怪了。

因为，最重要、最基本的各门理论性自然科学，也具有我们的历史学派经济学家指责理论经济学的那些缺陷。若用我们的历史学者的批评标准衡量，化学和物理学——更不要说力学、数学等其他精确科学——也违背了现实，也是非经验的，因而，也需要进行一番在理论经济学中进行的那种改革。

化学并未告诉我们有关特定组合的具体现象之“实在概念”(real concepts)。相反，化学中的元素和化合物都是非经验，不是完全纯粹的，我们也不能观察其不受人工影响之性质；事实上在某种程度上，它们是不可能以合成方法准备的。我们不可能经验地得到纯金、纯氧、纯氢及它们的纯粹化合物，不管就其自身性质来说，还是从化学规律所要求之理想的严格量度上来说，都是如此。靠那些质上非经验的、在特定情况下量上也非经验的元素，化学才能够存在。更进一步说，化学处理物质，并非是其经验形态之整体。它所告诉我们的，不是其存在之所有方面之性质和规律，只是特定方面的。用我们的历史学派经济学家的话说，化学以下面的教条为出发点：基本的化学物质及其化合物经验地呈现其完全纯粹的形态，可以理想地精确测量，黄金和氧之实在现象形态在任何地方、任何时代都是完全一样的。而且，它只关心现实世界之单一方面，因而相对于现象世界之总体，其规律是以某些任意规定的假设为依据的，是非经验的。

我们可能不必进一步论说了，物理学，尤其是力学和数学，也同样如此。

纯粹力学中最重要的规律都以任意规定的、非经验的假设为基础，比如物体在真空中运动，物体的重量和运动路线可精确测量，其重心可精确地确定，推动物体运动的力可精确了解，并且是恒定的，无任何扰乱因素发挥作用；那么，用我们的历史学派经济学家的话说，力学以无数任意规定的、非经验的教条为出发点。数学也一样，我们可能不需要再特别指出其非经验性预设了（想想数学的点、数学的线、数学的面等），它们也不处理实在现象世界之整体，而只是其中的一个方面。就此而言，数学也有悖于“完整经验实在”，是专断的、非经验的；它们也是人的头脑令人痛心的混乱之结果！

而迄今为止，竟无人怀疑这些教条，直到有一天，德国历史学派经济学家让我们睁开了眼，这可能是因为他们充分警觉，也可能是因为他们具有天分。他们确实让我们睁开了眼，却未充分地意识他们的这一确实属于划时代性质的颠覆，对整个精确研究领域可能产生之影响。确实，我们的历史学派经济学家可能对自己的这一成就颇为自豪。

我们还是最为严肃地探讨问题吧。社会现象领域之精确取向的理论性研究——只有在这种研究取向中才涉及自利教条问题——我们已经充分地阐明，其任务是“将人的现象还原至人的本性中最原初、最普遍的力量和内驱力（impulses）”。它的任务是“据此而考察，每个人在不受其他因素影响（尤其是不受错误、对处境之无知及外部强制）下，其天性中的自然倾向自由发挥，将形成何种结果”。当我们沿着这一研究取向追索，我们将获得一系列社会理论，其中的每一种确实只能向我们显现对人类活动现象之某一个别方面的理解。因而，每一个理论都抽象自完整经验实在。但所有这些理论加总，就教我们理解伦理性世界，相当于以同样方法观察自然现象所得到之理论性学科可能得到之结果。[1]

在人的努力中，旨在预见和满足物质（经济性）需求之活动，远非最常见、最重要的活动。同样在人的内驱力中，驱使每个人追求其物质福利的内驱力，远非最常见的、最强有力的。一种理论，若教我们知道，基于强有力的经济性内驱力自由发挥而不受其他内驱力和其他因素（尤其是错误或无知）影响之假定，将会形成人的活动之何种凝定形态，旨在满足物质需求之行动形成何种形态的人的现象；尤其是，一种理论，若教我们知道，特定数量的某种力量会产生多大量化后果；凡此理论，必定提供我们以某种特定理解。它不可能提供对于人的现象之整体理解，或对某个具体部分之整体理解；相反，它能提供对于人之生活中最重要的某一方面的理解。“政治经济学的精确理论”就是这样一种理论，它教我们以精确的方式探究并理解经济人（economic man）在满足其物质需求的活动中自利心的种种表现形态。也因此，这样一种理论的任务不是教我们一般地，且以其整体理解社会现象、甚至人类现象，事实上，甚至不是如此理解通常所谓“经济性”的社会现象。它的任务仅在于让我们理解人的生活之某一个别方面，它可能确实是最

① 参见本书61页。

重要的方面，**即经济的一面**。而对其他方面之理解，只能借助于其他理论才能获得，它们可让我们从人的其他心理倾向角度（比如，从公共精神角度、从人们严格接受正义理想之支配的角度）把握人类生活之各种形态。

研究伦理现象领域之伟大理论家们从一开始就以这些方法论视角为出发点。柏拉图和亚里士多德也是借这视角来着手承担构造有关社会现象之理论的任务。最终，我们这门学科的伟大创始人也是借这种视角，撰写他那本论述国民财富之性质和来源的著作，而除此之外，他也提出了关于道德情操之理论，在此，除自利外，他也把公共精神视为其研究之一个关键点，而对政治经济学而言，这具有划时代的性质。

现在，若我们回头来看所谓人性自利“教条”，在德国历史学派经济学家看来，它与“完整经验实在”构成某种令人不安的矛盾，但无需更多讨论即可看出，德国历史学派经济学家的看法完全是对指导伦理性学科之伟大创始人从事其学术活动所奉行之正确方法论视角的错误理解。除了纯力学外，无人否认存在着充满空气的天空，也无人否认摩擦现象；除了纯数学，无人否认偏离数学意义上的物体、面、线的实在物体，面和线的存在；除了纯化学，无人否认物理因素在现实现象形成过程中的影响力；而除了纯物理学，无人否认化学因素的影响，因为每一种学科都只考察现实世界之一个方面，而抽离了其他方面；同样，除了纯经济学，没有一个经济学家断言，人只受自利心引导，或者断言人不会出错，人是全知全能的。他之所以如此，因为，他把社会生活之形态当作其研究对象，而他是从人不受次要因素、不受错误或物质影响之人的自利心自由发挥作用的视角做研究的。我们的历史学派政治经济学家心目中关于人之自利教条，是错会了其含义。

亚里士多德和格劳秀斯(Hugo Grotius)当然都不怀疑，除社会化(socializing)或向往共同体之内在倾向外，还有其他因素推动了国家之形成。霍布斯当然不是不知道以下事实：分立的个体间之利益冲突并非社会形成的唯一推动因素；同样，斯宾诺莎也知道，自我保存的内驱力不是社会形成之唯一动力。爱尔维修(Helvetius)、曼德维尔(Mandeville)和亚当·斯密与德国历史学派经济学的信徒一样清楚地知道，自利当然不是影响人类生活现象之唯一因素。而在这些人中，只有亚当·斯密撰写了一本有关公共精神的理论！将他和他的学派与我们的历史学派经济学家区别开来的乃是以下事实：斯密从未将经济历史学与经济理论混为一谈，也从未片面奉行我们上面所说"经验－实在的"研究取向。最后一点，他也从未称为以下误解之牺牲品：从人的自利心在不受其他因素影响下自由发挥角度进行理论探究，就等于承认人性自利教条是人类行为之唯一**真正的**动力。我不怀疑，德国经济学，一旦其代表人物充分意识到我此处处理之错误认识，也会采取此处讨论之研究取向，它是完全正当的，对理解经济现象来说也是不可或缺的，尽管令人痛心的是，它长期以来遭人忽视，而只要他们转变认识，他们也可以对这种研究取向的发展做出一定贡献。对经济现象领域之精确研究目前处在十分令人不能满意的状态，对德国历史学派经济学家来说，这是一个有力的挑战，他们必须走出那种使他们陷入孤立状态的错误路线。对他们来说，挑战在于，再次投入其精力于那个大问题，即提出精确的经济学理论，在继续获得有关

经济领域之实在性知识之外，尤其是在致力于从历史角度解释经济现象之外。

第八章　对理论经济学之“原子论”的指责

提要：经济理论中所谓“原子论”(atomism)之性质和意义。——原子论在历史法学派论证思路中之起源。——德国历史法学派和德国历史学派经济学分别从上述教条中推导出来的结论间之差异。——历史法学派之立场。——德国历史学派经济学家之立场。——“原子论”的指责源于其人未清楚认识到精确取向的理论性研究之真正性质，而将某种特定的历史性研究之方法论视角应用于理论经济学。——在德国历史学派经济学家有关方法论的论述中，国民经济(national economy)与个别经济(individual economy)处于对立状态，相应的错误对于我们这门学科的理论课题的影响。

我们下面将提一下在德国经济学家中格外流行的另一看法，归根到底，这种看法跟上一章讨论过的看法一样，根源在于机械地将历史性研究之某种视角运用于理论经济学，在于对理论经济学面临之课题持有一种错误认识。因而，在此，我们可以讨论一下它。我们所说者是现代德国文献以最轻浮方式针对经济学，事实上，是针对那些关注理论经济学之真正课题的所有人提出的指责：

原子论。推想起来，此指责基于以下事实：从理论上说，经济现象最终可还原为个体制经济性努力或至其最简单的构成因素，这样就可予以解释。

此处讨论之教条，其来源主要在历史法学派，与方法论之很多其他分支一样，我们的历史学派经济学家也机械地借鉴了该学派之方法。萨维尼曾说："不存在完全独立的、孤立的人。相反，任何可被视为独立之人，从另一角度看，总是更大单元之成员。因而，每一分立之人有必要同时被视为家庭、国民之成员，家庭、民族则是以前所有时代之延续和发展。"据此，萨维尼谈到国民作为不断生长、持续发展之单位的高级性质，谈到"高级国民"（higher nation），事实上在此"高级国民"中，现时代也只是一个成员而已，如此等等。[①]

任何人，若将德国历史学派经济学家的言论与上述说法做一番比较，不可能看不出其间之关系，尽管两个学派从相同的基本认识出发所得之结论却根本不同。

历史法学派利用上述观念得出以下结论：法律是高于个人随心所欲的东西，甚至是独立于当时国家机构之专断意志的东西。他们断言：法律是"有机的"构造物（"organic" structure），不能也绝不应由某个人或某代人随意改变；法律是高出于个人、整个时代、人的智慧之专断的东西。历史法学派出的这一结论，在一定程度上是非常实用的。它得出结论，法国大革命在全欧洲激发出来

---

① 见萨维尼：《历史法学杂志》（C. v. Savigny, *Zeitschrift für geschichtliche Rechtswissenschaft*, Berlin, 1815），Ⅰ.p.3 以后。

的改革社会和政治状况之愿望，恰恰表明人们没有正确地认识到法律、国家和社会之性质及其“有机的起源”(organic origin)。它得出结论，表现于政治制度中的、有机地形成之“潜意识智慧”(subconscious wisdom)，高于好管闲事的人的智慧。它得出结论，具有改革想法的先驱者与其过分相信自己的远见和才能，不如将改变社会之任务交给“历史的发展过程”。它激发出保守主义之基本原则，这对统治阶级利益很有用处。

可以非常清楚地看到，经济学领域中也存在类似的保守主义倾向之观念。相当于历史法学派之历史经济学派，本应捍卫现有的经济学学派和经济利益，反对经济领域中改革之夸夸其谈，尤其应当反对社会主义。即便在德国，它也应承担这种使命，防止后来发生的很多倒退。

然而，德国历史学派经济学家的思想，除了在经济学领域中具有类似保守主义取向外，并未再进一步。因为这一点，德国经济学家们的历史取向，是一种过于肤浅、缺乏深度的东西。与此相反，从实际的方面看，其鼓吹者甚至在不久之前还跟对经济发展过程持自由主义立场的决策者站在一起，一直到最近，他们中间不少人给我们提供了一幅罕见的景象，经济学的历史学派带有社会主义倾向。这真是科学上的奇事，还好，这种怪事的进一步发展，与其说是被科学的见解、不如说是被外部历史事件给阻止住了。简而言之，关于经济之有机认识在我们的历史学派经济学家那里，仅是某种完全外在的东西，一种理论观点而已。他们甚至远未像历史法学派那样，从这种观点得出现实的政策结论。即使有一些从实际角度看还算合乎逻辑、对经济来说确实正当的结论，也不是我们的历史学派经济学家从这样一种观点中推导出来的。

另一方面，我们的历史学派经济学家从有关经济之性质的上述基本观点（将经济视为有机的整体单位）中得出之结论，仅关涉科学技巧问题，因而十分明显地表现了此学派之视野的范围。

若将国民经济视为人的经济活动之特殊单位，有别于人之单个现象，我们即可轻易得出结论：国民特性（national features）是理论性国民经济学予以科学地处理之唯一对象，人的经济之单个现象，应排除在这一研究之外。据此，人的经济现象之普遍性质，或其普遍关系，都不是理论经济学领域研究之对象。对国民经济现象之研究是此一视角的理论经济学之唯一任务。与此同时，对人的经济之单个现象之普遍性质和普遍关系的研究，将排除于我们的学科领域之外。而试图混淆个人经济（private economy）模式之考察与国民经济之考察，甚至试图将人的经济之国民经济现象还原为单个现象之抱负，便被称为"原子论"。

这种说法的错误，直接根源在于混淆历史视角和理论视角[①]，其最终根源则在于未能在其与组成它的单个经济现象之关系中认识到国民经济之真正性质——这一学说之错误是显而易见的。

---

① 这种学说与上段描述之专门用于历史研究的方法相一致，是德国历史学派经济学家坚决坚持，即使在理论经济学中也如此；由于上章我们对此已有论述，故此处不需再做论述。历史学总从集体角度描述人的现象——相对于它所承担的具体任务，这样做是正当的，这也是唯一广泛使用的方法，它不需将社会现象还原为人的生活之单个现象。相应地，将正常历史研究视角运用到理论研究中的想法，对于主要受过历史训练的德国历史取向之经济学家来说，也是最明显不过的了。因而，上述学说所表现出来的不过是德国历史学派经济学家所犯更一般性错误的具体表现而已。它呈现出来的是机械地将专门用于历史性研究的视角运用到理论研究，这一点我们前面已屡次提到过，而反对这种做法正是本书主要任务之一。

国民之类的东西并非有需求、能够活动、可进行经济事务、可消费之大型主体；因而，我们所说之“国民经济”，并不是一个国家的经济体，如其字面意义。“国民经济”不是一种类似于该国家之单个人的经济活动的现象——财政经济也从属于它。它不是一个大型单一经济体；它绝不是与该国中诸单个经济活动相对立或在其外存在的东西。作为最一般形态之现象的国民经济，是我们在另一处曾详尽描述过的诸单个经济活动之特定排列组合[①]。

因而，“国民经济”现象并非像有人所设想的那样，是对一个国家的生活或一个“经济性国家”的直接成果之直接描述。相反，国民经济是该国中无数个人之经济活动的全部结果，因而不能从上述虚幻的角度得到对国民经济之理论性理解。相反，由于“国民经济”现象在现实中呈现给我们的是无数个别经济活动之结果，因而必须从此角度理论地解释之。

“真知在于知其因”（Scire est per causas scire）。由于这一原因，凡欲从理论上理解“国民经济”现象，理解我们习惯于用该词指称之复杂人类现象者，就必须将这些现象追溯至其正确的要素，至该国之单个经济活动，探究由单个活动形成国民经济现象之规律。而凡采取相反做法者，均未能正确认识“国民经济”之性质。他基于幻想而努力，同时也未认识到精确取向的理论性研究所要解决之最重要课题：将复杂现象还原至其基本要素。

考察经济现象之片面的集体主义（collectivism），对精确取向的理论性研究是不适当的，因而，以上讨论之所谓原子论指责，也

① 参见“附录一　国民经济之性质”。

源于对精确经济学之错误理解。针对精确经济学之原子论指责，也是针对所有各门其他精确科学的，事实上，他们共同构成一套精确科学。

而即使对经济学领域之实在研究取向，这种指责也是不正当的。每种理论，不论其是哪一类型，不论其所能获取之知识的精确程度如何，其主要任务都是教我们理解现实世界中的某一具体现象，比如一般来说，作为现象之相续的规律性的例证。因而，每种理论首先并且最重要的是让我们理解其所特有之研究领域的复杂现象，是导致其生成之种种因素共同发挥作用之结果。这种生成起源性要素（genetic element）与关于理论学科的观念是不可分的。

因此，经济学领域中的实在取向研究，确可致力于确定人类经济中复杂的经验规律。但这不意味着放弃另一任务：将这些复杂现象还原至其构成性要素，还原至单个的人之经济现象，还原所至之程度和形态合于实在研究之观念。因而，指责一位理论家，仅仅因为他牢记理论之起源要素，确实荒唐。

最后一点，至于有人指责，在我们的学科之理论中，这种着眼于起源的研究取向混淆“国民经济”与“个体经济”。其实，这样做有坚实理由。此即，若不承认我们称之为“国民经济”的现象由人之单个经济现象组成，我们就不可能将人的单个经济现象视为“国民经济”之构成性要素。但是，只要想解决这一问题，则将个别经济与国民经济放在一起处理的做法，就没有合理的理由表示怀疑。

所有这一切是如此不言而喻，因此，有些学者在其对经济学理论的系统阐述中，不可能完全避免将更复杂的国民经济现象还原为人的单个经济现象。这甚至也包括那些在方法论讨论中未正确认识到理论科学之性质而表达了反原子论观点之学者。由此导致德国历史学派经济学家在其有关研究之理论和其研究实践之间，确实存在自相矛盾之处。

卷二

经济学研究之历史视角

导　　论

提要：政治经济学及其分支之形式化性质。——它不是历史性学科。——其"历史方法"不可能构成对它及其分支之形式化性质的否定，而只是在提供适合于政治经济学之研究取向时，保留历史视角。——一方面是"理论经济学"、另一方面是实用经济学科之"历史方法"的性质。——它在这两种情形下不是一回事。——它在经济领域之理论研究的精确取向与实在取向中也是不同的。——德国历史学派经济学家夸大了历史视角在政治经济学中的意义。——对当下之相对意义。

上一部分我们阐明历史的、理论的、实用的经济学科之根本区别。我们尤其指出把政治经济学看成"历史性"学科的人士之谬误。政治经济学（就其由理论经济学、经济政策和财政科学构成之意义而言）是一门理论的－实用的学科。因而，视之为历史性学科相当于要经济历史学或经济统计学接受理论或实用经济科学之方法论视角，显然太过离谱。

即使政治经济学中确实存在历史取向，那也不可能意味着政治经济学变成一门"历史性"学科。相反，它只能是指，这样一种理论的或实践的取向牢牢控制着社会现象之发展——而同时没有取消政治经济学作为一门理论的－实践学科之属性。

不过，在我们继续解决这里所涉及的问题前，有必要拒绝一直关注这些问题的人所持之预设。从原则上说，它是一种谬误，澄清此谬误对于完整地认识我们学科之历史观点的性质，是必不可少的。我们所说之谬误是，历史观点在理论经济学和经济学之实用学科中是一回事；那么进一步说，历史研究取向如果在前者中是正确的，也就完全可从历史视角应用其研究后者。

此处讨论的几门学科确实都在研究人之生活的同一领域；它们全部都是关于经济的学科。但，诚如我们在上卷所说，其目标大相径庭，因而，我们不能说获得这些目标之认知方法是相同的。政治经济学的方法绝不能混同于理论经济学的方法，就仿佛理论经济学的方法不能混同于历史学或统计学的方法。

但如果这是确定的，那我们同时也应清楚，经济现象之发展，如我们后面所述，对关于经济之实用学科发挥之影响，未必等同于其对理论经济学之影响。相应地，理论经济学之历史视角之基本原理，绝不能简单应用于前者，反之亦然。相反，无须赘言，上述事实对理论经济学之影响，与其对各门实用经济学科之影响，只能借助于分别从历史视角考察上述各学科所要解决之课题，予以确定。

在理论经济学中，历史视角就可以是有效的，当课题是揭示经济现象的发展对其经验形态、对经济现象之规律之建立的影响时。在经济政策中可用历史视角，当要呈现不同经济发展阶段对公共当局旨在推进这一经济体之制度和措施的影响时。经济学理论家可有效地采用历史视角，若其在研究经济的普遍性质和规律时注意到经济现象之发展问题。关注经济政策者在研究推动经济发展的措施时，也可这样做。上述两类课题之区别非常明显，有人竟将其混为一谈，让人不可想象。尽管如此，这一点还是常为人忘记，原因源于以下错误认识：政治经济学一门形式同质的学科，据此试图确定这门学科之唯一方法，而不是相反，确定在形式上完全不同、作为其构成部分之不同方法。而不下于此之原因在于，未能我们下面简单讨论之误解。

上述两个方法论问题中可见之共同之处在于，实用经济学与理论经济学两者关心的问题都是，与一定经济发展阶段相应之经济规律，是否也适用于不同于该阶段之其他经济发展阶段？在此，同样经常地被人忽视的一个决定性事实是，在有的情况下，它是规范性法律（由国家颁布或通过习俗确定的人之行为规则）的问题。但在有的时候，它涉及的是关于现象之规律（即经济现象间并存与相续之规律性）。也就是说，这是两类完全不同的事物和概念，却凑巧用一个词（law）来指称。

据此我们确实可以持有以下看法：不同的规范性法律和经济制度应对应于一般的国家和社会，具体而言，对应于经济的不同发展阶段；相反，我们却不能说，或者甚至怀疑，一般的国家与社会现象、具体而言是经济现象，随着时间而发展，且这一点决定着这些现象之相续与共存的规律。其实，此处涉及两类完全不同的科学问题，两者都有完全的正当性。但在这两者中间，只有后者涉及理论经济学，只有在此涉及其中之“历史视角”问题，而前者涉及保持历史视角于经济政策之问题。

一长串经济学家有时设想政治经济学为一门形式同质之学科，作为这一点之结果，他们竭力追寻这一学科之单一方法。但有时，他们又热衷于应用理论经济学之方法论观点和基本原理于实用经济学科，或将后者的方法论观点应用于前者。尤其是，他们竟把这两种学科中使用之历史视角视为同一方法论问题。所有这些对理论研究造成之伤害，不亚于混淆有关经济的历史学与理论所造成之伤害，其对政治经济学造成之后果，我们上卷已有阐述。

因此，我们第一个要解决且最重要的问题，不在于一般性地确定在我们称之为政治经济学的整个理论学科及实用学科中历史视角之性质。相反，我们不得不分别研究上面两种截然不同的方法论课题：一方面，在理论经济学确定其历史视角；另一方面，在实用经济学科中确定其历史视角。

但在处理相关理论问题时，我们不得不牢记第二个同样重要之视角。经济领域之理论研究也不是严格地同质的。我们上面已看到，它分为两种特殊取向，在目标和认知方式两个方面都存在本质差异，尽管两者都在努力解决经济领域研究之理论问题。我们在此所说的，是理论研究之实在取向和精确取向，明乎此，那么很显然，确定在上述两种取向之历史视角，必然涉及不同理论课题。我们不得不区分精确的理论研究之历史视角和实在的理论研究之历史视角。

人们确实可能提出以下问题：在政治经济学中保持“历史视角”，对我们的社会是否真有重大意义，足以确保学术界有足够兴趣投入以上所说复杂而艰涩的方法论研究？而这问题必然特别地提示我们一项任务，它有可能摧毁历史学派经济学的很多错觉，至少可将其重要性降低到更为恰当的水平。尽管如此，即便我们通过以下研究得出结论，历史视角远未显示出其对我们理论的－实践的学科具有经济学家归之于它的一长串重要意义，有一件事也仍不容忽视。那就是，在旨在改革德国政治经济学现状之这一任务中，显而易见的是，绝不能仅依自身价值判断事物之轻重缓急，而是同时必须依据其在当代人心目中具有之重要性来判断。那么，还有什么样的观念比我们学科中的历史取向更重要呢？

因而，如果我们用我们在研究最重要问题时所使用之方法，研究那些本无多大意义、只有相对很小意义的问题，这没什么错。相反，那些把次要科学问题当作经济领域研究之关键所在的人，那些把显示了其局限性或缺乏科学研究之价值的东西当作唯一价值标准的人，才会出错。在指出德国历史学派经济学家之片面、夸大和谬误后，在考察政治经济学在德国之现状后，我们相信，我们所处理的确实是我们学科中最值得关注之问题。

第一章 理论经济学之历史视角

§1 经济现象之发展

提要：发展之本质。——个别现象之发展。——经济现象之两类发展须予以区分。——经验形态之发展对社会研究之意义大于(种之发展)对自然科学之意义。

大量现象有如下特征：它们以特定初级形态出现，逐渐发展，沿着遗传血统，达到其最完满的状态，最后丧失其特有性质，并在此意义上灭亡。属于这类现象的，基本的且最重要的是自然有机体。但在大量一般社会生活、具体而言在经济现象中，我们也可得到类似观察。每位劳动者，每个经济性活动单位，每项旨在推进经济之政策措施，人们中间形成的每种经济联系，都属于这类现象，此现象，它本身或其影响都会逐渐地发展，因而也就处于持续变化当中。

除上述具体现象随着时间而变化，经验还让我们熟知其他类型的发展。我们很快就会看到，这些对一般理论学科、具体而言对政治经济学之重要性，一点也不比刚描述之发展现象稍少。我指的是那种不以个别的具体现象为人所知、而以经验形态为人所知之发展现象。因为,我们在大量典型地重复出现之大群现象中可以观察到,其经验形态让我们察觉到某种渐进变动过程。它们确实在如此变动,从而某一特定类型的具体现象在以后重复出现,此刻,同以前的同一现象相比展示出某种差异,某种发展,我们称此为总体性发展(general development)、经验形态之发展(development of empirical forms)(在自然科学中就是种的发育),以区别于上述个体的发展。

每一单个经济活动单位、每一种经济制度等,都展示了个别发展之例证,可通过观察其从开端到消亡点的变化,从而轻易验证这一点。与此同时,我们也可察知,上述现象在重复出现时并不总是相同的,举例来说,只要想一下货币,在几个世纪的历史中,它已呈现过不同的经验形态。

经验形态这种发展,尤其是在有机生命领域中的这类发展,及这一事实对自然科学之重要意义,已有近代自然研究予以强调。不过,这些对社会现象领域尤其是经济现象领域之重要意义,还要大得多。自然有机体明白无误地展示个体发展之现象。但经验形态之此种发展,其过程是十分缓慢的,经常难以察觉。而在伦理世界中,显然会有使人清晰注意到的变动,其经验形态可为人认知。有机界经验形态之变化,根据获得确凿证明之假说,是在几千年历史进程中完成的,通常是在史前期,而在一般社会现象、具体而言在经济现象领域,是以最紧凑的方式,事实上是在文明历史时代、在我们的眼皮底下完成的。私有财产现象、实物交换现象、货币现象、信用现象,都是人类经济之现象,它们重复地显现于人类发展过程中，从某种程度上仅持续千年。它们都是典型现象。尽管如此，其目前的经验形态还是大大不同于从前的时代。在文明初始，匮乏与丰裕，只能通过丰裕者多少自愿地馈赠匮乏者才能使两者均衡。在文明发展的过程中，会有较为粗陋的自然的实物交换形态，在较高的文明中，我提到的均衡过程则主要通过买卖，也就是说，通过货币来实现。在上述发展各阶段，可观察到发达程度不一的财货交换形态渐进之过程。若确实如此，那我们当然已眼见具有上述发展特征之显著例证。当我们看到，在某些最重要的文明民族，货币首先表现为家畜形态，后来表现为未铸造的劣质金属和贵金属，然后是铸币，到最后才是更复杂的形态（即货币与货币符号之组合），则我们不难在此看到货币之经验形态的显著发展。在这两种情况下，同一种经济现象在文明的发展过程中呈现出不同形态。在第一种情况下是匮乏与丰裕之均衡，在第二种情况下是实物交换工具。但无论如何，我们在此看到之同一现象，在其最为突出的不同发展阶段所体现出来的经验形态是多么不同！在社会现象领域，这样的经验形态的发展并非例外，毋宁构成常态。

因而，在时间历程中，人的经济现象之现象并不具有严格典型的性质；相反，它们同时展示出（先不管其在同一时代也会表现出质的不同）两类发展的景象，一种是个体的发展，一种是经验形态的发展。具体的经济现象不同于同时之同类其他现象。“同一”具体的经济现象，在其个体存在之各阶段表现出差异，这种情况并不少见。而“同一”类型之经济现象，会由于经验形态之发展，导致其整个外部表现有所不同。

§2　经济现象之发展对理论研究之实在的－经验的取向之性质与课题所产生之影响

提要：经济现象之发展对一般理论经济学、具体而言对经济领域之理论研究的实在的－经验的取向，不可能没有影响。——这一研究取向之双重课题。——上述事实对建立经济现象之实在类型和经验规律之影响。——在理论研究之实在的－经验的取向中坚持历史视角之课题如何解决。——历史视角对上述研究取向之意义的限度。

任何人，若已理解一般理论性研究、具体而言理解理论研究之实在取向的本质及课题，必定立刻看清一件事。他必定清楚，刚提及之经济现象发展之事实，不可能对有关这种发展的理论没有影响；[①]它也不可能不影响这一领域理论研究之实在视角的研究结果。

实在取向之理论研究面临双重课题：研究实在现象之类型和典型关系（普遍性质与普遍联系）。可以设想，这可让我们认识实

① 克尼斯(Kines)曾正确地强调(Pol. Oek.，p.35)，在经济政策中如果比较强烈地坚持历史视角，经常会伴随着对待理论经济学之某种彻底的非历史态度。他写道(同上)："大多数学者都接受有关政治经济学之历史发展的基本原理，而不承认经济学理论之绝对有效性，此刻，他们所谈论的仅仅是经济政策而不是经济学之基本原理，也就是说，他们并不是指政治经济学的普遍性理论部分。"

在现象之经验形态(类型)与不断重复的关系(经验性规律)。在解决此课题过程中,这种研究取向不能不受以下事实之影响,即该研究取向所确定的这些现象之普遍性质和普遍联系是变化多端的。

一门理论性学科,若其研究领域由那些在其存在之各阶段都无变化的现象构成,则只需简单描述该现象在任一时间点上的普遍性质和普遍关系,即可完成其研究任务,因为,人若在任一时间点上认识到该现象之性质和规律,就等于认识到其普遍性质和普遍联系。这样,向我们呈现某一时间点上之该现象的理论,就可解决其相关的普遍性问题。

但是,实在取向之理论研究的位置、因而相应地其所欲解决之课题,却是相当不同的。一门理论性学科,若仅向我们呈现某一实在的经济现象在某一特定时间点上,换句话说在其存在之某一特定阶段之普遍性质,只是不够完备地解决了上述课题之第一部分。因为,只知晓这些现象在某一特定阶段之性质,确实不等于掌握了其全部性质。

举例来说,我们称之为"商业危机"的经济现象之普遍性质,不能由于我们已认识其在某一特定阶段之性质,就可掌握,相反,唯有了解其整个发展过程之性质后,才可掌握。若我们欲获得正确的"工人"概念,我们不仅必须考察其能力处于发展之完满状态时的情形,也必须考察其能力发展的时期,考察其能力衰落的时期。关于"企业"之正确概念,也由其创建、发展和衰落的时期构成。事实上,即使铸币这样一种看起来似乎没有多大变化的经济现象之普遍性质,也呈现出发展,从其从矿山中挖出开始,一直到其损耗或由于技术进步使其不再值钱因而退出流通为止。其普遍性质也不是静态的。

迄今为止，我们只考察了经济现象之**个体发展**现象，并强调此处讨论之情形对确定相关现象之普遍性质的影响。而对我们曾称之为**经验形态**之发展的那类经济现象的发展，我们也可观察到类似情形。如上所述，人的需求、财富的占有、私有财产、实物交换、货币、信用、税收及经济中真实存在着的成千上万的其他制度之表现形态，在历史不同时期，即便我们不管这些现象可能出现之**个别**的发展，其作为整体，也非一成不变。因而，对其普遍性质的认识必然是不完善的，若我们忽视这一重要事实，而将目前在此讨论之该现象在当前或其发展某一时期之性质，与其绝对意义上的普遍性质相混淆，或者，将当前对这些现象之认识与对其绝对意义上之普遍性质的认识相混淆。相反，显然，最普遍的认识不是静态的，而是对这些现象在其发展之全过程形成概念图景。

我们现已涉及确定经济现象之实在的、典型的关系，即经济现象之经验规律的问题，而这正是经济领域之实在取向的理论研究所要解决的第二个问题。现在，假如这些现象显现前面提到之两方面的发展，那立刻就能看出，针对其发展之某一特定阶段而建立之经验规律，未必对其发展之其他各阶段依然有效。在不见变化之现象间所观察到的典型关系，可独立于时间条件。若所讨论之现象处于时间之流，情况就不同了。在此显然，我们在相关现象之特定阶段所认定之经验规律，未必会在其发展之各阶段都有效。举一个明显的例子，已发育成熟的有机体之生理学规律，未必能适用于萌芽期或已处于衰老阶段之有机体。古典时代国家现象中之共存与相续之经验性规律，未必适用于封建国家或近代国家，如此等等。适用于处在技能巅峰状态之工人的工资规律,未必适用于新手或技能已下降之工人。我们在高度发达的经济体中观察到的货币流通规律,未必适用于文明之初始阶段。在我们这个时代借以调整信用现象之规律,未必适用于未来的信用现象。

加入总结我们这里提出之命题,我们可得出以下结论:实在之人的经济现象显现之发展,一方面呈现为个体现象之发展,另一方面呈现为经验形态之发展。这一点无疑会对此处讨论之研究经验世界领域之实在取向的理论研究的结果,有所影响。这种影响可在确定经济现象之普遍性质(即正确的概念)及确定其普遍联系(即经验规律)两者时,都表现出来:因而,对经济现象之正确概念、类型,只有在以下情况才是真正准确的:我们不仅认识相关现象在特定时刻之性质,而且是其个体发展之整体,或其经验形态之发展之整体;关于此处讨论之现象的经验性规律,若仅对应于其发展之特定阶段,其对该现象之其他发展阶段未必保持有效。

以上对经济现象之发展所做之较详尽分析具有重要意义,因而经济学领域之实在取向的理论研究来说不应忽视之。

现在,我们在此还需要做的是简单地描述可将上述"历史思想"最有益地运用于关于经济领域之实在取向研究之道。

经济现象之发展,亟须将这一事实纳入关于经济现象之实在理论思考,这两点是无可置疑的。尽管如此,凡在一定程度上熟悉理论研究之人,无人会宣称这样解决上述课题,比如,经济现象的发展阶段有多少,或在某一发展阶段有多少种不同的空间关系,就应创造出多少种经济理论。这样的做法是不可行的,仅仅基于一般性阐述与科研技巧之理由。相反,经济领域之理论家解决上述课题之唯一行得通的路子，恰恰借鉴常见的科学阐述技巧，以当前需求为基础，而这样的方法在这门学科中已显现出来。若在面临同样课题之其他研究领域，走这样的路子已取得令人满意的结果，情况尤其如此。我们只能将经济之某一特定状态，尤其是在时间、地点上比较重要的状态，作为我们的阐述之基础①，并只是指明基于经济现象之构成有所不同的发展阶段、从不同地理条件而对该实在理论做出之修正。同样，举例来说，德国或英国的解剖学家或生理学家会将印欧人的发育健全之身体视为其研究之基础，但也会考察对解剖学和生理学来说关系比较重大的人体之不同发育阶段，也会考察比如黑人、马来人等种族因素。这个意义上的实在的经济理论不是虚无缥缈的东西，相反，其研究目标可运用通常的学科工具达到。但与此同时，它会恰当对待经济中的发展这个因素，恰当处理不同地域状况上的差异，而又不牺牲经济学之理论性质。因而，如果我们使用通常表述，而不讲究十分精确，就可以说，这确实是一种**考虑到发展变化的因素**，或者说**考虑到历史视角的实在的经济理论**。

我们越是无所保留地承认这一点，我们越有权利声称，我们已比我们的前辈更完整、更全面地揭示了上述事实对经济理论之影

① 在具体情况下挑选出来作为提出理论经济学之基础的经济体之状态，当然未必在所有时代、所有国家都相同。这样的挑选不是一个需要研究的问题，而只是一个是否适合于阐述之问题，因而是个受制于时、空条件的问题。达尔曼(Dahlmann)曾十分正确地指出[《政治学》*Politik*，Leipzeig，(1847)，Ⅰ，p. 9]："由于每个时代的人都会形成新状态，因而仅依某些时代可得到之手段和条件，不可能从根本上揭示国家，除非局限于与眼前的关系。而在生活中与理论中处理国家问题时必须诉诸历史，并通过它来进行研究，而由于不能忽视任何新的生活形态，因而，必须分析**我们**当代，在这个世界上的**我们**这一部分，**我们的**国民。"

响，而我们因此越发强烈地感受到有必要强调某些事情。我们必须强调，承认上面多次提到的经济现象发展这一事实，认识到此事实对解决我们学科之具体理论问题所产生之上述合乎逻辑之影响，并致力于将上述方法论思想付诸实施，我们就会发现，所有这一切的确让我们有理由把有关经济领域之实在的理论研究取向称为“历史视角”，与无视历史之研究取向相对。(假如我们希望更准确一些，则我们可以说“考察经济现象发展之事实”而不是“历史视角”。)超出这一点之外的每个要求，尤其是德国历史学派经济学家试图把政治经济学转化为历史性学科或有关经济历史之哲学之类东西的努力，我们必须强调指出，乃源于未能认识到科学理论之最基本的基础，源于混淆理论与历史，或者说混淆关于经济之理论与作为获取经济领域知识之理论愿望的单个特殊取向。

§3　理论性经济知识之普遍化过于彻底的指责，不可能靠所谓历史方法完全消除

提要:并非现象之每一变化都是其发展。——随着时间变化并未呈现为发展之现象的这些变化，对理论研究也有重要的方法论意义，只有考虑到这些，才能完整回应经济理论永恒论(perpetualism)之指责。——这一点，对没有国际性或跨区域性质、而出现在同一地方和同一时间的同质社会现象之差异，同样成立。——这些对经济理论也有方法论的重要意义。——如果要完整回应经济领域之理论知识过分普遍化

之指责，也必须考虑到这些。——因而我们的历史学派经济学家指责经济学理论知识之“永恒有效论”和“普遍有效论”(cosmopolitism)，其含义只不过是对有关经济之理论知识过分普遍化的疑虑而已。——尽管如此，完全消除这些疑虑，是无法仅仅基于经济学的理由而实现的。——从经验的实在论得到的理论，必然具有某些弱点，而历史学派以为它运用自己的方法已消除它们。

现实世界中没有一种现象不在向我们展示其持续变化之图景。所有现实事物都在时间之流中，在这方面，社会生活现象与有机现象是一样的，无机界的现象也不例外。因而，实在取向的理论研究中的历史视角——其基本原则是，不可忽视现象之发展，要么适合于现实世界之所有领域，要么由于以下简单明白的事实而适合于不同的东西，即随着时间而变化须由“现象之发展”予以理解。

那么，事物之所谓“发展”，事实上，只构成其因时间而变化之小部分，因为我们通常理解“发展”为事物之本性所致之那些变化，也即，其尽管随时间有所变化，特定之独特性仍保持未变。因而，对未显现独具特色之独特性的事物，我们不谈论“发展”。如果一件事物，不管属于哪种类型，仅由于外部或偶然的环境而发生变化，我们也不谈其“发展”。

由以上所论可得出针对我们学科之方法论的若干结论。最为重要的是，以为在一般社会科学、具体而言政治经济学中，借考察社会现象之“发展”，即可消除社会现象在时间中之变化对理论研究带来的全部难点，不管是什么性质的，这是错误的。以为一种理论只要考察了这种发展就可以避免“永恒有效论”的错误，这是不正确的。这种谬误以为，考察这种发展之理论，可避免“永恒有效论”之错误。相反，显而易见的是，完全避免“永恒有效论”之指责，唯有将那些不能归入“发展”概念之现象的变化纳入理论研究，才能完整避免。

同样的说法对“普遍有效论”之指责也是成立的。同时发生、属于同一经验形态之现象，不仅显现国家间或地区间之差异，即使发生在同一地点、同一时间，也会有差异。这一点，无须多说，同样不可能不对理论知识之普遍有效性产生或多或少之影响。假如一个人因为经济现象显现出地区间的差异而宣布普遍的经济规则是站不住脚的，如果他考虑根据空间条件差异而修正这些经济规律，那么，对同一经济现象的地方差异，他不能不得出类似的结论。仅仅竭力避免经济理论之“普遍有效论”之则，理论过度普遍化的错误是不可能得到消除的。

因而，德国历史学派之所谓“永恒有效论”和“普遍有效论”认识是不正确的。因为，那些曾经十分仔细地避免上述两种错误的学者，也不可能躲过理论知识过分普遍化之缺陷，也即不合乎现实状态之普遍化。只有在考察我们此处强调之经济生活的经验形态的一切变化情况后，才能使实在的经济理论具有准确性，此准确性，上述学派认为，只需取消经济理论之“永恒有效论”和“普遍有效论”即可获得。

至此，我们已指出，上述科学要求不可能在严格意义上实现，因为这一要求所涉之难点，源于社会现象在空间上的变化，源于其在时间中的发展。在实在取向之理论研究中，对知识的渴求恐怕只能以大致近似地考察此处触及之事实及其形态为满足，这是我们前面已确定的基本方针。人的心智远不足以使有关社会现象之实在理论达到完美地步，它总会受到此处探讨之难点的困扰。事实将证明，要从严格意义上实现上述研究要求，从理论的角度看是虚妄的。有关社会现象领域之实在取向的理论研究唯一可实现之目标，是对其做一番近似的考察。而此处表述之概念的实现形态，类似于我们上面已深入探讨过之形态。

德国历史学派经济学家在研究此处探讨之理论难题时，犯下双重错误。一方面，他们过于狭隘地思考这些难题。他们忽视了一个事实：他们未考虑社会现象之其他偏离，其对于我们学科之方法论的重要性，不亚于其仅仅予以注意者。另一方面，其代表人物又屈从于以下错误观念：社会现象之发展及地方间差异引致之经济理论难题，可用历史方法完全避免。

“历史方法”其实是心有余而力不足，而哪怕是其所承诺者，也无法在严格意义上实现。相反，关于经济之各种实在理论必然在某种程度上难免某些弱点，这些弱点，历史学派认为，靠自己的“方法”是完全可以避免的。

§4 经济现象之发展对精确取向的理论研究之性质和课题所施加之影响

提要：上述事实对精确取向的理论研究不甚重要。——透过对这一研究取向之性质和课题的探讨而解释着这一点。——什么可以构成这一取向之历史视角？——精确取向的理论研究既不否认也不拒绝考察经济现象之发展。

迄今为止，我们只处理经济现象之发展对实在的理论性研究及其结论之性质带来之影响。现在，我们还得考察经济现象之发展这一事实对精确研究的影响。不过，由于这一事实对精确研究之重要性略小一些，所以我们的讨论要简单得多。

我们在另一处已强调现象之非典型性(atypical character)给实在取向之理论研究带来之难题，对精确研究是不存在的，这是由后者对理论问题之特殊认识决定的。精确研究将实在现象化约为其最简单的、可视为严格典型之要素，并努力确定其间严格典型之关系，即其“自然规律”。而它表现出来之经验形态，不仅从空间条件看，而且从时间条件看，都不能认为是严格典型的。因而，实在现象之发展，对致力于解决理论问题的精确研究之方法未有影响。只有实在的理论研究结果之严格性，多多少少受现象之变化和其在不同地域间偏离之影响；而精确研究之结果不受这些因素影响。因而，只有经济领域之实在取向的理论研究，而非精确取向的研究，才有其任务，检查此处讨论之事实对其研究结果之性质所施加的影响。它必须寻找回应上述难题之途径和工具。我们的历史学派经济学家对经济学理论之“普遍性”和“永恒性”的大量研究，就其迄今之表现看，实际上只涉及经济领域之理论研究的实在性结果，而无关于精确性结果。

这确实不等于说，精确取向之理论研究根本不考虑或根本否认经济现象之发展。精确理论旨在向我们揭示现象之最简单且严格典型之构成要素(在精确探究之范围内)，并揭示由这些最简单

要素生成复杂现象之规律。然而，唯有向我们提供了对发展每一阶段之理解，它们才算圆满完成上述任务。或者换句话说，唯有告诉我们，该现象在其发展每一步是如何作为规律性演变过程之结果而呈现出来的，它们才算完成其任务。因而，精确科学忽视现象之发展，就如同要求每种理论必须探讨我们所欲理解之现象之每阶段之每一变化一样没有意义。生活的每一新经验形态，现象之每一新发展阶段，都提出了需进行精确取向之理论研究的新课题。因而它确实会考察现象之变化——只是采用本质上不同于实在取向之理论研究的方法。这种发展影响实在取向的研究之结果的性质，多少影响该结果之严格性。而同一事实让精确研究之结果的形式化属性保持不变。尽管如此，它将修正和扩展研究对象之范围，关于对象的理解将由精确科学呈现于我们。它改变研究之目标。

若特别涉及经济领域之精确取向的理论研究，则无须赘言，多少熟悉此研究之结果和历史之士都明白，此类研究的代表人物一向也致力于追踪经济之发展。他们致力于将此领域之每一新的经验形态，事实上就是经济现象发展之每一新阶段，纳入自己的考察范围中。我们学科之精确研究从未忽视社会现象之发展问题；它甚至从原则上从未忽视这一点。尽管如此，显然，它是以适合于其性质和课题的方式考察的。

第二章　理论经济学研究之伪历史取向

提要:理论经济学之历史取向不等于在经济领域之理论取向的研究结果之外,再额外地加上一些历史事例而已。——更不等于一般文献的-历史的研究(literacy-historical studies),具体而言的学说史之装饰品。——也不能基于以下事实追求之:只承认历史是经济领域之理论性研究的经验基础。——在理论经济学中高估历史发展之谬误。——建立"经济历史之相似性"的愿望,只是经济领域之理论研究的特殊取向。理论经济学不是关于"经济发展之规律"的学科。——理论经济学的定义与德国历史学派对它的论述之间的矛盾。

我们已看到,用最高嗓门强调历史视角对经济理论之重要意义者,经常是那些未从根本上认识到其真正性质之人,并指出那些觉得自己应在理论经济学中坚持历史视角者之方法论错误。事实上,他们根本不关心理论经济学之历史视角,而是从特定的历史视角,也即,是从实用经济学视角,考察经济现象。那么,尽管我们已揭示历史视角之本质,或者不如说,已揭示我们称之为经济现象之发展的事实之重要性，我们还有必要提及另几个方法论谬误。此为以下人士所犯，他们确实维护理论经济学之概念，却在其研究要求中认可其中“历史”视角之本质偏离以上所述，事实上，这样的研究对理论经济学来说通常是肤浅的、不相干的。

有些人认为，他们维护着理论经济学之历史视角，其实，此刻，他们不过是点缀各种各样的历史事例在从所谓“非历史的”视角获得之陈旧理论之上。假如我们比较这类理论经济学之研究与早期所谓“非历史”时代之研究，不难看出，两类研究揭示出的**理论性**知识本质上是相同的。区别通常仅在于，老一代“非历史”学派那些著名理论之系统阐述，被历史主义的细枝末节打乱，或者点缀上十分肤浅的历史事例而已。因而，如此合成结果既不是理论，也不是历史描述，更不可能是**得自历史视角之考察的经济理论**。

而这些人在经济理论之历史视角的性质问题上，陷入类似错误，他们试图在我们学科领域之文献－历史的研究中，或者在这门学科之某些具体取向中，寻找历史的视角。

克尼斯曾说过[①]：“与理论的绝对性不同，从历史视角所把握之政治经济学，以下列原则为基础。政治经济学的理论，跟生活之经济条件一样，是历史发展之结果。它在与人的整体有机体和种族－历史的时期的活生生的关系中，与时间、空间或国民性等诸条件共同成长。它与它们共存，并持续地为其进一步发展做准备。它的论证理路扎根于国民的历史生命中，完全可将其成果归功于

① 克尼斯：《历史方法视角下之政治经济学》(Knies, *Politische Oekonomie nach geschichtlicher Methode*, 1853), p. 19 和(1882)p. 24。

历史解决方案之特质。它在经济学通论部分中呈现出之普遍规律,也无非是从历史中引申出来,是真理之渐进的显现而已。在每个阶段,这些规律都不过是对截止这一特定发展阶段为止所认识到之真理之普遍化而已,而不能绝对地依数量或方程宣称它是完全自足的。进一步说,理论之绝对性,也即,在历史发展之某个阶段获得有效性,也只是呈现为这个时代之产物,只能指称政治经济学历史发展过程中某一特定阶段。"

关于理论经济学领域历史取向研究之性质的以上认识,其基础之谬误是显而易见的。我们的学科发展之个别阶段,确实只能历史地理解,置于形成它的时间、空间条件中。或者换句话说:我们的学科之文献史研究,若欲正确地理解其(因时而异的)任务,就绝不能忽视其发展之各个阶段与时、空条件之联系。尽管如此,这是每一门文献史研究必须遵守之规定,甚至是精确的自然科学,比如化学、物理学之文献史研究,事实上,是一般历史撰述都需遵守之规定。但是,这与我们所谓理论经济学之历史视角的研究要求(也即在探究经济规律之普遍性质和普遍联系时记住经济现象发展这一事实),没有直接关系。

有些认为自己在理论经济学坚持历史视角的人,不过是完全相似的谬误之牺牲品,他们把正统的经济理论之历史,附加到理论研究之结果中,这种做法是十足"非历史的"。对正统理论历史之描述属于文献史,事实上,是政治经济学中某一单个理论之历史,而非"历史"视角的理论研究之成果。因而,它们本身不是"历史的"理论,它们也不可能改变某种"非历史的"理论为"历史的"。尽管它们对理论经济学的研究可能有些用处,但就像其他学科之文献史研究一样，它们绝不等于理论经济学中的历史视角。

另一种错误也不轻，这些人试图让理论经济学之历史视角有效，乃将经济理论不建立于一般经验基础上，而完全建立于经济历史基础上。也就是说，他们认为，经济历史才是关于人的经济领域之理论研究的唯一正当的经验性基础。

以上看法，在德国经济学家中非常盛行(在理论经济学中片面地高估历史发展)，而其谬误，只要对方法论问题上不是全无了解者，都是显而易见的。理论性学科必须让我们了解现象之普遍性质和普遍联系，与此相反，历史学的任务是探究和呈现普遍现象、具体而言是人类现象之个别性质和个别联系。它不可能通过探究和分类生活中无数单个现象解决其课题。相反，正确的做法是从集体性现象(collective phenomena)角度聚集现实世界中之个别现象，使我们了解如此形成的，我们称之为国民、国家、社会的各种集体性现象之性质和关联。单个个体之命运、其活动本身，并非历史学之研究对象，其研究对象只能是国民的命运与活动。只有当单个人的命运及其活动对整体，也即上述集体现象确很重要时，才能成为历史学之恰当对象。

显然，经济历史也同样如此。在此构成历史研究对象者也非单个经济现象。其对象根本不是单个个体旨在满足其物质需求之无数努力与成功，也非无数单个物品之生产、交换和经济性利用活动。相反，真正的经济历史所描述者，应是我们称之为“经济”的那种大规模集体性现象之具体性质和发展过程。只有那些根本没有认识到历史学科之性质之人，才会存有一种幻想，以为从我们对一般的历史、具体而言对经济历史之研究，可获得对普遍的人类经济现象之普遍性质和普遍关联之正确认识。[1]

有人在经济历史中看到经济领域之理论研究的唯一正当之经验基础，这在根本上是错误的。因为，尽管历史确实是理论研究之非常宝贵的经验基础，但除此之外，日常生活的经验也是不可或缺的。或者换句话说，观察单个经济现象，事实上，我们必须在这里补充一句，尽最大可能全面地观察该经济，也是不可或缺的。历史经验不可或缺，我们无法想象，没有经济历史的研究，可以构造关于经济现象之高度发达的理论。而若无对单个经济现象之观察，我们则根本无法想象出现一门关于经济现象之理论。在我们看来，仅将经济历史视为理论经济学之经验基础者，与那些把物理学或化学规律建立于对自然之一般描述基础上的物理学家或化学家一样，其观点是没有价值的，即使他是洪堡。或者说，这些人士跟那些试图将人体生理学完全建立在人种描述基础上的生理学家一样，不值一提。[2]

---

① 尤其是参见罗舍尔、莱本：《修昔底德之著作与年代》(Roscher, Leben, *Werke und Zeitalter des Thukydides*, Göttingen, 1842), p. vii。

② 经济学不仅必须探究那些具有“经济”性质的人的经济现象之普遍性质，比如市场价格、交换率、股市报价、货币、银行钞票、商业危机等等。它也必须探究人的经济之单个现象的性质，比如个体的需求之性质，财货之性质，实物交换之性质，甚至还包括那些具有纯粹主观性质、仅体现在个体那里的现象之性质，比如，主观形态的使用价值。经济学怎能只关注历史呢？设想历史为经济学唯一的经验基础，这显然是错误的。圣西门与其追随者就犯了类似错误。孔德也认为，社会科学从本质上说是从历史展开普遍化之结果。但他至少还觉得有必要验证从人性之规律中抽象出的它们。约翰·斯图亚特·穆勒承认，孔德的方法只适用于某些社会科学问题，对其他问题，他认为应利用精确方法[在穆勒那里，是具体演绎法(concrete-deductive method)]。“政治经济学尤其要将其诞生和发展归功于后者。”穆勒的研究看起来比较片面、存在缺陷，原因正在于，他也未能理解，有必要在所有方法论问题上区分理论的与实用的学科，区分理论研究之精确取向与实在取向。 正是这一点常导致他运用实用的和实在取向研究

最后还有人错误地认为，一般历史取向的政治与社会科学理论性研究，其性质就是探究不同国家历史发展之相似性，就是那种偶尔但并不十分贴切地被人称为“历史哲学”的东西。尤其是他们认为，历史取向的理论经济学就是研究不同国家的经济发展史之相似之处，他们错了。事实上，哪怕他们只是将这种取向的研究之结果等同于理论经济学，他们就错了。

显然，对理论经济学性质持这种认识之人，肯定会犯前已探讨之片面高估历史发展影响之错误。而在此认识背后，还隐藏着一个更为严重的错误。

只有最极端的科学片面性才敢断言，国民和国家之一般生活、具体而言其经济发展过程间之相似性，是绝对恒定的，或者换句话说，此处讨论之现象的发展会显现出严格符合规律。① 当然，即使

之方法论要求与社会科学领域之精确研究结论。穆勒也未足够充分地区分理论社会科学领域实在研究之各个分支[穆勒:《逻辑》(Mill, *Logic*), Part Ⅳ, Chap. Ⅸ, §3]。在德国专门研究相关问题之方法论学家中，吕墨林(Rümelin)是第一个提到这一点者。但他也受误导于自己对社会规律之性质过于狭窄的认识，和对社会科学领域精确取向的理论研究之缺乏理解。他错误地把精确的自然科学之标准，应用于具体的-经验取向的理论社会科学研究之结果[《演讲与论文》(*Reden und Aufsätze*), Ⅰ, p. Ⅰ ff. and Ⅱ, p.118 ff]。

① 政治经济学中历史-哲学取向表现出之最片面的特征之一就是，其代表人物一方面否认经济中存在“自然规律”，事实上，他们在一定程度上否认存在普遍“经济规律”；另一方面，他们又不仅承认，存在着普遍的经济发展规律，有时甚至试图证明，后者具有“自然规律”性质。历史学研究教导所有不偏不倚的人，在一般的历史发展、总体而言在经济现象发展中，是不可能看到绝对的规律性。每种比较成熟的知识理论都不会怀疑，像“经济”事实这类具有复杂性质之现象的发展，不可能是严格典型的。因而，所谓的经济发展规律不可能比这一现象世界领域中其他经验规律具有更大严格性[关于这一点，尤其请参见吕默林，《演讲与论文》(Rümelin, *Reden und Aufsätze*), Ⅱ, p.113 ff.; 穆勒:《逻辑》(Mill, *Logic*), Part Ⅵ, Chap. Ⅸ, §5 conclusion and §6)]。

是一般伦理现象、具体而言是经济现象，也无疑存在着合情合理的自然规律的，熟悉历史者毫无疑问会认识到，在这些现象的发展中确可观察到规律性，即使其不是像人们想象的那样严格。确定它们，不管将其称为发展规律还是称为单纯的相似性或单纯的发展之相似性，绝不是有关人类现象领域、具体而言经济领域之理论研究的不正当任务。

颇多经济学领域之德国学者，对一般方法论问题，特别是对理论科学之方法论问题，缺乏清晰认识。正是这一点引导他们形成下面的想法：此处讨论之经济之历史发展的相似性，构成理论经济学排他性的甚至是唯一的主要内容；或者换句话说，理论经济学就是研究上述意义之“经济发展规律的理论”。事实上，理论经济学是研究经济之普遍性质（经验形态）和普遍联系（规律）的学科。与我们学科之这种系统而重大的任务相反，确定上述意义之经济“发展规律”，本身虽不能说有什么不对，却只属于次要任务。确实，在对人的经济现象领域做理论性研究时，不能忽视这些规律。但是，其结果只能构成理论经济学中最不重要的那部分内容，我们只要看一眼理论经济学论著之目录即能明白，这些内容在一定程度上还颇受青睐。我们可在不同国家之价格、地租、资本利息发展中观察到的相似性，无疑是理论研究的对象，它们既正当又有趣。但若将这些内容与使我们明白供给、需求或货币流通数量如何影响财货价格，土地与市场的距离及其肥沃程度如何影响其租金，一国居民的勤奋与否或其商业精神活跃与否如何影响该国之利率的规律混为一谈，这是多么严重的方法论错误！毕竟，我们不能把这些精确规律完全说成是经济之历史发展的相似性吧。

此处讨论之错误其实相当于在自然科学中，某个学派试图将确定有机界发展规律甚至是将达尔文理论，混同于对有机界之理论性研究（生理学等），甚至混同于一般的自然研究。这样的错误也不亚于有些自然科学家试图将每一项不能包容在发展取向研究之内的研究活动，斥之为“不懂方法论”和“没有意义”，或者企图用一种偏颇的标准衡量所有其他取向的自然研究之结论。[①]

显然，在科学实践中，即使在那些“历史－哲学”取向代表人物那里，上述误解也不可能完整地坚持下去。对理论性社会科学之上述认识太过偏颇，因而在研究的实践中，或在这些学科之论述中，不可能贯彻始终。在方法论论著中，在理论科学论述之开头，它还有可能找到一席之地。但在社会科学理论中，根本不可能实现这样的理念。毕竟，即使那些在其经济学著述开头将经济学称为研究“经济历史的哲学”或研究“经济之历史的相似性”之学科的人士，也须借鉴精确研究之结果，作为自己研究内容之主干。他们确实没有仅限于呈现经济历史的相似性，我们甚至可以说，他们也主要阐述精确研究之结果，也即并不属于“经济历史的相似性”范畴之经验研究的结果。在此，研究实践矫正了其理论。

以上评论当然没有穷尽在认识政治经济学之性质上的全部谬误和片面性。任何人，只要多少了解点历史哲学领域之研究，就会

① 听上去确实很奇怪，自称为“历史的”博学的学派，却孜孜以求地确定上述“规律”。比较所有国家和时代之经济的历史，不是为揭示各国家与时代之发展的独特性，而是为探求其间很不严谨的相似性，这是何等反历史的想法！特别是抽离具体的经济发展和制度之独特性和内在联系，而确定发展之外在的相似性，这是何等“反历史”的观念！

知道，上面提到的研究取向只是历史哲学之诸多探究中的一种。①因此，他知道，确定“经济历史的相似性”或所谓的“经济发展的规律”，甚至不能等同于经济领域的历史－哲学取向研究。

因而，将理论经济学甚至把政治经济学理解为研究“经济历史之相似性”的学科，诸如此类的认识是片面的怪论。它只能由下面的事实予以解释：迄今为止，德国历史学派经济学是在与政治经济学领域之其他研究取向没有联系的情况下发展的。这是一个学术团体没有找到其严肃的论敌之好运、从而走向失常的活生生的例证。

① 其他研究取向，与上述取向大相径庭，经常归入含糊其词的“历史哲学”名下。论证人类在其历史发展中不断取得进步[佩罗特(Perrault)，杜尔哥(Turgot)，勒鲁克斯(Leroux)]；论证人类的发展可划分为几个明确的时代(孔多塞)；论证历史是自由观念不断实现的过程[米舍勒(Michelet)]，是人类教育的过程(莱辛)，是不断趋向人性之实现的过程(赫尔德)；论证历史是每个国家上升、达到顶峰、然后又衰落的发展过程[博丹(Bodin)，维科]；论证全部历史之终极目标是形成国家，在其中，自由与基本需求可实现和谐的一致(谢林)；甚至论证法国文明是人类文明之典范[基佐(Guizot)]——所有这些，都已被称为历史哲学。这些及大量其他取向的历史哲学研究也可以这样那样的方式应用于经济学。因而，除了研究“经济历史的相似性”的学科——我们的德国历史主义取向的经济学家仅将这一研究称为“经济历史哲学”——之外，我们还可以得到其他的“经济历史哲学”。但显然，即使把上述所有研究取向加在一起，不等于经济现象领域之理论研究。即使从最宽泛的意义上来理解经济历史哲学，但将它等同于理论经济学，也依然太过片面了。

第三章　实用经济学科之历史视角

提要：经济制度和规范性法律必然受其所服务之国家的具体条件之范导。——这一基本原则对所有实用学科是显而易见的。——认识到上述原则不是实用学科之特殊方法。——实用社会科学中所谓“历史方法”从根本上促成关于社会制度相对性(relativity)之观念混乱。

我们以上指出，实用经济学科之历史视角不应与理论经济学之历史视角相混淆。那么，在阐述后者性质后，我们来处理实用学科之历史视角的性质和重要性。不过，由于德国历史学派经济学家在此处讨论之问题的看法分歧相对小得多，故我们只需做简短讨论即可。问题涉及的是社会制度与规范性法律的相对性。

如果说有什么观点是完全有效的，那无疑是以下观点：特定政治规章、法律、制度、习俗等，肯定不可能适合于所有的时代和国民，简言之，不适合于异质条件。显而易见，一种政治或社会制度在过去可以是合乎目的的、因而是正当的，即使其在今天已不具有这种正当性。反过来，一种制度，在今天可能是正当的，而在过去却可以被完全正确地称为恶劣的，而到了未来，没准又可以说是完全正当的。处于同一时代但具有不同的政治和社会状况的两个国家，也同样如此。总而言之，不同的制度、规章、法律等通常都适合于各自具体的政治和社会条件。这些都是显而易见的，各时代之无数研究“政治学”的学者曾再三强调过这些(在卷四我们将看到，几千年来学者们不断地重复此论)，只有遥远的象牙塔中的少数学者，不能认识到上述说法之有效性，这正是针对他们强调的理由。[①]

一门实用性学科、一门应用性学科，不管属于什么类型，没有仅因其提供给我们的知识之普遍性质，而声称它是那种对所有时代和国家都有效或毋须考虑条件之不同的学科。相反，如果是这样，这样的学科对任何一位清楚了解应用学科之性质的人士来说，将是荒唐的，因为，若不考察条件之独特性，那么合情合理地，就不可能有人的交易之基本原则。

经济政策不构成实用学科之普遍性质的例外。它是研究经济赖以增长之基本原则的学科。尽管如此，它跟其他应用学科一样，显然不是一门研究普遍手段之学科，只特别涉及经济的增长。研究经济政策的学者，若不考虑赖以实现某一政策目标之条件，而简单地建议或拒绝某项规章，认为特定制度、习俗等在任何条件下都

① 与此同时，我们仍不确定，我们在各位学者那里所看到的有关经济政策领域之解决方案的绝对性，到底是由于其确实不知道条件的不同，还是由于他们自认为，他们本来就只是针对他们所处时代和某种具体经济条件而写作。但如果一位研究经济政策的学者主要甚至只考虑他的国家、他的时代的条件，并从这一角度判断习俗、法律、制度等，并据此提出意见，那从实用学科角度，旁人是提不出多少合理的反对意见的。任何人，如果要支持现实中的某项事业，如建立或改革某些制度——研究经济理论的大多数学者都属于这一类——那他自然就会觉得，只需表明其看法有相对正确性即可。

正当，或否定之，就相当于一位应用学科专家，根本不考虑所要加工的材料，就设计出某种机械流程。他也类似于一位医生，根本不考虑患者病情，就制定出特定治疗方法；他也类似于一位战场指挥官，根本不考虑下一步情况，就自以为某种战略与战术措施是正确的。因而，经济政策可以完全正当地称为教给我们一些原理的学科，借此，政府可采取适合具体经济状况之发展经济的措施。这样的定义并非不正确。尽管如此，我们若仅将经济政策说成是研究发展经济之基本原则的学科，那我们之所以这样说，乃是因为，上面的研究要求是所有实用学科之共同特征，因而也是不证自明的。就好像我们在给应用科学、治疗技术或作战战略下定义时不必规定必须考虑条件之独特性一样，涉及“经济政策”时，也不必特意这样要求。

因而，我们看不出，研究经济政策的学者在考虑各种不同条件时可有什么特殊的经济政策方法（即特殊的了解经济政策之方法）。在实用学科领域随便哪类研究中，不考虑条件之独特性，都是严重失职。而考虑这些条件之不同，并不算给研究程序带来什么特殊方法，除非我们将避免方法论的错误，不管什么样的错误，也视为是一种特殊的研究方法。

此处关于经济条件之多样性及其对经济政策基本原则之影响的一般性论述，也适用于各个国家由于经济发展阶段不同而显示出之多样性。无须赘言，各国经济状况的这些差异也不可能不对其经济制度产生影响。不同的经济措施、规范性法律、习俗和制度不仅要适应于不同的国家，对同一个国家，也要适应于经济发展之不同阶段。不过，所有这些，从上述实用知识都是相对的基本原则角度看，都是显而易见的。它如此地显而易见，因此，特别强调这一点，至少是多余的。而如果认为在此处描述之思考模式中存在着某种研究经济政策之特殊的、“历史的”方法，则强调这一点，其实反而是错误的。把这种研究方法付诸实施，等同于把关于经济领域实用知识之相对性作为具有普遍基本原则性质的方法付诸实施，而这是完全错误的。

充分地考虑国家发展之不同阶段的经济政策学科，肯定会非常严格地坚持这种意义上的历史视角。但如果与此同时不考虑处于同一发展阶段的不同经济、地理、人种条件，无须赘言，确实不能躲开“解决方案之绝对性”指责。此即我们的很多历史学派经济学家眼中之历史科学，而其对社会制度之相对性这一基本原则却只是部分公正的。实用社会科学意义上之“历史方法”把实用性原理的普遍相对性确定为明确的基本原则，不仅是肤浅的，更是混淆视听。

经济政策学科把经济增长置于其方法论要求之最高位置，必须完成这一显而易见的任务，这是所有实用学科共通的。它必须教给我们公共当局能在考虑所有特殊条件后、借以推动经济发展之基本原则。这种方法正是我们历史学派经济学家所说的历史方法。对于地理或人种条件的差异，这种方法同样是正确的。

然而，即使有所有这些“方法”，也必须记住下面简单的观点：每门实用学科都不得不充分地注意条件之多样性，不管是人类的条件，还是有机性质之条件，甚至无机性质之条件。

我们的经济领域的历史学派在此也竭力论证，历史之独一无二的重要性，这样的努力对澄清此处讨论之方法论问题，没有做出任何贡献，反而从根本上说是带来混淆。

卷三

对社会现象之有机理解

第一章 社会现象与自然有机体之相似：其限度与由此导致的社会研究之方法论视角

§1 社会现象与自然有机体类似之理论

提要：有机体的正常活动取决于各部分（器官）的功能，而这些局部（器官）又取决于构成更高级单位的各部分的组合状态，或者说取决于其他器官的正常活动。——对社会现象之类似观察结论。——有机体显现了各部分对整个单位之正常活动的合目的性（purposefulness），而此合目的性不是人计算（calculation）的结果。——社会现象也有类似观察结果。——社会构造物（social structures）与自然有机体间存在这些类似性之方法论推论是，在研究社会科学领域采用解剖学-生理学方法的观念。

就其正常的活动和起源而言，自然有机体与社会生活之一系列构造物间存在某种类似处。

在自然有机体中，我们可观察到其细节上几乎难以穷尽之复杂性,尤其是组成部分(单个器官)之丰富多样性。尽管如此,所有这些多样性都有助于作为一个整体单元的有机体之存活、发展和繁殖。其中每个组成部分对这一结果都有其特定功能。而对此功能之扰乱,依该器官与整体关系之紧密程度或对整体之重要性的强弱,而对整个有机体或其他器官的正常活动,造成或强或弱的扰乱。反过来,对于构成更高级单元之器官间关联的扰乱,也会对个器官之性质和机能产生同样的反作用。因而,一个有机体的正常活动和发展,有赖于组成部分的正常活动和发展;而这些组成部分的正常活动与发展,又有赖于构成一个更高级单位之各部分间的关系;还有,每一器官的正常活动和发展,都有赖于其余器官的正常活动与发展。

在一系列一般社会现象、具体而言在人类经济活动中,我们可以观察到很多与此相似之处。在这个领域中,在大量例证中,这些现象也向我们显现了以上情形:各组成部分有助于甚至决定着该单元整体之维持、正常运转和发展。反过来,各组成部分之正常性质和正常运转,又有赖于并受影响于该单元整体之正常运转,就这样,想象该单元之正常外观及其正常功能时,不可能不念及其这个、那个基本的组成部分。同样,反过来,也不可能在想象与单元分离的某部分时,却不念及单元之正常性质和功能。显然,我们看到,在此,自然有机体的性质与活动与社会构造物的性质与运转之间,存在着种相似性处。

社会现象之起源,同样与自然有机体之起源有相似处。若仔细观察就会发现,自然有机体几乎无一例外地展示了各部分对整体确有绝妙功用(functionality),而这功用不是人为计算的结果,而是自然过程之产物。我们在大量社会制度中，也同样能观察到对整体之某种令人惊异的明显功用。而若更深入地考察，即可证明，它们并不是瞄准此目的之意图的产物，也即，不是社会成员达成协定或实证立法之产物。它们也向我们展示了，它们毋宁也是“自然的”结果（从某种意义上说），是历史发展之非意图的（unintended）后果。比如，只需想想货币之类现象，就能明白这一点，此制度极大增进了社会福利，但在很多国家，迄今为止，它却从来不是旨在建构该社会制度之协定的产物，也非实证性立法之产物，而是历史发展之非意图的结果。只要想一下法律、语言、市场之起源，还有社会与国家的起源等，无不如此。

既然社会现象和自然有机体在其性质、起源和运转方面都显示出相似处，那么，显而易见，这一事实不可能不对一般社会科学、具体而言对经济学领域之研究方法产生影响。

解剖学是研究有机体之经验形态及其各部分（器官）之结构的学科；生理学是一门理论学科，使我们得以研究有机体之生命现象及其各部分（器官）对有机体整体之存活、发展的功能。假如国家、社会、经济等也可视为一个有机体，或视为类似于有机体之构造物，那么自然可以提出如下想法：社会现象领域中研究所依循之方向，可类似于关于有机的自然领域之研究中所依循的方向。上述相似处促使人们得出理论性社会科学类似于生理的－有机界领域之理论性研究成果的想法，得出国家、社会、经济等“社会有机体”（social organisms）之解剖学和生理学的认识。

在以上讨论中，我们已提出关于社会现象与自然有机体间存在相似处之基本理论观点，而众所周知，此相似处早就由柏拉图和亚里士多德提出过。我们指出，近代科学文献中已承认的此二现象间的这种相似处。此处，我们确实没有穷尽上述两类现象间存在的全部相似处。尽管如此，我们确实相信，在以上论述中，我们已从形态和意义上揭示了上述理论之核心内容，它是这一领域最为慎思明辨的学者所论述过的。

§2　自然机体与社会现象间存在相似处之正当理据的限度

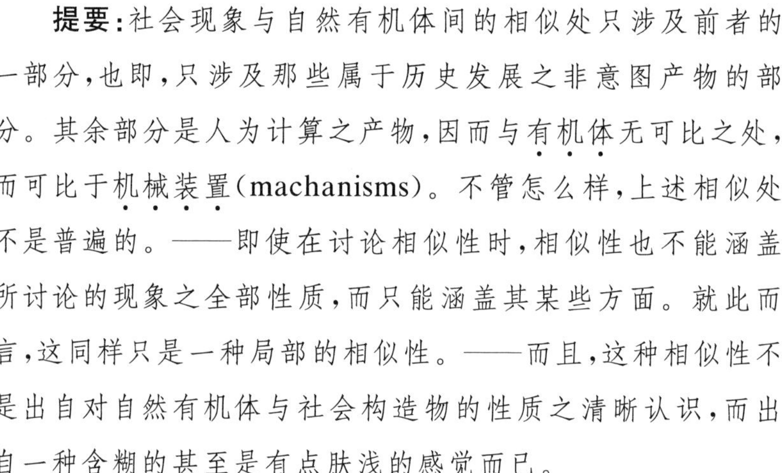

提要：社会现象与自然有机体间的相似处只涉及前者的一部分，也即，只涉及那些属于历史发展之非意图产物的部分。其余部分是人为计算之产物，因而与有机体无可比之处，而可比于机械装置(machanisms)。不管怎么样，上述相似处不是普遍的。——即使在讨论相似性时，相似性也不能涵盖所讨论的现象之全部性质，而只能涵盖其某些方面。就此而言，这同样只是一种局部的相似性。——而且，这种相似性不是出自对自然有机体与社会构造物的性质之清晰认识，而出自一种含糊的甚至是有点肤浅的感觉而已。

以上提及、在各国社会科学文献都有反映之所谓有机地观察社会构造物之方法普遍相信，不管怎样，有某种很有说服力的证据表明，从以上强调的两个方面看，在社会现象与自然有机体之间存在着某种引人注目的——尽管也许是表面上的——相似性。

尽管如此，为得到科学观察对象之一个方面的好处，而牺牲研究其所有其他方面之好处，如此先入之见的看法带来的绝对偏见，可能使人无法正确认识以下两点：

第一，只有部分社会现象显示了与自然有机体之相似性。

大量社会构造物不是自然过程的产物，不管我们所说的"自然过程"是什么含义。相反，它们是人旨在建立或发展它们的有目的的活动之结果（社会成员之协定或实证立法之产物）。这种类型的社会现象通常也展示了其组成部分对整体之某种功用。但它们不是自然的"有机"过程之产物，而是人计算之结果，这种计算使多种手段服务于一个目标。因而，我们不能谈论这些社会现象之"有机的"性质或起源，即使确实要用比喻来予以说明，也是类似于机械装置，而并不类似于有机体。[①]

第二，社会现象与自然机体间之相似性，即使以上讨论确有相似性，也非完整的相似，若考虑该现象之性质的所有方面。相反，这种相似性只限于上一节强调的那些因素，而且哪怕在这里，也是不精确的相似。

这种说法适用于此处讨论之两类现象间所存在的所谓第一种相似性，即整体的正常性质和正常运转受制于其各部分，而各部分受制于整体。有看法认为，整体之各部分和整体本身是同时彼此互为因果的[存在着相互因果关系（mutual causation）]，这种看法

① 不仅有机体，机械装置也一样显示了其各部分对整体之功用；不仅在有机体中，在机械装置中，整体之正常运转一样取决于各部分之正常运转。有机体区别于机械装置之处在于，一方面，跟后者不一样，有机体不是人计算之产物，而是自然过程之结果；另一方面，有机体个别部分（每个器官）不仅受制于自己的正常运转，而且其正常性质还受制于构成更高单元之各部分间的关联，受制于其他部分之正常性质。而机械装置则非如此。

常植根于有机的社会研究取向。[①] 但对我们的思维规律而言，这种看法过于含糊和不准确，以至于我们如果以之为对下面看法的雄辩证据而不会出错：在很多方面，我们这个时代仍缺乏对自然有机体之深刻理解，也缺乏对社会现象之深入理解。因而，以上相似性完全不是立基于对此处讨论之现象的性质的全面洞察，而是立基于关于自然有机体之运转状态与某种社会构造物之运转状态间存在某种程度相似性的模糊感觉。显而易见，这种类型之相似性不可能成为致力于最深入地理解社会现象的研究方法之令人满意的基础。

上述说法在更大程度上对此处讨论之两类现象之起源的相似性成立，此相似性已催生有关社会现象之“有机的起源”的形形色色理论。在这里，显然是不可类比的。

自然有机体由那些以完全机械方式服务于整体之正常运转的各部分构成。它们是纯粹的因果过程之结果，是自然力量机械地发挥作用之结果。相反，所谓的社会有机体，不能完全视为、解释为纯粹机械的力量发挥作用之产物。相反，它们是人们努力之产物，是有思想、有情感、行动着的人努力之产物。因而，假如我们确实要谈论社会构造物，准确地说是其中的一个部分之“有机的起源”，我们所说的其实是以下事实。也即，有些社会现象是人们瞄准其建立之共同意志（协定、实证立法等）的产物，另一些现象则是人们从根本上旨在实现个人目标之种种努力的非意图后果（是这些目标之非意图的结果）。在前者，社会现象形成于旨在创建它们

---

① 参见罗舍尔：《体系》（Roscher, *System*），Ⅰ，§13 尤其是 note 5。

之共同意志（它们是这种共同意志所欲求之产物）。在后者，社会现象作为个人努力（追求个人利益）之非意图后果而出现，此时，并无构建那些现象之共同意志。对这一点，我们要承认，迄今为止对其认识还很不完备（而完全不能说其与自然有机体之相似性有客观基础、是严格的）；仅基于这一点，我们才可将后一类社会现象（非意图地出现的）之起源称为“生发的”（original）、“自然的”甚至“有机的”，有别于前一类（按共同意志有意识地建立的）之起源。因而，社会现象中某部分之所谓“有机”起源，即形成我们用该词来描述的那些社会构造物之过程，其实，也显现其与自然有机体赖以形成的过程之间存在本质性差异。因为这些差异不是我们可在自然有机体之间所看到的那种差异。相反，在上面所说的起源方面，差异是根本性的，相似于机械力量与人的意志、机械力量作用之结果与个人有目的活动之结果间的差别。

因此，与自然有机体有相似关系的那部分社会构造物，也只在某些方面显示此相似性。即使在这些方面，其所显示之相似性也有一部分是含糊的，有一部分实际上是极端表面的、不准确的。

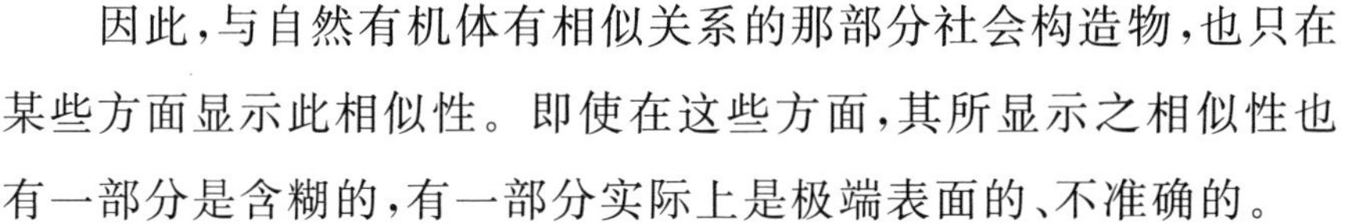

§3　由社会现象与自然有机体间相似性的不完整而形成之社会研究方法论原则

提要：在关于社会现象之所谓“有机的”解释之外，因果性（pragmatic）解释也不可或缺。——即使是对适合进行“有机的”解释之现象，此解释也只能让我们理解社会现象之某些方面，而非其全部。——即使对前者，关于社会现象之“有机的”

理解也可能仍然不是将自然有机体领域中的方法和结论，机械地应用于社会现象。相反，对社会现象之所谓“有机的”解释其实只是一种特殊的社会学解释。——若干社会哲学家所犯之错误，就跟这种有机的社会现象观有关。——上述两组现象作为呈现手段之相似性。

假如社会现象与自然有机体之相似性如若干社会哲学家设想的那样是完全的，假如社会构造物确实是有机体，那么毫无疑问，这种相似性对社会科学之方法论具有决定性意义。关乎有机界研究之诸自然科学，具体而言，解剖学和生理学之方法，当然也就同时是一般社会科学、具体而言是经济学之方法。

然而，上述相似性只涉及部分社会现象，且只是局部的、表面的，这一点先验地排除了以上逻辑结论。相反，从前面讨论中可得出如下基本理论原则：

1.首要并且最重要的是，对社会现象的所谓的有机理解，无论如何，只能适用于一部分社会现象，也即，只适用于那些不是作为协定、立法或民众共同意志之结果而出现的现象。有机观不可能是一种普遍适用的考察工具；对社会现象的有机理解，不可能是有关社会现象领域之理论研究之普遍的目标。相反，要整体地理解社会现象，因果性解释无论如何跟“有机”解释一样不可或缺。

2.即使有些社会现象不能回溯至因果的起源，其与自然有机体之间的相似性也不是普遍的，不能构成其性质之整体。相反，这种相似性仅涉及其属性（即现象的功能和起源）之某些方面，因而仅凭有机解释，不能向我们提供关于这些现象的整体的理解。由于这一原因，仍需要另一种与所谓有机的社会现象观毫无关系的理论研究取向。

各门理论社会科学须向我们呈现一般社会现象和个别领域社会现象（如经济领域）之普遍性质和普遍的内部关联。它们要完成这一任务，还需要其他方法，以使我们理解局部社会现象对整个社会结构之含义和功能。然而，此处讨论的课题构成理论社会科学之整体任务，而在自然有机体领域中，相似课题并未构成自然研究领域科学任务之全部。即便上述意义上的所谓有机研究取向之正当性得到承认，但确定一般社会现象并存、相续之规律，却依然是理论性社会科学之任务。而建立其相互决定之规律，仍然只是社会研究之特殊分支。

3. 然而，即使在表面上看起来显示出此处讨论之相似性的那些方面，它们也不是严格的相似性。毕竟，他们并非基于对社会现象之性质、对自然有机体之性质的清晰洞见上。因而它们也就不能成为一般社会科学之方法论，甚至也不是社会研究之某种具体取向之方法论。所以，即使在以上所说狭窄范围内，机械地将解剖学和生理学方法运用于社会科学，也是不允许的。

因而，所谓“有机”解释只能适用于一部分社会现象，且只能用于考察其性质之某些方面而已。而且，进行这种考察时，这种解释也绝不能只简单照搬自然科学，相反，它必定是独立探究社会现象之性质和该领域特殊研究目标之结果。一般社会科学、具体而言政治经济学之方法，不可能完全是生理学的方法或解剖学的方法。而即使面对与生理学问题或解剖学问题具有表面相似性的社会学问题时，也不能简单照搬生理学或解剖学方法，而只能借鉴社会学的方法，在对该词之最严格理解上。而仅仅由于生理学和解剖学与政治经济学有相似之处，就贸然运用生理学和解剖学研究之成果[①]，是非常荒唐的，没有一位受过方法论训练的人甚至会认为这值得一试。

上述错误，与生理学家或解剖学家试图将经济学规律或方法不加分析地运用于其学科或用那个时代流行之经济学理论来解释人的身体之功能一样荒唐，举例来说，用某种流行的货币周转理论

① 简单地将解剖学和生理学成果融进社会科学之人，是同一错误的牺牲品，即使他们如此做时不是基于机械的类比，而是试图通过各种各样的综合的和晦涩的解释来证明，在自然有机体与所谓社会有机体之间存在全面深刻的、实在的相似之处——这一切是希望以此方法获得对社会现象之某种（有机的）理解；这类学者没有探究社会现象之性质，探究其性质与其起源，以指出上述两类现象间偶然地存在着某些引人注目的相似处。相反，他们一开始就抱着先入之见，认为在自然有机体与所谓社会有机体之间存在完全实在的相似性，然后，用最大努力，寻找支配他们的那种看法之基础，有的时候，甚至牺牲全部科学之公正性。不仅对于只显现出表面相似性的现象，而且在研究实践中，对于甚至常态地联结在一起的现象，这种研究取向是没有价值的，与前面所描述的一样，最近文献请参见凯利：《法律之统一》（H.C. Carey，*The Unity of Law*，Philadelphia，1872）；利林费尔德：《对未来社会科学之思考》（P.v. Lilienfeld，*Gedanken über die Socialwissenschaft der Zukunft*，1875－81），Ⅴ；舍夫勒：《社会体之构建和生命。实在解剖学百科全书，人类社会之生理学与心理学，尤其关涉作为社会新陈代谢之国民经济学》（Schäffle，*Bau und Leben des socailen Körpers. Encyclopädischer Entwurf einer realen Anatomie，Phisiologie und Psychologie der menschlichen Gesellschaft，mit besonderer Rücksicht auf die Volkswirtschaft als socialen Stoffwechsel*，Tübingen，1875－78），Ⅳ。也参见其《合乎社会理论之关于人的术语》[“Ueber den Begriff der Person nach Gesichtspunkten der Gesellschaftslehre”，*Tübing*，*Zeitschrift für die ges. Staatswissenschaften* （1875）]，p.183 及以后；《为了生存的集体斗争：从社会学角度论达尔文主义》（“Der collective Kampf ums Dasein. Zum Darwinismus vom Standpunkte de Gesellschaftslethre”），同上（1876），p. 89 及以后，p. 243 及以后，和（1879 年版），p.234 及以后；《论社会支持系统及其功能的学说》（“Zur Lehre von den socialen Stüzorganen und ihren Functionen”），同上（1878），p.45 及以后。

或财货流通理论解释血液循环，用某种流行的财货消费理论解释消化过程，用电报理论解释神经系统，根据社会各阶层之功能解释人体各器官之功能，等等。我们的经济学领域之“生理学家”和“解剖学家”，如果遭到所有严肃的同行的指责，实属活该，这类似于自然科学家对运用“经济学方法”之同行的指责。自然科学研究目前是非常不完整的，对有机界的研究甚至差得很远，任何人，只要熟悉这种研究状况，即必然注意到，花费令人难以置信的聪明才智，用某种人们其实本来更不了解的东西解释人们知之甚少的东西，实在是非常荒唐的。[①]

因而，玩弄自然有机体与社会现象之相似性，尤其是将一种现象领域的研究结果机械地照搬到另外一些学科，似乎毫无疑问地是一种几乎不值严肃驳斥之研究程序，而本来，后者应可拓宽理解属于其他经验世界领域之理论。不过，我无意否认自然有机体与社会现象间存在某种相似性，对某种**阐述**目的有一定价值。上述意义的类比，作为一种**研究**方法，是一种偏离科学原则的做法。但作为一种**阐述**方法，对某些目的、对了解社会现象某些阶段而言，当然一直是很有用的。最好的头脑一般不企图借助与有机构造物之类比，向同代人解释社会现象之性质。在有些时代，人们的心智比我们的时代更不熟悉这种做法，此时尤其如此。我们仍将看到，至少是对科学阐述来说，这种做法并未随着社会科学当前之发展

① 参见纽曼（Fr. J. Neumann）对申伯格的《政治经济学手册》（Schönberg, *Handbuch der Pol. Oek.*）（Ⅰ，p.114）和克罗恩的《社会逻辑对知识的贡献与评估》（Krohn，“Beiträge zur Kentniss und Würdigung der Sociologic”，*Jena' er Jahrb. F. Nation u. Statist.*）（ⅩⅩⅩⅤ，p.433 及以后，ⅩⅩⅩⅦ，p.1 及以后）所提这种方法做出之批评。

而过时。但在这种做法本只可作为阐述方法的场合，却将其作为一种研究工具，不仅抽出与实际状态对应之相似性，且实际上将其作为一条原则和普适研究趋势，此时，我们就必须对此予以明确反对。《国民财富之性质和原因的研究》一书作者曾对固守这一方法的人，说过一段非常精彩的话："对他们来说，不管在什么情况下，甚至在其他学者认为没有多少相似处的地方，类比也已成为一切的关键。"①

① 斯密：《天文学史》(A. Smith, "The History of Astronomy")，见其《论哲学、主题》(*Essays on Philos, Subjects*)，Dudald Stewart 出版，1799 年出版之 Basel 版第 29 页。

第二章　对那些不是协定或实证立法之产物而是历史发展之非意图后果的社会现象之理论性理解

§1　承认社会现象是有机物，不排斥致力于精确地（原子式的）理解它们

提要：对自然有机体的理论理解也可分两层：精确理解（原子式的，化学－物理性理解）或经验－实在的理解（整体的，特别是解剖学－生理学的理解）。——自然科学中对自然有机体给予精确理解，不仅是可行的，且标志着经验的－实在理解之进步。——因而，对社会现象或其中一部分予以此种精确理解，不是不可接受的，因为此处涉及的现象可视为所谓"社会有机体"。——对自然有机体及其功能的精确理解，迄今只取得部分成功，这一事实并不证明，在所谓社会有机体领域，这样的目标是不可达到的。——有理论认为，"有机体"是不可分割的单元，其功能是作为整体的这些构造物之活生生的表现；此理论不构成拒绝精确（原子论式的）取向之理论研

究的理由，不管在自然有机体领域，还是在所谓社会有机体领域。——社会研究的精确方法不否认社会有机体之实在完整性(real unity)，毋宁说，它试图以更精确方式解释其性质和起源。——同样，它不否认在上述现象领域中运用经验的-实在的取向之正当性。

上一章中，我们探讨了社会现象与自然有机体间之相似性，探讨了类比研究之局限性，最后我们探讨了由此逻辑地推出的对社会科学方法论之推论。我们已证明，这种相似性只是局部的，甚至在这些确实存在相似性的方面，也只是表面上的。相应地，不可能只通过与自然有机体之类比获得对这些现象之理解，即使这些现象并没有因果的起源，而是“有机的”，也即非意图的社会发展之结果。仅将生理学和解剖学观点运用于社会研究，是不可能理解这些现象的。

现在剩下的问题是探讨，对社会研究的有些课题，也即，依事物之客观状况，无法以因果性分析解决，而只能以前述基于类比之研究(“有机地”)才能解决的课题，该如何处理，才能做到，既适合于社会现象之本质，又适合于社会现象领域理论研究之特殊目标？

不过，在我们继续考察这些课题之前，我们最好先谈一点一般性质的看法。

如上所述，对现象之所有理论性理解，可是两种研究方法之结果，即经验的-实在的方法和精确的方法。这种说法不仅在一般意义上是正确的，也适用于每个具体现象领域。对那些涉及非意图的，若你喜欢，也可称之为“有机的”起源之社会现象，事实上，即使是对自然的有机体本身之理解，同样可运用这两种研究方法予以研究。只有综合运用这两种方法，我们才能对此处讨论之社会现象，得出我们这个时代所能获得之最深入的理论性理解。

当然，这样说，意思不是，在所有现象领域中，这两类理解真能达到同等深入程度。也不等于说，这两类理解一定是可获得的，考察一下研究有机界的各门理论学科之现状，就能明白这一点。但是，作为一项研究要求，关于现象之精确理解与实在的－经验的理解是同样正当的，不管在自然有机体领域，还是在"有机的社会构造物"领域，都是一样的。对自然有机体进行精确分析的努力，确有可能永远无法完全获得成功，实在的－经验的研究，至少在某些方面，将是进行理论性理解所不可或缺的。完全由此原因，对这些现象之物理的－化学的（原子式的）理解，确有可能永远无法获得排他性主导地位。就目前而言，对有机世界之经验的－现实的视角是正当的。它若同时伴随着原子式认识，则永远不会失去其正当性。

但只有完全不熟悉自然有机体领域之理论研究现状的人才会得出结论说，努力实现对自然有机体之精确的（原子式的）理解，总是不正当的，甚至是反科学的。亥姆霍茨（Helmholtz）曾说，"研究生命过程的生理学须下决心考察那些无一例外地遵守规律之自然力量，也即研究发生在有机体内部之物理和化学过程。"另一位杰出学者则指出，从物理－化学角度理解有机现象，实为衡量研究有机界之理论科学发展的指标。

如前所说，对自然有机体之精确分析只能获得部分成功；它也许永远无法获得完全的成功。但假如一个人拒绝承认上述研究方面已取得之伟大成就，即在自然有机体领域“原子论”所取得之成果，或者假如他将致力于精确地理解有机世界的抱负称为违背科学的荒唐做法，那他就是闭目无视精确的自然科学领域已取得之进步。

即使顽固坚持社会现象与自然有机体间存在严格相似性之理论的人士，也不能拒绝在社会科学领域中运用原子式研究方法。毋宁说，恰恰是那些不停谈论这种相似性的人，才应合乎逻辑地也有自然科学家实现对有机世界之精确（原子式的）理解的抱负。他们应当最坚定地放弃对实在的－经验的取向之片面重视。因而，我们本章将探讨之问题仅针对“有机”界的问题——但这并不改变以下事实：精确地理解上述社会构造物及其运转状况，与经验的－实在的理解一样，乃是理论性研究的正当目标。承认一定数量的社会现象是“有机体”，与精确地（原子式的）理解它们的抱负之间，并无矛盾之处。

然而，有些人则仅仅因为在自然有机体领域所能得到的精确理解必然是不完全的，就得出结论，在只是被比喻性地称为有机体之社会现象领域中，这种抱负是不正当的，甚至是不科学的，那么，这些人要使用何种方法呢？相反，即使对自然有机体，也根本不可能做到精确理解，或者可以说，在这一经验世界领域，精确理解甚至是不合适的；那么，在社会现象领域，同样的理解并不必然也是不值得考虑的；这一点难道不是显而易见的？除非透过直接考察社会现象之性质的某种溯源式探究，才能对这一理解是否可能的问题做出回答，而仅仅通过表面的类比，永远不可能回答这一问题，这一点难道不也是显而易见的吗？[①]

然而，我们却在近代社会科学文献中那么多代表人物那里看到一种意见：只有“有机的”观点，更准确地说是“集体的”观点（“collectivist” view），才是社会现象领域中之正当方法，或者说，相对于精确方法而言，是“更高级的”方法。这种想法的基础是一种错误理解，在这里，我们对其予以简单的驳斥。

一种广为流传的反对研究社会现象领域理论研究之精确方案的理由是，社会构造物，与自然有机体一样，是不可分割的整体；对其各个组成部分来说，它们是更高级的单元；而其运转状况是其整体之有机结构的生命力的体现。因而，欲对有机的社会构造物之性质和运转状况做精确理解，即在有关该有机世界之理论中运用“原子式”视角，必然意味着**无从认识到其整体性质**。

我们已强调，这种观点根本不见于自然研究领域，因为精确地解释有机现象可算近代自然研究之最高目标。就此而言，我们不应忘了提出下面的证据：这种观点在社会研究领域中是站不住脚

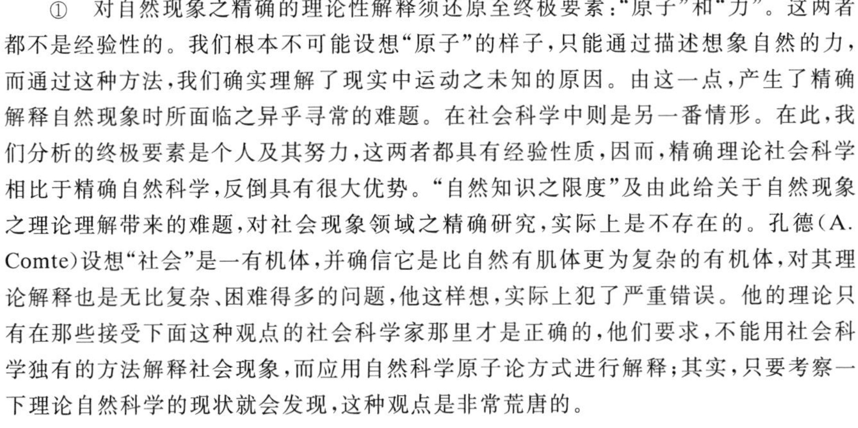

① 对自然现象之精确的理论性解释须还原至终极要素：“原子”和“力”。这两者都不是经验性的。我们根本不可能设想“原子”的样子，只能通过描述想象自然的力，而通过这种方法，我们确实理解了现实中运动之未知的原因。由这一点，产生了精确解释自然现象时所面临之异乎寻常的难题。在社会科学中则是另一番情形。在此，我们分析的终极要素是个人及其努力，这两者都具有经验性质，因而，精确理论社会科学相比于精确自然科学，反倒具有很大优势。“自然知识之限度”及由此给关于自然现象之理论理解带来的难题，对社会现象领域之精确研究，实际上是不存在的。孔德（A. Comte）设想“社会”是一有机体，并确信它是比自然有肌体更为复杂的有机体，对其理论解释也是无比复杂、困难得多的问题，他这样想，实际上犯了严重错误。他的理论只有在那些接受下面这种观点的社会科学家那里才是正确的，他们要求，不能用社会科学独有的方法解释社会现象，而应用自然科学原子论方式进行解释；其实，只要考察一下理论自然科学的现状就会发现，这种观点是非常荒唐的。

的，事实上，这种观点与其立论基础一样，存在着原则上的错误。

科学就其整体而言，承担着向我们提供理解全部现实之任务；理论学科具体承担着向我们提供关于现实世界之理论性理解的任务。显而易见，探讨有机体的那些领域的理论性学科，也不例外。但如果它们不观察此处讨论之现象的实在整体，如果它们让我们以为这些现象只是各部分之并列而非整体，如果它们未使我们注意到有机体的功能是作为整体之有机体的功能，那它们承担任务就不算完备。

在任何情况下，有机体呈现给我们的都是其整体，其功能也都体现为对维持生命整体之机能，而从此事实不能推论说，精确研究方法完全不适合于用来研究此处讨论之现象领域。也不能得出结论说，只有实在的－经验的理论研究方法才适合于研究这类现象。从上述事实中能对有机体领域之研究得出的正确推论只能是，它为精确研究确定了一定数量的课题，这些课题的解决，无法避免精确研究。这些课题就是精确地解释有机体（视其为一个整体）之性质和起源，精确地解释其运转。

因而，在有机世界领域运用精确取向，并未否认有机体之整体性。相反，它试图以精确方式解释作为整体的构造物之起源和运转，解释这些“实在的整体”是如何形成的，它们是如何运转的。

这个问题是现代自然科学研究中最前沿的问题之一，需通过对社会现象领域，尤其表现为历史发展之非意图后果的领域进行精确取向的研究来解决。在此，若认识不到社会有机体之“整体性”，认识不到其与社会真实状况对应的程度，也同样于事无补。精确研究取向追求之目标，一方面是厘清这些被称为社会有机体之构造物的“整体”之特殊性质；另一方面，它致力于对其起源和运转做精确的解释。它不对下面的幻想让步：只有通过与自然有机体的类比，才能正确把握这种整体性。相反，它试图通过对其直接进行研究、通过直接考察“社会有机体”，来确立其整体性质。它不满足于仅仅通过上面说到的类比方法理解此处讨论之社会构造物的运转。相反，它致力于精确理解，而不考虑相似性，靠类比是不可能厘清问题的。它试图让社会科学通过直接探究社会构造物，以获得与在自然有机体领域运用精确理论研究取向得出之结果相似的研究结果，也即精确理解所谓的“社会有机体”及其运转。它反对仅基于类比方法理解社会构造物，相反，出于一般性的、方法论的理由，举例而言，如同生理学拒绝以对人类有机体之“政治经济学”理解，作为其研究之原则。它拒绝下面的看法：有关自然的研究中还未解决或在我们时代似不可能解释之理论问题，在社会研究领域中也先验地同样不能解决。相反，它不考虑生理学、解剖学的研究成果，而仅面对社会构造物本身，直接探究这些问题，就好像生理学根本不考虑社会研究成果而直接致力于对自然有机体做经验的或精确的理解一样。而它采取这种方法，不是由于未认识到社会有机体之整体性质，而是出于一般的方法论理由而采取这种做法。①

① 认识经济之“有机”观——更正确的说法是“集体主义”观，不与一般意义上的理论政治经济学的课题形成对立，也不构成后者任务之全部。它只是教我们在理论上理解经济现象之科学中的一部分，个别方面而已。承认这一点，并不能取消或哪怕改变经济学是一门理论性学科之概念。同样，承认经济“有机”观，既不能将我们的学科变成某种历史性或实用性学科，也不能将其变成纯粹“有机地”理解人类经济之学科（变成纯粹的“解剖学和生理学”）。

因而，我们称之为“社会有机体”的那些社会构造物之整体性质，排除对其精确（原子式的）理解，这种看法是最为粗暴的误解。

不过，下面我们将首先处理关于“社会有机体”及其运转之精确理解，然后处理对其实在－经验的理解。

§2　视社会现象为“有机的”构造物所形成之几种理论研究取向

提要：有一部分社会构造物有因果性起源，因而必须以因果方法解释。——另一部分则是社会发展之非意图后果（即“有机的”起源），不可做因果性解释。——对非意图地（有机地）生成之社会构造物的起源做理论解释面临的主要课题。——上面的课题与理论经济学中最重要的课题有某种密切关系。——一般理论社会科学、具体而言之理论经济学的另两个课题，都源于认识社会现象之“有机”观：(1)理解社会现象之相互决定的努力；(2)理解社会现象是作为有机整体之社会（或经济等）的功能及其生命力之体现的努力。——寻找对上述课题之精确的（原子式）解决方案与经验的－实在的（集体主义的、解剖学－生理学意义上的）解决方案。——阐述的计划。

有一定数量的社会现象是社会成员达成协定或实证立法之产物，可视为一个独立活动主体之社会有目的的集体活动之产物。如此形成之社会现象完全不能认为是“有机地”形成的，若以此词可接受的含义来衡量。在这里，适合用于真实事态之解释，应是因果性（pragmatic）——即从社会共同体及其统治者的意图、意见、他们可利用之手段的角度，解释社会现象之性质和起源。

我们因果地解释这些现象时，要探究在具体情况下，指导社会联合体或其统治者创建和改进此处讨论之社会现象的目的。我们探究，在此情况下他们可利用之种种手段，妨碍他们创建和发展这些社会现象之种种障碍，这些可利用的手段以何种方式、通过何种途径用于创建这些现象。我们越希望较完整地完成上述任务，我们就越是需要一方面考察清楚活动主体之终极真实目的，另一方面考察清楚在这种情况下所能支配之最基本手段，我们就越是需要努力地理解该社会现象，沿着旨在实现上述目的之控制链条的各环节，回溯至某种因果性源头。我们运用历史的－因果性批判（historical-pragmatic criticism ）于上述类型之社会现象，此时，在每种具体情况下，我们以所考察之社会共同体的需求检验社会联合体或其统治者之实在目的；此时，另一方面，我们以妨碍成功（即社会需求得到尽可能充分之满足）之限制因素，检验各种手段对社会行为之功用。

凡此种种，对可回溯至某种因果性起源之社会现象是成立的。但另有一部分社会现象，并非社会成员达成协定或立法之产物，对此我们已有解释。语言、宗教、法律，甚至国家本身，还有一些经济社会现象，如市场、竞争、货币等现象，还有其他在历史各时期出现之大量社会构造物，都不能说存在过共同体有目的地创建它们的活动。我们也不能说，统治者那里有过这样的活动。我们在此碰到的是在很高程度上造福于社会福利之种种社会制度如何形成的问题。确实，它们对社会福利常有至关重要的意义，却非共同体之社会性活动的产物。正是在此，我们遇到了值得讨论、也许是最值得讨论的一个社会科学课题：

服务于公共福利并对公共福利之发展有极端重要意义之诸多制度，何以能在不存在旨在建立它们之公共意志的情况下形成？

此问题不能穷尽那些不能回溯至上述因果性起源之社会现象的理论解释。有一定数量极端重要的社会现象，有"有机的"起源，与前述社会构造物完全相同。尽管如此，由于它们的各自具体形态未表现为社会"制度"，如法律、货币、市场等，它们也就不能笼统地归入"有机构造物"中，并据此解释。

此处我们可指出一长串这种类型的现象。不过，我们打算用一个实例阐述上述观念，此实例如此醒目，足以排除对我们打算描述的东西之含义的任何怀疑。我们所说的实例是财货之社会价格。众所周知，在几乎所有情况下，最起码是一定程度上，财货的社会价格是实证的社会因素(positive social factors)之结果，比如，在税率和工资支配下的价格。而通常，这些价格是社会变动之非意图的后果，其形成和变化不受国家旨在管制它们的政策之影响，不受任何社会协定的影响。资本利息、土地租金、投机利润等，都同样如此。

上述所有社会现象的本质是什么？这是对我们学科来说很重要的一个问题，我们如何才能得到对其本质和其变动的全面理解？

无须赘言，非意图地创造出来的社会构造物之起源问题，与我们刚提及至经济现象的形成问题之间，显现出极端密切的关系。法律、语言、国家、货币、市场，所有这些社会构造物各有其不同的经验形态，在持续变化中，从某种不太小的程度上说，它们是社会发展之非意图结果。财货的价格、利率、土地租金、工资及成千上万其他一般社会现象，具体而言的经济现象，都展示了完全相同的特征。在考察及此之情形中，对它们的理解不能是“因果性的”。它必定类似于对非意图地形成之社会制度的理解。因而，对一般理论社会科学、具体而言对理论经济学而言最为重要的课题之解决办法，紧密关联于从理论上理解“有机地”形成的社会构造物之起源和变化的课题。

此处我们必须提及理论社会科学所面临、可能与认识社会现象之有机观相关的两个问题。

前面我们谈及自然有机体与社会生活的一般构造物、具体而言与经济构造物之间相似性时，我们已强调，后者之观察者会面对无数制度。其中每一种都服务于整体之正常运转，制约着、影响着该整体，反过来，其正常性质和正常运转又受整体之制约和影响。在一定数量的社会现象中，我们也遇到整体及其正常运转状态与其各部分互相制约以及反向作用的情形。作为此事实之自然结果，我们遇到一种特殊的社会研究取向，其承担着让我们认识社会现象间这一相互制约的任务。

在前述理论性社会研究取向外，还有一个与之密切相关的取向，可称为“有机的”取向。这种取向努力地让我们理解经济现象为经济整体（它被理解为有机的整体）之功能，为生命力之体现。因而，它与自然有机体领域的理论研究的某些课题存在关系，不过，对此，我们无法进行详尽讨论了。

所有这些由社会（或经济）之有机观形成的研究取向，及与之适应的理论原则，确已引起社会哲学家的兴趣。而经验的－实在的（尤其是生理学的）研究取向最近获得如此全面的发展，尤其是在德国，因而，我们可以暂时不必对其进行详尽讨论了，而限定于关于所谓有机的社会构造物之精确性解释。所以，下面我们将处理如何精确地理解非意图形成之社会构造物，既包括那些被普遍视为“有机体”之社会构造物，也包括那些其“有机的”性质尚未被充分强调之社会构造物。但在进行相关讨论之前，我们对解决由社会现象之有机观带来的课题而做的种种努力，略作审视。

§3　前人解决关于社会现象之有机观带来的问题的努力

提要：因果论（pragmatism）是解释社会现象之起源与变化的普遍模式。——它与历史学说间之对比。——对可描述为“有机的”或“生成的”之非意图形成之社会构造物的起源的解释。——亚里士多德的观点。——致力于有机地理解社会现象之变化的做法。——视这些社会现象为整体的实在社会有机体（社会、经济等）之功能和生命力的体现的认识。——致力于理解社会现象相互制度之努力。——社会研究之生理学的－解剖学的取向。

为获得对社会秩序，对其本质、变化和运动之理解，最显而易见的想法是，解释为旨在创建、形成它们的人计算之产物，归之于人们之间达成的协定或实证的立法。这种（因果式的）解释方法不合乎实情，完全是非历史的（unhistorical）。这种做法确有一种好处，让人从普遍的、容易理解的角度解释一切社会制度，包括那些确属社会中组织起来的人之共同意志之产物的现象，也包括那些并非如此形成之社会现象。这一优势不会为任何一位熟悉科学研究、并了解科学发展历史的人所低估。

然而，上面这种仅在形式上令人满意的方法（即强调社会现象之起因与变化之排他的因果性根源），却与历史事实存在格格不入之处，这就导致，人们为解决这里所讨论的课题而进行的科学研究，其中有很多几乎毫无意义。除了这种因果性且显然是片面的解释模式外，还有一些人，事实上，在一定程度上与上述解释模式针锋相对，做出大量努力，其很好地证明前述社会现象之“有机”观的不恰当。

那些认为只要把我们正在讨论的社会现象说成“有机的”就解决了社会科学所面临之课题的人士，都属于后一类人。当然，不存在共同意志之行为时生成社会构造物之过程，确可称为“有机的”，但我们也不可相信，我们上面提及的值得讨论的社会科学课题中，即使其最小的部分，也已靠这种认识或靠其给我们的神秘暗示而得以解决。

解决此处讨论问题的另一努力，同样没有意义。我意指这样一种广泛流行的理论，它在各种社会制度中认识到某些原生的（original）东西，也即，不是发育而成的东西，而是人的生命与生俱来的东西。这种理论（顺便说一句，有一些坚持这种理论的人也借某种独特的神秘主义，将这种理论运用于以实证法律创制的社会制度，他们以为，一套一致的原则高于历史的真相或事物的逻辑）确实避免了那些将所有制度还原为实证的共同意志之士的错误。但它显然也未向我们提供解决此处讨论之课题的办法,而是回避了问题。某现象之起源,不是说说下面这句话就能解释的:它从一开始就存在,或者它最初就发育完成了。对每一种复杂现象而言,这种理论除了未解决其如何历史地形成的问题外,它也陷入一种悖论。这样一种现象显然是在某个时间从比较简单的要素发育起来的;一种社会现象,起码是其最原始形态,必然是从单个要素发育出来的。[①] 此处提及至观点却只是说,将社会制度之发展与自然有机体之发育做类比,对解决我们的问题而言是完全没有意义的。它确实断言,制度是人的心智之非意图后果,却没有说明它们是如何形成的。这样的解释活动相当于自然科学家解决自然有机体起源时,只是简单地将其归结为"原生性"(originality)、"自然发育"(natural growth)或"原始性质"(primeval nature)。

前人解释种种将社会现象变化为"有机过程"之努力,跟旨在"有机地"解决非意图地形成的社会构造物之起源的以上理论一样是站不住脚的。无须赘言,社会现象若非社会成员协定或实证性立法之产物,而是社会发展之非意图的后果的话,则其变化不可能以社会的-因果性模式予以解释。但同样显而易见的是,哪怕对社会现象运动的性质和规律之最琐细洞见,都不是仅仅声称社会现象有"有机的"或"原始的"性质就能获得,更不可能仅将这些现象之形成过程与在自然有机体中观察到的变形过程做类比就能获

① 显然,亚里士多德并不认可这种胡说八道,不管人们是如何经常将他称为此理论之创建者:国家是某种"原生的"东西,是人本身一出现就形成的东西。参见"附录七 归于亚里士多德之看法:国家是与人的存在同时给定之原生现象"。

得。上述研究方法之毫无价值是显而易见的，我们不用多费口舌了。

假如确欲解决社会科学之这一重要课题，就不能光靠表面的、在大多数情况下是不可接受的类比方法。[①] 不管怎样，要解决问题，只能直接考察社会现象本身，不是用“有机的”“解剖学的”“生理学的”取向，而只能用具体的社会科学之各种取向。而到这一点之路是理论性的社会科学研究，对其性质和主要取向（精确的、经验的－现实的），我们上面已探讨过了。

在此我们想进一步提及社会科学研究之一种取向，它似在研究社会现象之“有机”方法的范围内。我们说的是理解社会现象之互相制约的努力。这种研究取向立基于社会现象“互为因果”的观念。我们已在另一处[②]说过，这种观念对深入地从理论上理解这种现象之价值，并非完全确定无疑。尽管如此，这种方法已差不多得到公认，因而它确实有资格得到社会科学家的尊重，至少在我们尚未获得对更复杂社会现象的精确理解时。

认为上述方法是唯一正当，甚至像有人所说那样是社会科学之“全部方法”，当然是错误的。但刻意不承认其对理论地理解一般社会现象之重要性和用处，也同样是错误的。[③]

把这种研究取向叫什么名字，是个术语问题，因而从方法论角

---

① 参见本书第 157 页及以后（即下文“货币之起源”）。

② 参见本书第 154 页及以后（即下文“货币之起源”第二段以后）。

③ 在这里，还是孔德（A. Comte）、斯宾塞（H. Spencer）、舍夫勒（Schäffle）、利林费尔德（Lilienfeld）的研究——其方法是非常卓越的——对深化社会现象之理论性理解做出了确有根本意义之贡献。假如我们不考虑这几位学者中一两位在描述过程中也讲过自然有机体与社会生活的构造物间之相似性，则其贡献甚至更大。

度看，并无客观重要性。但我们仍然相信，由于缺乏更好的表述，又考虑到此方法与自然有机体领域中某种研究方法有某种程度相似性，尽管这一点尚未完全厘清，我们仍可称之为“有机的”或“生理学－解剖学的”取向。只是，必须牢记，此处所用之表述仅仅是象征性的，我们实际上用它们指称一种独特的社会科学的理论性研究取向，即使不存在关于自然有机体的一般科学，具体而言是解剖学、生理学，这种理论性研究取向也依然有其客观的正当性。我们姑且将这种方法称为“有机的”或“生理学－解剖学的”；它实际上依然是理论性社会研究中经验的－实在的方法之分支。

§4 对社会发展之非意图后果的那些社会现象之起源的精确（原子论式）理解

提要：导论。描述过程。——（1）货币的起源：货币的现象。——它的属性。——货币透过协定或以法律形成之理论。——柏拉图，亚里士多德，法学家保卢斯（Paulus）。——这种理论的不足之处。——对货币起源之精确解释。——（2）若干其他社会制度之起源：聚居区和国家之形成。——劳动分工与市场的出现。——立法的影响。——对上述社会构造物之精确解释。——（3）结语：社会现象之社会的－因果的起源及所谓“有机的”起源的普遍性质；它们之间的对比。——精确地理解“有机地”生成之社会构造物的起源的方法与解决精确经济学之重要课题的方法是相同的。

导　论

上节我已呈现前人解决我们课题的努力，并指出这些努力是不够的。如果说这些问题确需我们认真予以解决，那就必须在前人努力之外另辟蹊径。

但我首先将借助几个例证展示此处讨论的社会构造物之起源的理论，包括货币、国家、市场的形成，也即那些高度有益于社会利益、而在大多数情况下其起源不能追溯至实证性法律或刻意的共同意志之表达之诸社会制度的生成过程。

(1)货币之起源[①]

在经济文化已发展至实物交换阶段的几乎所有国家的市场中，在交换中，有若干种财货逐渐为每个人接受，愿以自己带到市场的东西换取该财货。最初，由于各地条件的不同，这些财货可能是牛、兽皮、贝壳、可可豆、茶砖等；随着文化发展，这样的财货变成未加铸造的金属，然后是铸造过的金属。事实上，即使那些对这些财货并无当下需求或其需求已得到充分满足的人，也会接受这些财货。总而言之，在交易市场中，有些东西从其他东西中脱颖而出，成为物物交换的工具，即最普泛意义上的“货币”。这一现象，从一开始，就令社会哲学家们遇到理解上的最大难题。在市场中，

① 参见我的《国民经济学原理》(*Grundsätze der Volkswirtschaftslehre*)，p. 250及以后，那里已提出以上理论。

若有一件东西，从其所有者手中转移到另一个可能感到这件东西对自己更有用的人手中，当然是很容易理解的现象。但在市场中，出售财货的人，准备以之换回特定数量的其他财货，依条件不同可能是牛、可可豆或一定数量的铜或银，而自己对这些财货并无直接需求，或其可能的需求早已得到完全满足了，却基于同样预设拒绝接受其他东西；这个过程确实有点有悖常情。这个过程确实与个人仅追逐自己利益的感受相冲突，以至于其如此神秘，像萨维尼这样卓越的思想家都觉得不可能从个人利益的角度来解释这种现象，对此，我们不必感到惊讶。[①]

科学在此不得不解决的问题，乃在于解释一种社会性现象，即社会共同体的成员按同质方式行事，这种现象，其共同动机可以辨析出来，但在具体每个人那里，我们很难找到个人这样做的动机。将这种现象归因于某个协定或某个实证性立法活动的念头，确实相当有吸引力，尤其是对后来出现的铸币。柏拉图就曾认为，货币是“一种一致同意的用于交换之象征性符号”[②]；亚里士多德则说，货币是借助协定形成的，不是自然出现的，而是由法律创制的；[③]法学家保卢斯[④]、除少数例外的中世纪神学家，一直到我们当代的经济学家，在谈及铸造货币时，都持有相同看法。[⑤]

将这种看法作为原则上错误的观点予以拒绝，当然是不对的，

---

① 萨维尼：《财产法》(Savigny, *Obligat*)，Ⅱ，406。

② 《理想国》(*De Republica*)，Ⅱ，12。

③ 《尼各马可伦理学》(*Ethic. Nicom.*)，Ⅴ.，8。

④ 《学说汇纂》(*Dig. De contr. Empt.*)，Lib. 1，18，1。

⑤ 参见我在《国民经济学原理》(*Volkswirtschaftslehre*)，p.255 页以后所列相关文献。

因为在历史上，确有一些例证表明，某些东西是由法律宣布为货币的。但我们也确实不能忽视以下事实：在大部分情况下，法律规定显然不是旨在将某种东西规定为货币，相反，经常是对某种已成货币的东西予以承认而已。尽管如此，可以确定，货币制度，与其他社会制度一样，是可以通过共同协定或立法的方式确定的，尤其是当从旧文化，比如说殖民地的因素中形成新共同体时。而且毫无疑问，在经济发展水平越高的时代，这些制度经常更多地以后一种方式进一步发展。因而，上面的看法有其局部正当性。

尽管如此，对此处讨论之社会制度的理解，历史地看，全然不能视其为立法活动之产物，也即，此时，我们看到，货币是从一个民族的经济环境中发展出来的，没有此类立法活动、“原始地”或如有人所说“有机地”发展出来的。在此，上述因果性理路无论如何是不恰当的；在此科学的任务是让我们理解货币的形成，为此当呈现某种过程，在此随着经济发展水平的不断提高，有一种或若干种物品从各种物品中脱颖而出，成为货币，而此刻，人们并无明确地表达其一致意见，也无任何立法活动。这就提出一个问题：这些物品是如何成为人人都乐意在出让自己东西时接受的物品的，即使在他对其并无需求时？

可由以下考察对这一现象给出解释。当单纯实物交换通行于某民族中时，一开始，从事经济活动的个体自然而然地在交换中只有一个目标。他们拿出自己过剩的物品，仅为交换其有当下需求之物，而根本拒绝他们用不着或已得到充分供应之物。那些将其过剩者带到市场上的人，要能交换到他所欲求之财货，他不仅要找到需要他的东西的人，还要找到能供应他所需要之财货的人。在通行实物交换、而交易范围非常狭窄时，这种局面会使交换活动面临很多障碍。

在此事态下，本身就有一种很有效的办法，可消除这种对物品交换带来严重制约的棘手局面。每个人很容易就会观察到，在此市场上，人们对某些物品的需求显然大于其他物品，此即那些适合于较广泛需求之物品。因而，在这些物品的竞争者中，比起那些带着可售性(marketable)较低的物品上市者，他更容易找到供应他所需之物品的人。这样，在游牧部落中，每人都可从自己的经验得知，他牵着牛到市场上，比起带着其他只有少数人需要的东西来说，可更容易地从很多能向他供应他所需之物品而又愿要其牛的人中找到交易对手。于是，每个带着上述可售性(marketability)较差之物品到市场的人，显然会形成一种想法：拿这些东西，不仅可交换到自己直接需要之物，而且，即使不能直接交换到，也可交换其他东西。这些其他东西他当下确不需要，但它们比自己原来的东西更容易交易。这样的交换，当然并未直接实现他事先计划好的经济活动之最终目标(即换回自己需要之物)，但从根本上说，他依然可达此目标。就这样，以对其个人利益日益增长之知识，在无任何共同协定、无任何立法强制，甚至从未考虑公共利益的情况下，经济性个体之经济利益就诱导其拿自己的物品交换可售性更高的物品，即使他们并不需要后者满足自己的消费需求。而在后者中间，又会筛选出那些最容易发挥交换手段之功能，也最经济之物。这样我们面前呈现出这样的情景：在习俗的强大影响下，有一种现象，可在各个经济发展水平较高的地方都可观察到：若干种物品，在交易中，人人都乐于接受。这些东西因时代和地点之不同而

各有不同，但都是最具可售性、最容易运输、最耐用、最易分割的，因而可交换到所有其他物品。这些东西就是我们的先辈所说的“Geld”，它源于“gelten”一词，意思是完成（交易），“支付”。

从某些财货成为货币的上述过程中，我们可非常清楚地看出，习俗对货币形成的巨大意义。用可售性较低的物品交换可售性、耐用性、可分割性较高之物品，合乎每个从事经济活动的个体之利益。但要使这样的交易活动最终成交，其前提条件是经济活动主体对这种利益之知识，他们为得到上述好处，愿意用自己的物品交换一种本身对其也许根本无用的物品。而在一个群体中，不可能所有成员同时形成这样的知识。相反，最初，只有一部分经济活动主体认识到这样做对自己带来的好处。他们之所以有此知识，可能是因为，在直接换回对自己有用之财货的交易无法进行或非常不确定时，他们用自己的物品换回了可售性较高的物品。这样的好处本身，与人们普遍地承认一种东西为货币是不相干的，因为，这种交易总是且在任何情况下，都会使经济活动个体相当接近于实现他的终极目标，即获取他所需要之有用的物品。然而众所周知，开导人们认识到自己的经济利益，最好的办法莫过于自己看到那些采取了正确方法并实现了自己目标之人所取得之经济上的成功。因而，同样显而易见的是，最有利于货币出现之条件莫过于，最有洞察力、能力最强的经济活动主体为了自己的利益，在很长时间都在让出自己的一切其他财货而换取可售性极高的财货。由此，某些具有最大可售性的物品，不仅暂时成为很多经济活动主体愿意交换之物，最终成为所有人乐意交换之物，在此，惯例和习俗功莫大焉。

由此可见看到，货币这样一种最完美地服务于公共利益的制度，也可以跟其他制度一样通过立法而创制。然而，这绝对不是货币最初发育之唯一途径。相反，这种原始形成途径只能追索于以上描述的过程中；而对其性质，若只将此过程说成“有机的”，或将货币说成某种“原始的”“原生的”等，只能给出不完备的解释。相反，显然，对货币之起源，只有当我们尝试将此处讨论之社会制度理解为非意图之后果，理解为社会成员之个别个体努力之预料之外的结果，才能真正得到完整的理解。

(2)若干其他一般社会制度、具体而言是经济制度之起源

若干其他社会构造物的起源问题，也可用同样方法回答。这些制度同样服务于公共福利，事实上甚至直接带来这种福利，但它通常不是社会旨在增进此福利之意图的产物。

今天，新聚居区开发之事，很少按以下方式进行：因为一定数量具有不同技能和不同职业的人口，在建立一个居住区的意图下聚集到一起，并通过计划实现这一意图。如此建立新定居点的办法，确实是无可置疑的，我们甚至可从经验上对其予以证明。不过，在通常情况下，新聚居区是“无意图地”形成的，也即纯粹是个人追求自己利益之动力，带来上述增进公共利益之结果，而不存在任何旨在创建此聚居区之意图。那些占有第一片土地的最早一批农民，那些在他们中间定居下来的第一批匠人，通常只关注其个人利益。第一位旅店老板、第一位杂货店老板、第一位教师，也都是如此。随着社会成员的需求日益增长，其他一些经济活动主体也

发现，在这个日益发展的共同体中，从事某种新行当，或以更为全面的方式从事某种旧行当，对自己很有利。由此将逐渐形成一个经济组织，它高度有益于共同体成员们的利益。事实上，若无此组织，其正常生存最终都无法想象。然而，该组织并不是旨在创建它的共同意志发挥作用之结果。共同意志发挥作用而创建此类组织之情形，通常更有可能出现于共同体发展到较高阶段时，更多情况下，它不是带来社会构造物之创建，而是带来“有机地”形成之社会构造物的完善。

这一结论对国家的起源也同样成立。不抱偏见者不会怀疑，在比较有利的条件下，一个能获得发展的共同体的基础，可由生活在某一疆域内若干人的协定而奠定。也无人可合理地怀疑以下说法：从家内权力之自然状态看，有发展能力的新国家，完全可由单个统治者或一群统治者创建，即使并无此新国家之全部臣民的协定。有一种理论，据此，我们称之为国家的社会构造物完全是“有机地”出现的；据上可知，此理论无论如何是片面的。然而，下面的理论同样是错误的，甚至其违背历史之程度更甚，即断言，所有国家最初都是根据建立它们的协定或是单个或一群统治者有意识努力而出现的。因为以下是难以置疑的：至少在人类发展的早期阶段，国家是以下面方式发育的。家族头领不是由政治纽带联结在一起的，他们彼此相邻生活在一起，就拥有了一个国家共同体和组织，即使最初无此共同体和组织。他们之所以这样做，不是因为有什么具体协定，而纯粹是因为，他们逐渐地认识到其个体利益，并致力于追求之（弱者自愿地服从强者的保护，一个家族在其邻居面临强制、而该地区其余居住者也都觉得其福利受到威胁时，向其提

供有效的援助等）。有意识的协定，及旨在加强共同体力量的各种各样的权力安排，确实可在个别情况下推进这种国家形成的过程。比邻而居的各个家族的首领正确地认识、并积极地追求自己家族的利益，在别的情况下，当然也导向国家的出现，即使并无上述影响力，甚至也无各家族对公共利益的考量。因此，我们称之为国家的社会构造物，也是追求自身利益之努力的非意图后果，至少就其最原始的形态而言如此。

同样，我们可以说，其他社会制度、语言、法律①、道德规范，尤其是大量经济制度的形成，也没有明文协定、没有立法强制，甚至没有对公共利益的考量，而纯粹是由个体利益的驱动、作为追求这些利益之活动的后果。定期聚集到市集上进行物品交换的组织，位于特定聚居点的组织，通过职业分化及劳动分工而形成的社会组织、交易习俗，等等，也无非都是这样的制度，其极大有益于公共利益，其起源乍看之下仿佛必然以共同协定或国家权力为基础。然而实际上，它们不是协定、契约、法律或个人关于公共利益之特殊考量之产物，而是追求自身利益的活动的结果。

显然，在不少时候，立法强制介入这一“有机的”发育过程，从而加速或改变其结果。但社会现象之非意图的形成，确实可能是社会成形之初各种社会制度最为主要的形成方式。在社会发展过程中，有意识地以公共权力介入社会状态之事越来越多。于是，在“有机地”创造的制度之外，也有一些制度是有意识的社会活动之产物。那些有机地出现的制度，也借公共权力之有目的地活动，而

① 参见“附录八　法律之‘有机的’起源及对其的精确理解”。

维持、调整，从而推进社会目标的实现。今日的货币和市场制度、现行法律、近代国家等，都属于这样一类制度的例证，它们出现于我们面前，是个人目的和社会目的的两种力量共同作用的结果，换句话说，是"有机的"和"实证的"因素共同作用的产物。

(3)结语

我们现在可以追问以下社会现象生成过程之普遍性质，此类现象不是有社会目的性的要素(socially teleological factors)的产物，而是社会变化之非意图的后果。这样的过程，与借实证立法而形成社会现象的过程相对，可称为"有机的"过程。对上述问题的回答，无疑不用费太多口舌。

在社会目的性之指引下而形成社会现象的过程中，最重要的因素是社会创制这些现象的意图，就此而言，这些现象是社会共同意志所意欲追求之产物，社会或其统治者可视为一个行动主体(acting subject)。另一方面，"有机地"生成的社会现象的特征是以下事实：它们作为各社会成员个人努力之非意图后果出现在我们面前，也即，它们是追求个人利益之努力的结果。因而，与前述社会构造物相对，这些现象实际上是个人目的性因素之非意图的社会后果。

而在此论述中，我们相信，我们不仅已正确揭示了大量社会现象形成过程的性质，而对此性质，迄今只靠含糊的类比或毫无意义的语句来描述。我们相信，我们也已得出另一结论，它对于社会科学的方法论是很重要的。

我们上面已提到以下事实：通常不能视为"有机"形成之"社会构造物"的大量经济现象，如市场价格、工资、利率等，都以与我们上节提及之社会制度形成方式完全相同的方式得以出现。[①] 因为,它们通常也不是有社会目的之努力的产物,而是无数经济活动主体追求个人利益之努力的非意图后果。因而,对其理论性理解,对其性质与其发展变化之理论性理解,只有以与理解上面提及之社会构造物相同的方法,以精确方式获得。也即,可如此获得:将其还原至其组成因素,还原至其因果关系中的个体因素,通过探究由这些因素一步一步形成此处讨论之人类经济的这些复杂现象之规律。而无须赘言,此方法我们上面已经论及[②],就是适用于一般社会现象领域之精确取向的理论研究。精确理解"有机地"创造之社会构造物之起源的各种方法,与解决精确经济学之主要研究课题的方法,就其本质而言是一回事。

① 参见本书 p.166 及以后(即下一章第 3 节)。

② 参见本书 pp.80—87 及以后(即卷一最后两页)。

附录：论货币之起源*

一、导言

有一种现象由来已久，并对社会哲学家和实务经济学家有特殊吸引力，此即下属事实：某种商品[在先进的文明中是铸造的金币和银币，其后则是用以表示这些硬币的证明文件（纸币）]成为普遍为人接受之交换媒介。即使对智力最平凡者，以下事实也显而易见：一种商品被其所有者放弃，用以交换对他更有用的其他商品。但是，在一国的每个经济活动主体时刻准备用自己的物品换取对自己显然无用的金属片，或代表后者的证明文件，这显然与人们正常情理下的做法相违背；因此，当杰出如萨维尼这样的思想家也惊叹这是绝对"神秘"的事时，我们也就不用惊奇了。

千万不要以为用作通货的铸币或纸币的形态，构成了这一现象中的难解之谜。我们应该不管这些形态，而回溯经济发展的较早阶段，或者到目前仍停留在这一阶段的随便某个地方，在那里，我们会看到，人们以非铸币状态存在的贵金属为交换媒介，甚至使用其他物品，如家畜、皮毛、茶砖、盐块、贝壳等；此时，我们仍将面

---

* 此附录文章为中译者添加。

对这一现象，我们依然需要解释，为什么经济人（economic man）准备接受某种东西，即使他并不真的需用它，或者，即使他对其需求已得到满足，却仍愿为此付出他带到市场上之所有财货，相对于他在交易中所欲获得之财货，它是他必须首先得到的。

因此，自观察研究这一社会现象之第一篇文章，以迄当今，关于货币性质和特殊属性之论说可以说从未间断过，与它有关的著述可谓汗牛充栋。除经济学家之外，哲学家、法学家、历史学家，甚至还有博物学者和数学家，都在探讨这一值得注意的问题，每一文明开化的民族，无不在此问题上积累了数不胜数的文献。那些小金属片或纸片的性质到底是什么？它们本身似乎并不服务于有用的目的，尽管如此，与人们的其余经验相反，它们在人们的手中交换着，人们用它们交换对自己最有用的商品，而且为获取它们，他们那么急切地放弃自己的货物。货币本身到底是商品世界中一个有机成员？或者它本身构成一种异常的经济现象？我们是否可以认为，决定其商业性流通量和其在交易中价值的机制，与决定其他财货的流通量和价值的机制完全一样？或者，它们是完全不同的东西，完全是约定和政府创造的东西？

二、迄今为止解答这些问题的努力

迄今，探究上述问题的结果不尽如人意，尽管这样的探究与一般历史研究的伟大发展一样久远，而学者也为解决这一问题投入了大量时间和智力。即使到今天，对于谜一般的货币现象，仍无令人满意的解释；对其性质和功能等基本问题，学者迄今仍未达成一致看法。即使到今天,我们依然没有令人满意的货币理论。

解释货币充当一种普遍为人接受的交换媒介的特殊功能时,人们首先想到的是,它出自公众约定或法律特许。科学在此要解决之问题就是,对人类进行交换时所奉行的普遍的、同质的行为方式给出解释,更具体地说,此行为方式无疑有利于共同利益,但它与订约个体最切近、直接的利益似有冲突。在此情况下,除将前述做法归于个人考虑范围之外的某些原因,还有更有道理的解释吗?设想某种商品,具体说是前述贵金属,为公共福利,经由公众约定或立法而被选为交换媒介,就可解释上述难题,而且很显然,由于铸币形状似乎是国家规章所规定的,因而,以上想法也是人们可以较为方便、自然地想到的。实际上,此即柏拉图、亚里士多德、罗马法学家及紧紧追随他们的中世纪学者的看法。甚至货币理论晚近以来的发展,也未在实质上超出这种看法之窠臼。①

更深入地考察可见,此理论背后的假设实大可质疑。经由法律或公约确定某种普遍交换媒介之类的大事,必有很高且普遍的重要性,必声名远扬,因而肯定应当保存在人类的记忆中,而由于这样的事情在很多地方发生过,因而更应保存在整个人类的记忆中。然而,没有任何历史记载能向我们提供可信赖之信息证明,人们曾将某种已使用的交换媒介予以明确的承认,或者提到比较晚近的文明民族采用某种商品为交换媒介,更没有资料能够证明,在

① 参见罗舍尔:《国民经济学体系》(*Roscher*, *System Der Volkswirthscaft*), Ⅰ sec. 116; 我的《国民经济学原理》(*Grunsatze der Volkswirischaftslehre*, 1871, p. 255, et seq); 布洛克,《斯密以来经济学之发展》(M. Block, *Les Progres de la Science economique depuis A. Smith*),1890, Ⅱ. p. 59 及以后各页。

使用货币的经济文明之最初阶段是如何创制它的。

事实上，研究货币问题的大多数理论家未止步对货币的上述解释。亚里士多德、色诺芬和普林尼[Pliny，有父子两位，均系罗马作家、政治家，父亲著作目前仅存《博物志》37卷，儿子则著有描写罗马帝国社会生活和私人生活的9卷信札——译者注]都强调贵金属特别适用于充当货币，也特别适合于铸造，约翰·劳、亚当·斯密及其门徒则在更大程度上强调这一点，试图对选择贵金属作交换媒介给出更进一步解释，即其具有某种专门适宜于充当货币之条件。然而，很显然，经由法律或公约选择贵金属，即使这是因为它们特别适合于充当货币，此论断预设了货币的因果起源，这些金属是人挑选出来的，而这样的预设却是非历史的(unhistorical)。即使是上面提到的理论家，未能诚实地面对有待解决的课题，也即，解释在如此众多的商品中，某种商品(在文明某些阶段是贵金属)何以脱颖而出，为人接受，成为普遍承认的交换媒介。此问题不仅涉及货币的起源，也涉及货币的性质和货币在与所有其他商品的关系中处于何种地位。

三、交换媒介的起因问题

在原始交易中，经济人醒悟但非常缓慢地理解了利用现有交换机会所能获得的好处。与原始文化的简单性相应，其目标首先并且最重要的是指向当下想到的东西。在交换中纳入其考虑范的只是他所欲获得的商品的使用价值与他所拥有的东西的价值之比。在此情况下，每个人都意图以交换获得他直接需要的东西，而拒绝那些他根本用不上的东西或需求已得到满足的东西。那么很显然,在此情况下,实际达成的交易数量必局限于十分狭窄的范围。想想看,某人拥有的一件商品的使用价值刚好小于另一人所拥有的另一件商品的使用价值,这种情况将是多么罕见!因为,对后一个人来说,情况正好相反。而要这两人恰好相遇,更是难上加难。事实上,我们还可以想想在那种情况下妨碍物品直接交换的特有难题,供给和需求在数量上并不相称,也即,一个人拥有一件不可分割的商品,想换取不同的人拥有的好几种商品,或者确实想交换同一种商品,但却是在不同时间产生需求,因而只能由不同的人来供应。即使在相对简单、并且经常重复的交易中,也即,在一个经济人 A 需要 B 拥有的一件商品,B 则需要 C 拥有的一件商品,而 C 却需要 A 拥有的一件商品——即使在这种情况下,在单纯实物交换规则下,此处讨论的商品交换通常也必然无法完成。

这些难题会被证明是阻碍商业发展的一个绝对无法克服的障碍,同时也是阻碍那些不能正常出售的商品之生产的绝对障碍,而且,由于商品的本质属性所决定,即各种商品的可售性(saleableness,Absatzfahigkeit)程度不同,而找不到解决办法。不同的交易商品在可售性方面所存在的差异,对货币理论具有极其重要的意义,对研究市场现象也具有极其重要的意义。在解释交易现象时若不能充分考虑到这一点,不仅对我们学科是令人痛心的破坏,同时也是货币理论之所以处在这种落后状态的根本原因所在。货币理论必然要以财货的可售性理论为其前提假设。我们若把握了这一点,就能理解,货币之几乎无限的可售性只是经济生活中的一个类现象(generic phenomenon),即各种商品之可售性有所不同的特例而已,仅呈现为程度之差异。

四、商品可售性的大小

以下是经济学中的一种谬误,广为流行,仿佛成了其一项专利:所有商品,在某一确定时点和某一给定市场上,可假定其彼此有特定交换关系,换句话说,随时可以特定数量互相交换。在给定市场上,10 担某商品 = 2 担另一种商品 = 3 磅第三种商品,等等,这是不正确的。对市场现象最草率的观察也能教导我们,以某一价格购进一件商品,立刻又能以同样的价格将其出售,这不在我们的能力范围内。相反,假如我们在同一市场上,即便在同一瞬间,在条件簇变化之前,试图出售我们刚刚购买的一件衣服、一本书或一件艺术品,我们也可以轻易地明白上述假设是错误的。一个人在给定市场和给定时点乐意购买一件商品的价格,与他乐意售出同一商品的价格,是两个本质上不同的量。

不管是对批发还是对零售价格,这都是成立的。即便是像玉米、棉花、生铁之类容易售出的商品,我们也不会情愿以我们当初购买它们的价格将其售出。如果“财货客观等价”理论是正确的,如果下面的情况确实是正确的,在给定市场和给定时刻,商品可以以特定数量关系随意相互交换,换句话说,可以以购入的特定价格轻松售出,则商业和投机就是世界上最简单的事情了。无论如何,不存在这一意义上货物普遍可售之类的东西。实情是,即使在组织最为良好的市场中,尽管我们可以在特定时间,以特定价格(即购进价)购进若干;但当我们再次出售时,却只能以亏本价售出。[①]

被迫在某一刻出售一件东西时,与当时的购买价相比蒙受亏损,这样的经历数不胜数,粗略看一眼随便哪种商品的交易和市场,就能证明这一点。如果在一个有组织的市场上出售玉米和棉花,出售者完全可以在他喜欢的时间、以现价或至多以总计蒙受一点点亏损的价格,出售任何数量的该商品。而假如要随时出售大量的布匹或丝绸,即使价格下跌相当大的幅度,出售者通常也只好认了。假如一个人在某一时间被迫出售天文仪器、解剖器材、梵语书籍等更难售出的东西,情况则会更糟糕。

若我们以财货或物品在方便时间、以当前购买价格或多少亏损的价格在市场上可以售出之能力的大小,描述财货或物品可售性之高低,据以上讨论即可看出,各种商品在这方面存在明显差异。尽管如此,虽然这一点在现实中极其重要,我们却不敢说,经济学科考虑到了这一现象。之所以出现这种漏洞,原因部分在于,对价格现象的探究,基本上完全指向用于交换的商品之数量,而没有同时探究可使商品以正常价格售出之能力的高低。在一定程度上也有以下原因:研究物品的可售性,须用高度抽象的方法,而经济学中却不具备此方法。

① 我们必须区分两个价格:由于买家在特定时间点购买的意愿而愿出较高的购买价,他不得不在特定时期内脱手商品而只能接受的(较低的)出售价。一件货品买卖差价越小,常可证明其可售性更高。

那些带着其物品到市场的人，通常都欲售出它们，不是以随便某个价格，而是以与总体经济状况相对应的价格。若我们欲探究各种商品不同的可售性程度，以揭示其对实际生活的影响，我们就只能研究它们能以与普遍的经济状况相应之价格，也即经济性价格(economic prices)成交的能力之高低[①]。一件商品可售性的高低，取决于我们能以对应于一般经济状况即以经济性价格将其成交之前景的大小。

而且，以经济性价格出售一件商品的时间间隔是可估计到的，这对探究可售性程度有重要意义。在此重要的不是对一件商品的需求是否较小，或由于别的原因其可售性是否较小；假如该商品之所有人不吝惜时间，那从长远来说，他最终总可以以经济性价格将其售出。然而，由于在实际商业活动中，通常缺乏这样的条件，于是，由于现实的原因，在两种商品之间就形成了一个重要区别：一类商品，我们有望在任何时间以经济性价格或至少是大致接近于经济性价格的水平将其售出；另一类商品，其所有者预计，除非等候或长或短的时间，否则，无法指望，或者至少程度没有那么高，以经济性价格售出，只能以明显降低的价格成交。

---

① 不能用以下事实说明商品可售性的程度：它可以任何价格售出，甚至包括由于不幸和意外而被迫抛售的价格。在其意义上，所有的商品的可售性都是相同的。商品有较高程度的可售性，意谓其在任何时刻，都容易且肯定能以对应于、起码不严重偏离于一般经济状况的价格，也即以经济或接近经济的价格售出。

一件商品的价格可依据两个原因而被看成是不经济的：(1)这种价格是错误、无知、任性等因素的结果；(2)价格是以下情形的结果：供给中只有一部分送到需求方面前，而由于这样那样的理由，剩下那部分被扣留了，由此导致价格不合乎实际存在的经济状况。

同时,我们也必须考虑到商品可售性之数量因素。有些商品,由于市场和投机活动的发展,能在任何时间以经济的或大体经济的价格售出任何数量。而有些商品,在有效需求逐渐增长时,只能以经济性价格售出少量,而在供给增加时,更只能以大幅降低的价格卖出。

五、论商品可售性程度不等的根源

由经验可见,一件商品在给定市场,在任一时间,以与经济状况相适应的价格(即经济价格)可被出售之程度,取决于以下因素:

1.仍需求该商品的人数,与尚未满足或一再出现的这种需求的范围和强度;

2.这些人的购买力;

3.这种商品可供应的数量与对其尚未满足的需求的比例;

4.该商品的可分割性,以及种种可适应于各消费者的要求的其他特性;

5.市场的发育程度,尤其是投机的发育程度;

6.政治和社会对与该商品有关的交换和消费所施加的限制的数量和性质。

与此同时,我们可用考察商品在特定市场、在具体时点可售性程度的方式,探讨这些商品之可售性的时间与空间限制。就此而言,我们也可在我们的市场上观察到,有些商品,其可售性几乎不受地点与时间的限制,而有点商品的销售则或多或少地受到限制。

商品可售性的空间限制主要有:

1.该商品的需求在空间中受到干扰的程度;

2.该商品可运输的程度、运输成本与其价值的比例;

3.适用于不同类型的商品的运输工具和其他商业工具的总体发展程度;

4.各个组织化之地方幅员及其彼此通过“套利”相互交流的程度;

5.不同商品在地区之间,尤其是在国家间贸易中进行商业性交流所面临的限制的差异。

商品可售性的时间限制主要有:

1.对其需求的持续性(需求不发生波动、始终保持不变).

2.其耐久性,也即是否适宜于储存;

3.维护和储存的成本;

4.利率;

5.其销售周期;

6.与该商品有关的投机、尤其是期货交易的发展状况;

7.对其从一个时间周期转至另一个时间周期所施加的政治与社会限制。

商品可售性之不同程度,和对可售性质之地方、时间的不同限制,取决于所有这些因素,它们可以解释,为什么有些商品可以很轻松、很有把握地在特定市场上,即在地区和时间范围内,可在任一时间、以对应于一般经济状况的价格售出实际上市之任何数量,而另一些商品的可售性却局限于狭窄的空间和时间范围内;甚至在这一范围内售出该商品也较难,由于无法等来需求,如果不多多少少地及时降价,就售不出去。

六、论交换媒介之起因[1]

在交易中心长期普遍谈论的话题是,相比于其他方面不那么合意的另一些商品,对某些商品存在更大、更持久也更有效的需求,它合乎那些有能力并愿交易者之需求,它立刻通行起来,并且,由于此商品的相对稀缺性,对其需求总难完全满足。进一步而言,愿意让出自己的商品而获取某种商品之人,带到市场上的是这样一类商品,则与带着那些不具备这种优势,至少其程度稍低的商品到市场上去相比,他将处于更为有利的位置。由于这些商品不仅更方便、更安全,也因为在对应于普遍的经济状况之价格,也即经济性价格上,对于其商品的需求更稳定、也更普遍,他就更有可能得到他最终希望获取的东西。在这种情况下,任何人,如果带着不具有这么高可售性的商品到市场,他脑海中出现的第一个念头就是,先换取上述商品,不仅仅在此商品是他凑巧所需之时,也在他对此商品并无直接需求之时;此刻,尽管他本人并不缺它们,但它们比他本人的商品更容易售出。这样做,他当然没有立刻达到其交易之最终目标,也即,获取他本人所需之商品。但是,他已靠近这目标一步。借此迂回的间接交换方式,他实现自己目标之希望,与他将自己局限于直接交换范围内相比,更有把握,也更经济。实际上,在所有地方,情形都是如此。每一次受其自身经济利益引

① 参见拙文《货币》,见《社会科学辞典》(*The Handwurterbuch der Staatswissenschaften Jena*, 1891, iii, p. 730)。

导，无须定，无须法律强制，甚至根本无须虑及公共利益，其对个人利益之知识日益增进，人们就受引导以最终用于交换的商品（他们自己的“物品”）交换同样用于交换、但可售性更高的物品。

随着交易在空间上扩展，满足物质需求之预期的时间间隔越来越长，每一个体会从其经济利益出发，学会时刻留意着，用自己那些可售性较低的财货，换取某些特殊财货，它们除了显现其在具体地方容易出售之吸引力外，也显现其在时间和空间两方面之广泛可售性。这些物品之所以脱颖而出，因其昂贵，容易运输，适宜保存（这一点与对其需求稳定且广泛有关系），能保证其拥有者有能力不仅在“这儿”和“现在”，且在时间和空间上几乎不受任何限制地以经济性价格换取市场上所有其他商品。

随着时间推移，随着人越来越熟悉这些经济好处，主要是由于一种洞见成为传统，借助经济活动之习惯，这些相对来说在空间和时间上具有最大可售性的商品，在每个市场上都成了这样一种物品，它们不仅有利于实现每个用其可售性较低的财货换取它们的人之利益，也是他确实乐于接受的东西。其高超的可售性只缘于所有其他商品相对较低的可售性，仅凭这一点，它们就能够成为普遍接受的交换媒介。

显然，在有如此普遍好处的交换工具形成过程中，习惯是一个高度重要的因素。它植根于每个交易者用可售性较低的商品换取可售性较高的东西之经济利益。而对这种交换媒介心甘情愿的接受，已预设了经济活动主体对这些利益之知识，他们希望用自己的物品换取另一种商品，即使本身也许对他毫无用处。可以确定，这种知识永远不可能同时出现于每个国民。最初，只有数量有限的经济活动主体意识到这种交换程序的好处,而这种好处,就其本身而言,无关于对某种商品为交换媒介的普遍承认,相反,只要在任何情况下,这样一种交换总能让这少数经济活动主体更接近于实现其目标即可,即得到真正能够满足其欲望的东西。但应当承认,任何人,除非让他看到运用正确方法确保了自己经济利益之人所取得的经济成功,是没有别的办法让他认识到自己的经济利益的。因而,显而易见的是,除非最具有洞察力、最能干的经济活动主体,为其经济收益,经相当长时期,接受具有显著可售性的财货而拒绝其他财货,是没有别的途径更有助于交换媒介的形成的。如此做法和习惯,对促使那种在任何时间最可售之财货,不仅被很多人,且最终被所有经济活动主体在让渡其低可售性财货时所接受,功莫大焉;不仅如此,从开始接受它们时起,人们也产生了用它们到远方交换的意图。因此而被普遍接受的交换媒介,被德国人称为"Geld",该词源于"gelten",也即支付、履行的意思,而别的民族则从其所使用的材料①、铸币的形状②,甚至根据某种类型的硬币③,定其指称货币之词。

交换媒介,尽管其运动带来公共利益,最为名副其实,但跟其他社会制度一样,不可能通过立法创制。不过,这不是货币形成的唯一模式,亦非主要模式。货币的形成确可更多追溯至上述过程,

① 希伯来语 Keseph,拉丁语 argentum,法语 argent,等等。

② 英语 money,西班牙语 moneda,葡萄牙语 moeda,法语 monnaie,希伯来语 maoth,阿拉伯语 fulus,等等。

③ 意大利语 danaro,俄语 dengi,波兰语 pienondze,波希米亚语和斯洛文尼亚语 penise,丹麦语 penge,瑞典语 penningar,马札尔语 pens,等等(也即 denare = Pfennige = penny)。

但若只是称其为“有机的”或称货币为“原发的”(primordial)或“原发的生长”(primaeval growth),则对此过程的性质远未给出十分完整的解释。我们只有撇开那些从历史角度看不正确的假设,才能完整理解货币的起源,通过学会看待我们正在处理的这种社会制度之建立为社会成员之具体的、个别的努力之自发结果、不在其意图中的结果,他们一点一点地通往对商品可售性之不同程度之辨析。[①]

七、成为交换媒介的商品与其他商品分离之过程

当相对来说最可售的商品成为“货币”时,这个伟大事件的第一个后果是,极大地提高了这些东西原生之高可售性。自此以后,每个带着低可售性物品到市场希望换取其他商品的经济活动主体,都有强烈兴趣首先将其所持有的东西转换成已成货币的那种物品。因为,通过将其持有之低可售性物品交换成作为货币之最可售物品,这些人不仅能跟以前一样,使自己真正的需求获满足之可能性得以提高,而且他们能够有十足把握立刻拿换到的这些东西在市场上购买等值的各种商品。他们如何支配这些东西,完全取决于他们的好恶和选择。有钱,即可随心所欲(Pecuniam habens, habet omnem rem quem vult habere)。

另一方面,那些带着不属于货币的其他东西到市场的人将发

---

① 关于这一点,参见我的《国民经济学原理》,第250页以后。

现,他多多少少处于不那么有利的地位。欲获得对市场所供应之东西的控制权,他必须首先将其拥有的用于交换的商品转换成货币。以下事实说明了他在经济上的不利条件之性质:在实现其目的之前,他不得不克服一个难题,而对于那些已克服该难题,也即已持有货币的人来说,此难题已不复存在。

这对现实生活之意义更为巨大,因为,带着低可售性财货到市场的人,不能单靠自己、无所依傍即可克服这一难题,而必须部分地仰赖于当时的环境,而对此,单个交易者是无法控制的。他的物品之可售性越低,他越有可能或者在非经济性价格上蒙受损失,或者只能等待下去,等候他可以经济性价格实现转换之时刻。在货币经济时代,渴望用不属货币之商品换取市场所供应之其他商品的人,不可能有十足把握,一次或在预先确定的时间间隔内,以经济性价格实现此结果。经济主体带到市场之财货的可售性越低,对实现其目的而言,其经济地位与带着货币到市场之人相比,就越是不利。举例来说,设想一位拥有一批手术器具者,遭遇突然不幸或被债主逼债,不得不将其换成货币。这些东西能够售出多少价格是非常偶然的,更不要说,这些财货本身之可售性非常受限,其价格非常难以估计。对于需要时间、涉及强制性销售(compulsory sales)的各种各样的交换,这种说法都成立。[①] 另一种情形是,他想在市场上把已成为货币的商品转换成该市场上供应的其他商品。他能达到目的,不仅有把握,而且通常能以对应于一般经济状

① 此处解释了以下事实:强制性销售,具体而言在司法扣押情况下,何以通常让拥有不动产交易的人蒙受损失,而被扣押的商品可售性越低,蒙受的损失就会大。因而,对这一法律程序之非经济性质的正确认识,必然促使对导向对现有法律机制的改革。

况之价格。不但如此，经济活动的习惯也使我们十足地确信，我们有能力用货币在市场上以体现经济状况之价格买到我们希望得到的任何商品，以至于我们大多数人都未意识到，我们每天提议进行了多少购买，而从我们的欲望和达成交易之时间来看，这些都属于强制性购买（compulsory purchases）。另一方面，一个人通常由于其处在经济不利状态而不得不为之的强制性销售，必定引起所涉各方之关注。因而，一种已成货币之商品的独特性在于，拥有它，我们就可在任何时间，即在我们认为合适的任何时刻，获得对该市场所供应之任何商品的有保证的控制权，而且，经常能以适应于当时经济状况之价格获得；另一方面，市场上其他商品赋予某人之控制权，从时间角度看，部分地从价格角度看，却相对地甚至绝对地是不确定的。

可见，相对最可售之财货成为货币所带来的后果是，可售性水平与其他商品的分化越来越大。这种可售性差别已不再是渐进的，相反从某个角度来看，只能认为是绝对的了。日常生活，与在大多数情况下跟日常生活流行看法关系最密切的法学，都区分两类交易品：已成为货币的商品，与未成为货币的商品。我们发现，这种区分的依据在以上阐述之商品的可售性之别，这种差别对实际生活非常重要，因而经常由国家介入，予以进一步强调。而且，这种差别也体现在语言中，人们对“货币”和“物品”、对“购买”和“交换”这些词赋予了不同含义。而这也是我们对买家优越于卖家的主要解释；对此，尽管可见多方面考察，迄今仍没人给出清楚解释。

八、贵金属怎么成为货币

在同一国家的不同时代,在同一时代的不同国家,都是那些在给定的地方和时间关系中最可售的商品成为货币,而这些商品是种类多样的。至于贵金属为什么成为各地通行的交换媒介,从尚未出现在历史记载的民族,到有发达经济文明的所有民族,概莫能外,其原因正在于,其可售性远优于所有其他商品;同时也是因为,它们也特别能满足货币附带的、辅助性功能方面之要求。

在所有人口聚居中心,从其文明一诞生起,人们都急切地想得到、热切地垂涎贵金属,在原始时代,喜欢其实用性,喜欢其用作装饰时特有的美,后来则将其作为上等建筑材料用于装修和装饰,尤其是制作各种各样的宗教用品和器皿。尽管它们天然地是稀缺的,但在地理上的分布很广泛,与大多数别的金属相比,也更容易提取和精加工。而且,可得到的贵金属数量与总需求之比那么小,因而,那些对贵金属的需求不能得到满足、至少不能得到充分满足的人之数量,还有,这种不能得到满足之需求的幅度,总是相对很大,比其他更重要而其供应也更充分的商品不能满足人之需求的程度更大。于是,希望获得贵金属的那类人,由于这类需求唯有贵金属才能满足,它是如此特别,从而囊括该社会那些最能高效交易的成员;也因此,通常,对贵金属的这种欲望是更有效的。不过,有效需求贵金属的范围,也扩展至那些以低效率交易的人中间,因为,贵金属有较大可分割性,而在个人经济活动中,哪怕只开支很小数量的贵金属,也能获得很大享受。除此之外,贵金属有很大的

时间和空间的可售性，因而对其需求在空间的分布几乎是无限的，而相对于其自身价值，运输成本是很低的；另一方面，它们也有无限耐久性，储藏的成本也很低。在已走出文明发展第一阶段的国家之经济中，没有一个国家，有哪一种商品的可售性像贵金属那样，不管从哪方面看只受到那么小的限制，从人身、数量、空间、时间等方面看。毋庸怀疑，早在其成为公认交换媒介之前，在很多民族中，它们就一直在所有时代和地方遇到积极而有效的需求，不管能上市的数量有多少。

由此出现一种局面，这对其成为货币必然具有特殊重要意义，因为，在此情况下，任何人，只要拥有贵金属，就不仅可以很有把握地希望于任何时间在所有市场上转换它们，事实上，有多少都可以；而且，能在任何时间以反应普遍经济状况的价格也即以经济性价格，转换它们，而这是可售性最重要的指标。而且，采用贵金属作交换媒介，比起其他商品充当交换媒介，效率最高的交易者相应地有对贵金属更强烈、更持久、更无所不在的渴求，将更有效地排除心血来潮的价格，紧急情况下的价格，发生意外时的价格；尤其是由于贵金属最昂贵、耐久、容易保存，因而也就在成为商业交易中最受青睐的财货之外，也成了最流行的储藏手段。

在此情况下，在那些比较机敏的交易者头脑中，并随着这种状态逐渐为越来越多的人明白，终于在所有人头脑中，不约而同地出现一个强烈想法：旨在交换其他财货之各种财货，首先必须用贵金属进行计算，或将其转换为贵金属，或已经以此满足其需要。而由于履行了这一功能，该贵金属已成通行媒介。换句话说，它们作为商品，发挥着这样的作用，人人竭力以其上市财货换取之，但通常，不是为了消费,而完全因为其特殊的可售性,目的是以后以之换取直接有益于他的其他财货。不是运气,不是国家强制的后果,也不是交易者的自愿协定,达成了这一点。仅仅靠着人们对其个人利益的把握,让人们认识到:所有经济比较发达的民族都会接受贵金属为货币,只要聚集到充足数量的贵金属,并引入商业活动中。从廉价货币材质向昂贵货币材质的发展,依赖类似动因。

贵金属与其他商品间的交换比率之波动幅度,小于绝大多数其他商品之间的交换比率,这大大地有助于上述发展,这种稳定性源于贵金属在生产、消费和交换等方面的特有属性,因而与决定其交换价值之所谓内在依据有关。而正是这一点构成充分理由,使每人首先(一直到他购买到对自己直接有用的财货时)以贵金属为其可用于交换之存货,或将存货转换为金属。而且,贵金属的同质性,与由此带来的可以之作为偿还债务之替代财产的能力,会通往一种可使交易更便利进行的契约形态。这也大大提高了贵金属的可售性,从而促进人们接受其为货币。最后,由于其色泽、边缘的独特性,一定程度上也由于其沉甸甸的手感,对具有一定经验的人来说,贵金属是不难辨识的,而通过给其打上永久性印记,也可很方便地控制其成色和重量;这也大大地有助于提升其可售性,推动其用作货币和传播。

九、主权之影响

货币不是以法律创制的。就其起源而言,它是一种社会性制度,而非国家的制度。由国家的权威予以批准,这是一个于其不相容的观念。不过另一方面，通过国家的认可和国家的管理，货币这种社会性制度可趋于完善，并进行调整，以适应不断演进的商业之多样的、变化的需要，如同习惯性权利由成文法予以完善和调整。最初，贵金属跟别的商品一样，也按重量计算，逐渐演变成铸币，借此形状，其内在具有的高可售性获得极大提升。固定铸币以囊括各个量级价值（Wertstufen），建立和维护铸币以获得公众信任，并尽可能防范与其真伪、重量、成色有关之风险，最重要的是确保其普遍地流通于所有地区，在所有地方，已是国家管理机构公认的重要职能。

几种商品充当货币之竞争行为对任何国家的商业活动和支付模式造成的困难，进一步而言，并存几种本位给交易带来多重不安全性，并让人们不得不在几种流通媒介中转换之事实，已导致法律认可特定商品为货币[成为法定本位（legal standards）]。若认可或承认为法定支付形态的有不止一种商品，则法律或估价体系会在其间确定一个特定的价值比率。

尽管如此，所有这些措施并非初始造就贵金属为货币，只不过完善了其作为货币的功能而已。

卷四

历史地研究政治经济学的观念之发展

第一章　德国历史学派经济学之基本观念早已见于政治科学

一

人们显然以为,历史是政治家之非凡导师,也就是政治学,政治家之学问的重要基础。这一点如此显而易见,以至于对此,到19世纪,已无话可说。我们可能差不多都相信,我们称之为"政治学"的那门学科的发展越是贫弱,历史研究对政治家之实务就越重要。我们也差不多都相信,讨论"统治术(art of government)"的学者,对国家事务性质的认识越浅薄,其对此事务越缺乏直接经验,就越得完全地依赖历史学。因而,对下面一点,当然不必惊讶:古典时代和文艺复兴时代的学者不仅都承认历史研究对科学和政治实务的重要性,而且变着花样强调这一点,甚至到了过分的地步。

柏拉图明确强调,对政治事务的探究"不可基于空洞理论,而应基于历史和现实事务"。[①] 众所周知,这种观点实际上变成亚里

① 《论法律》(*De Legibus*),Ⅲ,684与692。

士多德的研究原则。①

随着学术(learning)在西方的复兴,大量卓越的学者又开始使"统治术"变成科学探索的对象。因而可以理解,其汲取的主要思想渊源,除了古典时代直接研究政治的著述外,还有历史注疏,其对"政治家"的重要性,他们绝对不可能忽视。一方面,下面看法已经通行,"政治家"可在历史记载中找到例证,作为其处理类似问题的指南。另一方面,研究历史的学者之判断,对历史事实也并非毫无价值。一个民族因其英勇事迹和繁荣昌盛而越是声名显赫,其历史学家越是卓越,历史研究对统治术之科学和实践就会被认为越是有用。因而,古希腊和罗马的历史被认为格外具有指导意义,尤其是古典时代最杰出的历史学家们撰述的关于其黄金时代的历史。

马基雅维利相信,在他那个时代的政治混乱中,有必要"求助于那些由前人(古代的人)所想好、并通过法规制定之诸办法",他抱怨说,他那个时代统治格局崩溃的主要原因是,"我们也许不能正当地利用历史书籍,也不能从其阅读获得应有之结果,而在另一些条件下,这些书籍却能提供这些好处"。②

然而,即使这位佛罗伦萨政治家和历史学家对历史学所做之过高估计,在那个时代很多人那里,似仍以为意犹未尽。一位佚名学者在其著作《论统治,反驳马基雅维利》三卷(*De regno adversus Nic. Machiavellum libri Ⅲ, Innoc. Gentiletus*)中就指责他的这位伟大的论敌,他强调基本的历史研究对研究政治学之学者的

① 《政治学》(*Pol.*)Ⅳ,1。

② 《共和国的争论》(*Disputationum de Republica*, Lugd., Bat., 1643), Lib. Ⅰ, Proëm, Fol. 7及以后。

巨大价值，此时，他难道不是显示了比其论敌更有历史的雄心？[①]

让·博丹也确信历史研究对政客、国务活动家和立法者的重要意义，尽管其程度稍逊一些。

他写道："在历史研究（和历史记载）中有许多这样的人：他们用真实的和正当的赞美装饰他们的记载；但是，其中没有一人比那个将生命称为自己的老师的人更真实或更好；因为这个声音包括一切能力和学科的一切用处，并且它指出，整个人生都……必须被安排……符合历史（书）之诸规律，——而从这些历史书中不仅能简易地解释现在的事务，也能察觉将来的事，也能推出某些确定的规律以追求或回避一些事。"[②]

在另一处，他又写道："我们也并未决定用某一个单纯的观念为'国度'下定义——柏拉图和托马斯·摩鲁斯（Thomas Maurus）曾用一种空虚的猜测来为自己制定这个概念：但让我们具体地研究最兴盛的城市的一切最好的法律，如果这是可能的话。"[③]

即使是培根，在这一点上也不例外。不管怎样，他形容历史学是过去的典范之宝库，是"社会知识的基础"，他甚至公开地以历史研究来证明他有能力处理政治问题。

二

上述观念肯定早就吸引那些好学深思的政治学者，他们对各

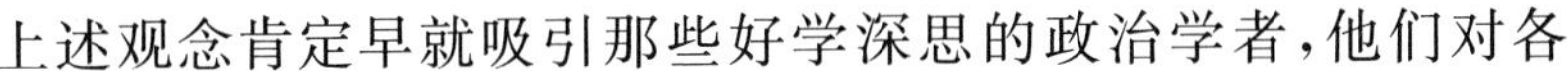

① （Lugd.，Bat.，1647）Lib. I，Praef. p.3 及以后。

② 《论方法》（*De Methodo*，Argent，1627），Proëm，p.1 et.，Praef. fol.6。

③ 《共和六书》（*De Republica*，1591），Lib. I，Cap. Ⅰ，p.4。

个国家的政体和法律进行比较，并据此构造出一门研究国家之宪制和立法的学科，也即完全以历史学为基础的"政治学"。假如历史是一位导师，且像有些人所设想的那样，是政治家最好的老师，那么，人们必定显然有想法，比较各国之国家制度及其带来的后果，以建立一门关于政治的学科。事实上，柏拉图就已表达过这种看法，并确立其课题，而从某种意义上说，亚里士多德即试图解决之。博丹认为，寻找此课题的解决之道是他毕生最重要的使命。他是这样谈论他那个时代的政治学家的：

"那些聪明的人先看柏拉图，他认为，存在着某一形式来传下诸法律以便陶冶国度；他们整理一切或比较著名的记载下来的事物之诸规律，放之于一处，并进行比较，最后从那里找出一个最好的方式。确实，为此计划，我投入了我的一切研究和思考。"①

马基雅维利也表达了同样的思想。他说："老话说：必须谨慎地观察，才能明智地表达；从对过去事情的观测，能够认识和猜测未来。因为，一切发生在世界中的诸事，它们都曾有某个相同的东西，而这东西以同样方式和以我们今天所看到的同样的诸原因而发生了……这样，你好像也能从过去的事预测未来的诸事。"②

巴塞尔的斯图帕努（Nic. Stupanus）教授（1599）在他自己编辑的马基雅维利《君主论》版所写的献辞中，表达了同样的看法：

"那些有智慧的国度的诸管理者并不做——由别人在历史书

---

① 博丹，《轻松认知历史之方法》（J. Bodin, *De Methodo ad historiarum cognitionem*, 1566；Argentorati, 1627），Praef. p.3。

② 《共和国的争论》（*Disput*, *De Republica*, Lugd. Bat., 1643），Lib. Ⅲ, Cap. XLⅢ, p.410ff, Conf. Lib. Ⅰ, Cap. XXXIX, p.115。

中所记载为曾发生过的——一切事情；但是，他们当中最优秀的领导者谨慎地阅读诸历史书，以获得关于过去的诸事之深刻理解，以便他们认为，他们所选择的一些事务应被实现；然后，他们在获得新主意时，并且在讨论具体措施时，随时在脑海里记着过去事务之诸原因、诸策略、诸进展、诸结果；他们针对现在的事和过去的事、国内的和外国的、类似的和另一些类似的、相反的和另一些相反的事例进行比较，并能从过去的事，预见到未来的事务之结果。我们都知道，事情就是这样的。”[①]

三

同样的宪制和立法不能适合于所有民族和时代。相反，每个民族、每个时代都需与其气质相适应之独特的法律和国家制度。此观念并不那么玄奥，不是到了 19 世纪学者们才确立这些观念。各民族并不是完全相同的，将一个民族的国家制度和法律不加批判地用于另一国家是危险的，这些观点，古典时代的学者和文艺复兴时代的学者其实都说得很清楚了。

柏拉图强调，一个民族的地理位置对其民众之气质会产生不小影响，立法时绝不能不考虑这个事实。他说，立法者须充分意识到所有这些差异，在制定法律之前，他须尽自己一切所能，努力全面地考察之。[②]

---

① （Montsibelgardi，1599）p.1ff.

② 《论法律》（*De Legibus*），Ⅴ.747。

另一处：

“在实践中，与在理论中一样，任何特定的政治制度都不可能永远维持下去。毋宁说，似乎不可能为每个人规定一种特定的生活方式，同样一件事情不可能在一个时代对这种生活方式有害，在另一个时代又对其有益。”①

亚里士多德对政治制度相对性之强调，一点也不稍弱。他说：“政治学不是只详尽考察本身最为可欲之宪制和政府，还要考察在特定条件下之最合适者，最适合于这些条件。政治家的职责则是考察每个国家及其政体到底是什么，探究其政体的这种独特性。他必须全面地了解实际情况，才可着手改进它们。”②

马基雅维利也不是不熟悉政治制度的这种时间、空间上的相对性。他写道：

“正如一般都有一些原因，通过它们，人们建立诸城市的基础；通常也存在着一些定理，即诸法规和诸社会制度之定理。”③

另一处：“如果一个人想国度或他的党派长期存在，他就必须经常纠正它或重整它，使它符合原来的原则……那些国度或党派是杰出的：它们的那些变动是健康的，它们通过那些变动被纠正、被改进，并被拉回原来的准则。”④

---

① 《论法律》，I，636。柏拉图在考察社会和政治状态的独特性（individuality）时甚至宣称，试图用法律顾问限制一位目光远大的政治家，是完全荒唐的。因为，这些法律是普遍的，因而从来不能完全适应每个民族和形势之独特性，尤其是因为它们不可能跟上不断变化的形势。只有在缺乏真正的统治术的地方，严格遵守法律（经过经验检验之法律）才好于服从统治者之非理性的好恶。

② 《政治学》（*Pol.*），Ⅳ，Ⅰ。

③ 《争论》（*Disput.*，1643），Lib. Ⅰ，Cap. Ⅱ，p.13。

④ 同上，Lib. Ⅲ，Cap. Ⅰ，p.283。

让·博丹更详尽地阐述了政治制度的相对性。在《共和六书》中，他专门写有一章："论诸国度政治之调整，以使之符合地区和民族之多样性，通过学习它，也能认识各民族之多种多样习俗。"[①]

下面的话更进一步："在整个有生命的领域中，不仅有无数的形状，而在每一种形状中又存在着极大的多样性；同样，人们当中也有一种不可思议的和令人敬佩的多样性和各地的差异性。"因而，他给自己提出的任务是：

"要解释，哪些法律符合哪些民族，哪一种政治体系符合哪个国度，各民族的诸习俗和诸性格可以根据哪些原理来理解：以免我们用一种外来的、不符合本民族的习俗之政治形式，也以免我们强迫人们的自然法律，违背本性；那些曾试图这样做的人们完全颠覆了一些最兴旺的国度。"[②]

另一处："君主和立法者须先知道国度地区周围之人民的诸习惯和地区之特性；因为他努力要完成法律或国度之改变：在一切国度之秘诀中最大的就是：如何调整不同民族的习俗、国度的本性和诸法律以及一致的制度。"

"那些人犯一个错误，他们认为，必须从别的国度引入一些外来的法律，并用之于国度，使它受一种完全反理性的指导。"[③]

四

无须赘言，这些非常杰出的学者清晰地表达了历史研究对政

---

① 《共和六书》(*De Rep.*, 1591), Lib. Ⅴ, Cap. Ⅰ, p.750。

② 同上。

③ 同上书，Lib. Ⅴ, Cap. Ⅰ, p.754 和 Lib. Ⅳ, Cap.3, p.663。

治家的重要性、政治制度的相对性等洞见，从未为人完全忘记，不管是在一般政治科学中，还是在政治科学某一具体分支中。法国启蒙运动时代的学者特别为人指责缺乏历史感，而在政治学上有“绝对主义”倾向。但即使是他们，也并非没有像德国历史学派经济学家那样充分地意识到历史研究对政治家的重要意义及政治制度仅有相对价值之原则。①

历史研究对启蒙时代的社会哲学家，尤其是对重农学派(physiocrats)的重要性，确实比不上历史学家甚至历史哲学家赋予这种研究的重要性。我们可以理解，一个人，若其竭力攻击现有制度而青睐新秩序，就当然并不觉得有必要细心周到地探究这些制度的起源、追溯其发展过程。他的首要任务是揭示其对当下的害处。我们当然可以合理期待，那些代表了法国大革命时代经济学领域思想运动的学者，不会强调其所攻击的那些制度从前可能具有正当性。我们也不能指望他们会强调，他们鼓吹的制度之正当性是相对的，仅适合于特定时间、空间。这样的事情是与重农学派的务实－改良主义的(practical-reformatory)使命相悖的。尽管如此，假如谁从他们未说过这样的话之事实得出结论说，他们统统都未理解历史研究对政治科学之重要性，那就说明，其人未认识到受伏尔泰《历史哲学》和孟德斯鸠《论法的精神》影响的这些学者之心思。基于这一理由，人们不应相信，他们会从原则上持有以下意见：他们为 18 世纪法国推荐的制度，适合于各个国家和时代，因

① 依不同时间、地点和情况得出的结论，是否恰恰推导并明确政治秩序？这个问题在每位重农学派的著述中被一遍又一遍地提出来[《国民历书》(*Ephémérides du citoyen*)，波多(Baudeau)所写纲领性文章(Paris, 1767)，Ⅰ，p.5ff]。

而也同样适合于通古斯*、卡尔梅克(Kalmuck,高加索东北部和中国新疆北部蒙古人居住区)或圣路易时代的法国。

同样确实的是,只有无知的人才会声称,亚当·斯密没有认识到历史研究对我们学科的重要意义,没有意识到不同的时间、空间条件对经济制度的影响。

一位卓越学者论述古希腊哲学发展时说亚里士多德相对于柏拉图之关系,对斯密与重农学派之关系同样有效。他说,前者不仅跟后者一样是出色的思辨性思想家,也是不懈的观察家,他给自己理论体系提供了基于历史经验之广泛的支援性知识基础(supporting basis of knowledge),并努力通过全面考察实际情况确定自己的哲学思考主题。

天才的西斯蒙第(Sismondi)关于《国民财富的性质和原因之研究》一书作者的评论是非常正确恰当的:

"亚当·斯密承认管理学只能建立在人民历史的基础上,人们只有通过对事实之明智观察才能推断出原则。他的不朽著作《国民财富的性质和原因的研究》……实际上是对人类历史哲学研究的成果。"①

另一位有洞察力的学者鲍姆施塔克表达过下面的意思:

"我们学科中的政治部分尤其需要历史学基础,因为,若无此基础,它就会危险地偏离正道。我这么说,意思并非是,每种学说

---

* Tunhus,俄罗斯远东讲阿尔泰语系通古斯满语族语言的民族的居住区。——译者注

① 西斯蒙第,《政治经济学新原理》(Sismondi, *Nouv. Princ.*, Paris, 1827), Ⅰ, p.47 及以后。

都需要先讲一通贫乏的历史，相反，我的意思是，全部经济学，就其本质而言，应建立在历史学基础上，而不能只是教条，必须在研究商业、文化、国家和人类的成果之基础上提出。正是通过这样的方式，斯密和佛格森*为其不朽著作注入了多少活力！”①

人们始终可以思考斯密所得出之结论，人们可宣称这些结论是不完善的，但有一件事，遭到这两位研究过其著作的真正专家之反驳，根据正是其著作中上述两个特征（他们是专家，这一点值得特别强调，因为今天有那么多东西可“读”，却没读出多少）。这种反驳要比连篇累牍地引用斯密著作更值得赞赏。它反驳了一种指责，我们学科的创建人甚至也不能免于此指责：他低估了历史研究对我们学科的价值，有前面提及之无视历史的绝对主义倾向。

在斯密的追随者中，西斯蒙第格外强调历史研究是政治经济学领域研究的基础，也强调所有的政治制度都是相对的观念。他说：

“它（政治经济学）不是建立在枯燥无味的计算基础之上，也不是建立在被视为不可置疑的真理般的推断定理和难懂公理的数学运算基础之上……政治经济是建立在对人类和人的研究基础上的；必须了解人类的本质，不同时期和不同地域的社会的状况和命运，必须向历史学家和旅行家请教。这种研究……就是历史和旅行的哲学。”②

---

* Adam Ferguson，苏格兰启蒙运动学者，著有《文明社会史论》。——译者注

① 鲍姆施塔克，《财政百科全书》（Baumstark, *Kameralistische Encyclopädie* (Heidelberg, 1835), p. viii 及以后。

② 西斯蒙第，《论商业财富》（Sismondi, *De la Richesse commerciale*, Genève, 1803), Ⅰ, p. xiv ff。

另一处："人们总想笼统地看待与社会科学有关的一切，那是非常错误的……要想弄清楚人以及人如何受制于制度，就必须针对一个时期、一个国家或一种职业进行研究。相反，有些人孤立地研究人，或者更确切地说，抽象地看待人的生存发生之变化，他们往往得出被经验所否定的结论。"①

在此我们克制自己，未引用那一长串德国学者的名字，他们在上述理论刺激下，显然也强调历史对政治经济学的重要性（其作为理解当下工具的重要性及作为社会研究的经验基础的重要性）。他们也强调经济制度和法律的相对性，早在19世纪头30年，也即远在"德国历史学派经济学"创建之前，德国学者就强调这两点。②毕竟，上面所引那些话已足够清楚了，无须赘言，我们可以毫不费力地再增加一些类似的话，再做一些补充，从而证明，此处讨论之诸项原理，不管是对一般社会科学，还是具体而言对政治经济

① 西斯蒙第，《政治经济学研究》(Sismondi, *Etudes sur I'E. P.* ,Paris, 1837), Ⅰ, p.iv。

② 尤其是参见劳，《政治经济学教科书》(K. H. Rau, *Lenrbuch der politischen Oekonomie*, Heidelberg, 1826), Ⅰ, §18；克劳斯，《对国民与国家经济学体系之考察，仅深入考察德国自人民文化衰落以来的发展》[G. F. Krause, *Versuch eines Systems der National-und Staatsökonomie mit vorzüglicher Berücksichtighung Deuschlands, aus dem Gang der Vökerculture etc. Ebtwickelt* (Leiptzg, 1830), Ⅱ], p. vi；鲍姆施塔克，《财政百科全书》(E. Baumstark, *Kamerlistische Encyclopädie* , Heidelberg, 1935), p.iv及以后(在此，作者非常坚定地批评那种认为经济学原理源于定义而非源于历史和生活的观点，强调必须将有关公共经济的全部理论建立在其以历史学为基础的历史关联中，而不能建立在单纯的教条(dogmatism)之上，要在研究商业、文明、国家及最普遍的人的基础上发展经济学)；申，《奠基于历史哲学之政治学》[J. Schön, *Die Staatswissenschaft, geschichtsphilosophisch begründet*, 1st ed. (Breslau, 1831), 2nd ed. (1840)]。(我的著作——这位作者说——关心的是下面的任务：让政治学呈现为一门有关政治历史之哲学，提出历史的社会规律，以取代零散的规则，见第二版，p. vii。)

学——这是作为一门独立的学科而建立的——一点也不陌生。但在德国历史学派经济学家的主要原则尚未表述在世界著名学者的优秀著作中、为今日每个受教育者所知道和接受之前，德国学者在我们学科发展过程中实在不值一提。实在没有必要在19世纪中叶的德国经济学家那里、哪怕是从为传播上述真理而建立一个特殊学派的过程中，探寻这一真理。

第二章　德国历史学派未认识到历史法学派思想之决定性变革、仅由于误解才以为自己是后一意义上的历史学派

一

亚当·斯密甚至那些追随他成功地发展了政治经济学的学者们，确应受到指责，不是其未认识到历史研究对政治家的那种再明显不过的意义，也不是其未认识到那同样再明显不过的原则：各种经济制度和统治措施是与经济体的具体时间和空间条件相对应的。其真正缺陷在于对非意图形成之社会制度及其对经济的重要意义的错误理解。在其著作中反复出现的看法是，种种经济制度从来都是社会之类的共同意志之有目的产物，是社会成员之协定或实证立法的产物。正是这种对社会制度的性质的片面因果观，使得斯密及其追随者的思想与法国启蒙时代的学者，尤其是重农学派之间有密切关系。亚当·斯密与其学派主要致力于以因果理论理解经济，哪怕在这种理解不适合客观事态时。其结果是，非常广泛的、非意图地形成的社会构造物领域，未进入其理论把握之视野。

亚当·斯密与其追随者在看待经济政策问题上表现出的此种片面性和缺陷，确实足以招徕他人基于科学理由的批评。然而在政治经济学领域，人们觉得这无所谓，起码不是很要紧。从科学上批评斯密者一般只批评其某个理论或观点，而非从原则上批评其上述错误。他们不可能阻止其理论中因果论逐渐获得无可争辩的主宰地位。

对斯密理论提出的更有原则性的反应，不是经济学家们提出的批评，而体现在后来一些学者把来自另一相关知识领域的观念和方法机械地运用于经济政策的做法。而在此过程中，各种各样的错误认识发挥了不小的作用。

二

认识中产阶级社会及其制度之性质和起源的因果论解释，首先在宪制领域遭遇一批卓越的批评者。

柏克可能是第一位[①]，因为他受过英国法律精神的训练，充分清醒地强调社会生活之有机构造物的重要性，它们部分地是非意图地形成的。他以最有说服力的口吻教诲人们，他的国家之大量制度，极大地有益于公共利益，并令每个英国人感到自豪，却不是

① 孟德斯鸠已表达过这样的看法：社会和国家的制度之具体形态，并不仅仅是专断的法令（实证立法）之产物，而是国家的自然和文化条件之产物，是历史演进的结果："聪明的个人可以有他们制定的法律，但他们也有不是他们制定的法律……在既定法律问世之前，有可能存在的公正关系。如果说法律规定或保护的内容中既没有公正也没有不公正，那等于说在圆圈画好之前，此圆的半径长短不一。"[*De l' esprit des lois* (1748), Liv. Ⅰ, Chap. Ⅰ]"我首先研究人，我认为在如此多样的法律和道德中，他们并不是仅受自己的幻想驱使。我列出原则，我发现各种特殊情况都自然而然地服从于原则，所有国家的历史只不过是原则的后果，任何一条特别法律都与另一条法律相连或依附于一条更普遍的法律。"（同上，pref.）

实证性立法或社会旨在建立它们之共同意志的产物，而是历史发展之非意图后果。他头一个教导人们，现已存在、经受了考验、历史地发展出来的东西，将再次获得敬重，与心血来潮的创新欲望之结果相反。由此，他第一个突破盎格鲁－法国启蒙运动时代之片面唯理主义和因果论。[①]

① 柏克在下面一段话中强调英国的宪法有机地、非意图地形成："从《大宪章》到《权利宣言》，我们的宪制一以贯之的做法是，要求和主张我们的自由，作为我们得自于我们祖先、我们又传之于我们后代的不可剥夺的遗产……在我看来，这种做法是深思熟虑的结果，或许毋宁说是依循自然的幸运效果，这是不做反思考、而高于思考之智慧。"[*Reflections on the Revol. In France*, *Works* (London, 1792), Ⅲ, 58 及以后]他用下面的话来批判片面的唯理主义："我不能站起来，根据某一简单的客观观点，对人的活动及人所关心之事情做任何赞赏或指责，因为这样的客观立场无视种种关系，完全是光秃秃的、孤零零的形而上学抽象。环境（某些绅士却对此不屑一顾）会给每个政治原则涂上其与众不同的色彩，并产生大相径庭的效果。正是环境，可能使同一种政治纲领，在此时会对人类带来益处，到彼时则又有害于人类。"另一处："古老的建制可由其效果予以衡量。只要人们是幸福的、团结的、富裕的、强大的，我们就对其网开一面。我们可得出结论说它是善的，因为由此得到了善的结果。在古老建制中，可发现种种矫正性错误，使其偏离理论。它们确实是各种需要和经验拼凑出来的。它们通常不是依据某种理论建构起来的；毋宁说，理论出自它们。在它们中，我们常可见目标得到最充分实现，在此，我们看到，手段似乎不与我们最初计划中所设想的手段完全一样。经验教给我们的手段，可能比那些在最初计划中设想出来的手段更适合于达成政治目的。它们又会对最初的宪制产生作用，有时会改进设计方案本身，看起来似乎有所偏离。"[《论法国大革命》(*Reflct. on the Revol. In France*) *Works*, Ⅲ, 227 及以后]纳克尔(Necker)写过同样意思的话："人们将原则视为无处不在的精神，但人们没有注意到，这些原则之后果真实存在。当然，空想可以普遍应用，这是一个可随意打开并将一块面积的不同点形象地联系在一起的大圆规；但一切都在实践中相连，一切都在平凡中运动，这样人们才能体验到通过思索跨越的障碍和被理论所轻视的众多困难。"[《论大过的行政权》(*Du pouvoir exécutif dans les grands états*, 1792), s. Ⅰ, Ⅱ, p. 72]梅斯特(Le Maistre)将当时存在之权威、甚至将大革命前之权威追溯到圣职委任，霍勒尔(Haller)从纯粹私人权利角度看待政治权力，这些观点同样都具有反对革命之宗旨。不过，他们显然立基于错误的预设，故无法与柏克相提并论，柏克的论述有客观基础，即使其基础是片面的。

三

在德国，柏克的观点首先被用于批判法学中的因果论，它完全主宰了实证法律研究和法哲学。胡果(Hugo)通过自己在法律史领域的研究，也对批评因果论方法开辟了道路。萨维尼和尼布尔(Niebuhr)充分意识到其使命，并充当了这场思想运动的先锋。在他们看来，法律只能视为作为整体的民族生活之一个特殊方面，与其他方面和其他具体表现不可分割。对他们来说，法律，跟语言一样，至少在其最初，一般而言，不是旨在制定它们的公共权威的活动之产物，具体而言，不是实证立法之结果。相反，它们是更高智慧之非意图后果，是各民族历史发展的产物。事实上，他们认为，纯粹抽象的理解既不足以胜任全面构建法律之任务，也不应——尤其是在他们那个时代——承担此任务。他们说，法律的进一步发展也跟语言一样[①]，并非依某人专断意志而发展，而是有

① 洪堡(Wilhelm von Humboldt)的著述为德国在语言学领域之同一努力开辟了道路。他追溯语言之形成于直接创造性本能，人的心智中的某种理智的语言本能；他认识到，在其构造物中，存在着与有机自然相类似之规律性。萨维尼[《论法律职业》(*Vom Berufe unserer Zeit* ,1814), p.9]与其追随者经常谈到法律起源与语言形成之间的相似性。同样的类比也可在后来的历史学派经济学家、尤其是在 Hildebrand 的著作中看到，关于这一点尤其参见洪堡，《论人类语言之差异及其对人类精神发展之影响》(Humboldt, *Ueber die Verschiedenhelt des menschilchen Sprachbaues und ihren Einfluss auf die geistige Entwickelung des Menschengeschlechtes*, Berlin, 1836)；沙勒《洪堡语言哲学要义》[Schaler, *Elemente der philos. Sprachwissenschaft W. v. Humboldt's* (Berlin, 1847)]；斯特恩塔尔，《基于今日全部知识探讨语言之起源》[Steinthal, *Der Ursprung der Spache im Zusammenhange mit den letzten Fragen alles Wissens* (Berlin, 1852)]。

机地、按照历史内在的要求在发展，即使在文化发展过程中由于各种原因立法已能带来好处时，也同样如此。即使在后一种情况下，也仅应视立法者为民族的代表，为民族真正精神的代表，必须尊重法律的连续性。①

萨维尼和尼布尔创立的这个法学学派之本质②，可见于这些

① 参见萨维尼的三本著作：《论我们时代立法之天职》(*Ueber den Beruf unserer Zeit zur Gesetzgebung* ,Heidelberg，1814)，pp.8－15；《历史法学杂志之纲领性文章》(*Programmaufsatz in the Zeitschrift für geschichtliche Rechtswissenschaft* ,1815)，Ⅰ，pp.1－17 和Ⅲ，p.1－52；《现代罗马法体系》(*System*)，Ⅰ，pp.13－21，34－57；埃克霍恩《德国法律与政治史》(Eichhorn，*Deutsche Staats-und Rechtsgeschichte* ,1808)，前言和导语，p.1 及以后。较早著作中特别值得一提的是胡果，《法学百科教科书》(Hugo，*Encyclopädie*)，4th ed.，§§21,22 和《自然法》(*Naturrecht*)，1st ed.(1798)，3.A.，§130 及《民法学杂志》(*Civilistischen Magazin* ,1813)，Ⅳ，pp.117－136。默兹尔(J. Möser)曾被萨维尼在其《论法律职业》(*Beruf* ,1st ed.，p.15)中荣幸地与胡戈相提并论："无上的荣誉也归于默兹尔，他以惊人才智试图解释各地历史，甚至经常涉及民法。"谢林提出的政治生活有机性理论，对历史法学派的发展也不是没有影响。谢林提出的一种理论也有影响：文化领域各方面之有机发展是潜意识(subconscious)的发展，一般而言，有意识的任何东西都以人的心理和民族精神之潜意识运转为其前提和基础。而且，柏拉图也已在一处[《论法律》(*Leges*)，Ⅳ，4]说过，而据我所知，这段话似未为人注意：无人能(任意地)创制法律。相反，所有法律制度都由很多机缘凑巧的事件和环境催生……无人能造法律；相反，所有人的立场倾向都是环境的产物。因此，合理的做法就是承认：人也就只能在这基础上有所作为(参见 p.198 注①所引孟德斯鸠的话)。

② "历史法学派的本质是关于法律起源的看法。法律是民族整个生活的一个方面，与该民族生活的其他方面和其他活动，比如语言、习俗、艺术等不可分割地联系在一起。因而，与这些一样，法律最初不是通过选择和反思形成的，而是借某种内在感觉和本能、由于意识到某些迫切需要而形成的……历史学派的基本学说如下：法律与民族及民族意识密切关系，它最初是非意图地形成的，其进一步发展也要求保持连续性。"[施塔尔，《法哲学史》(Stahl，*Geschichte der Rechtsphilosophie* ，)3rd ed.(Heidelberg，1856)p.572 及以后]自历史学派出现以来，人们又重新获得下面的认识："法律不仅仅是自上而下施加的东西"，"而是从民族之精神中生长出来的，其形式也同样如此"。它不是随心所欲的东西，可以今天是这样，明天又那样。相反，过去与今天和未

观点，与柏克在国家法领域中的视角类似；反对法学领域中的因果论和唯理主义，而比如说，不反对法律的相对性原则①，不否认法国法学家所强调的历史研究对理解法律的重要性。

那么，德国历史学派经济学创始人通过何种办法实现其所提出的将这一法学流派的基本思想应用于政治经济学之意图？

亚当·斯密及其追随者并非没有意识到历史研究对政治经济学的重要意义，也并非没有认识到诸项社会制度之相对性及其必然出现的差异（因时空条件的不同而各不相同）。如前所述，他们应受指责的，恰恰是其因果论，应用这种方法，主要只能对公共当局之实证性创造物给出理解。因而，它不知怎样评价“有机的”社会

来是密切相关的。法律不是偶然事件之结果，而由内在因素决定。“关于实证法之性质的这一洞见，正是最能体现历史学派立场的观点。只有从这一观点，我们才能判断其成就，判断自那以后法学所发生的变化。”［布伦施利，《德国法学之新学派》（Thus Bluntschli, *Die neueren Rechtsschulen der deutschen Juristen*），2nd ed.（Zürich 1862），p.18］孔策（E. Kuntze）概括历史法学派基本思想如下：“法律不是创制出来的，而是生长出来的；法律不是仅有有限理解力之人有意识地随心所欲地造出来的，相反，法律是有机地出现、生长的。”［《法律体系之转折点》（*Der Wendepunkt in der Rechtswissenschaft*，Leipzig, 1856），p.53］

① 上述德国历史学派经济学家之思想气质与柏克－萨维尼的思想气质之间的共同点很少，这一点可从以下事实看清：后一种研究理路的代表人物认为，仅因为国家的制度适合于一国之自然和它所服务之人民，就断言该制度是卓越的，显然是错误的。这一点，在萨维尼和蒂博（Thibaut）围绕德国新法典之创设而展开的论战中，已更清楚地表现出来了。后者不断强调，民事制度应完全按臣民需要来创设，它们必须具体地满足时代的要求［《论德国对普通民法典之需求》（*Ueber die Notwendigkeit eines allgemeinen bürgerlichen Rechtes für Deutschland*，*Civlistiche Abhandlungen*，1814），p.404及以后］。而萨维尼在其名著《论我们时代立法和法学之使命》（*Vom Berufe unserer Zeit für Gesetzgebung und Rechtswissenschaft*）中对其提出批评，因为他未认识到法律是有机地形成、发展的，而错误地认为所有法律都源于政府颁布的法令，源于立法当局的成文命令和禁令。

构造物对一般社会、具体而言对经济的重要性，因而也就不知如何维护它们。上述斯密及其追随者的理论，是一种比较偏颇的唯理主义的自由主义（rationalistic liberalism），鲁莽地要求废除现有的东西，废除那些从未被充分理解的东西。这跟要求在政治制度领域中创设某种新东西一样鲁莽，而鉴于我们缺乏充分知识和经验，现有制度通常来说已经足够。

有机地发育之经济制度，由于是活生生的、已存在的东西，由于它是近在眼前的、直接的东西，因而常被非常明智地照顾着。经济学中的因果论关心的却是抽象的人之福利，关心遥远的事情，关心还不存在的东西，关心未来的东西。在此努力中，它过于经常地忽略活生生的人，忽视人们眼前的正当利益。

与斯密学派的这些努力相对立，存在着值得在柏克－萨维尼研究取向意义上做努力之广泛领域——不是简单将有机地发育之物当作无懈可击的而予以维护，仿佛在人类事务中，与有意识地构造出来的社会秩序相比，那些东西具有更高级智慧。相反，此处讨论之努力的目标在于，完整地理解现有一般性社会制度、具体而言有机地形成之社会制度，抵制片面的唯理主义者在经济领域的创新狂热，维护那些已被事实证明颇具价值的制度。目的在于防止片面的肤浅的因果论导致有机地发育成形之经济的解体，与其代表人物的意图相反，这种因果论常导向社会主义。

19 世纪 40 年代在德国兴起的历史学派经济学，在政治科学其他领域的“历史”学派中，属于姗姗来迟者，而在其著述中，我们很难看到一点上述意图的迹象。因而，它说历史法学派是它的榜样，实在是搞错了；它说它属于柏克和萨维尼意义上的“历史的”，更是大错特错。它不具备后者的美德，也确实没有后者的片面性和缺陷。它有它自己的美德，也有其独特的片面性、错误理解和谬误。只要看一下这个学派代言人的著作就会发现，它**截然不同于**上述柏克－萨维尼学派。它确实是历史的，但却截然不同于柏克－萨维尼意义上的历史的。

第三章　德国历史学派经济学之起源与发展

一

德国历史学派经济学家不是从柏克和萨维尼出发，也不是从尼布尔或洪堡出发。其根基实际上主要是一些德国历史学家，在18世纪末和19世纪初40年间，他们在德国几所大学教授历史学，偶尔有人教授政治学，由于当时实行的大学制度安排，尤其集中于哥廷根大学和图宾根大学。于是，他们抓住眼前的机会，将其历史知识用于政治学研究，反过来，又将其政治学知识用于其历史学研究。

将政治学研究与历史学研究融于一体的愿望，首先引导此处我们正研究的这群值得称赞的历史学家，用历史例证对其确立的政治定理做详尽阐述，并以相应的政治措施之成败得失，对其进行证明。然而，在后来的发展过程中，进一步企图将一般政治学置于历史学基础，呈现其为反思性考察的结果，作为一门关于历史之“哲学”。我们很容易将这些研究追溯至更遥远的过去。不过，为此处讨论计，提一下斯皮特勒(Spittler)、卢登(H. Luden)、珀利茨(Pölitz)、韦伯*、韦克特(Wächter),还有后来的达尔曼(Dahlmann)、格尔维努斯(Gervinus)、罗舍尔(Roscher),就足以表明,"历史学派"政治学最初兴起于德国,且与"政治学派"历史学家同时兴起。[①] 由此,在有经济学兴趣的政治科学家中,逐渐发展经济取向的政治学家之历史学派,而由于经济取向之政治科学常被一般的政治经济学代表人物混同于政治经济学,由此而有政治经济学之历史学派。

这群"政治学家"之一般特征,及其观点与我们的历史学派经济学家观点间之密切关系,从以下对历史学派观念的简单描述中清楚可见。卢登用下面的话来概括政治学的研究对象:"我希望写一本书,它对事物的看法,与有关生活和历史的不朽学说相一致……我希望尽可能用历史例证验证一切东西,从而使人觉得,确实是历史本身在说话。"[②]珀利茨用下面的话强调历史研究对政治学家的重要性:"如果那种属于民族和国家之真实生命的政治家才

* H.B.v. Weber,不是后来非常著名的社会学家马克斯·韦伯。——译者注

① 上述学者中的多数人既想用政治学研究帮助历史研究,反过来,也希望通过历史学研究帮助政治学领域的研究。如此说法正确,那么,他们就不仅试图在政治学中保留历史学视角,也试图在历史学中保留"政治学"视角。比如,卢登曾说:"我们必须清楚,有一些原则是统治者在保持、增进、治理、统治国家时必须遵循的……这样才能理解生活中的伟大事件、理解民族和国家的命运(简而言之,就是理解历史!)"[《政治学》(*Politik* ,Jena, 1811), p. iv]。另一方面,他又认为,历史学是政治学之基础(同上,p. vii)。同样,关于我们的学科,罗杰斯说[Th. Rogers,《经济学手册》(*A manual pf pol. Econ.*, 1869), p. v]:"一位历史学家,如果对于政治经济学的解释一无所知,就会让夹缠不清、互不关联、晦涩难懂的历史事实给搞昏了头,同样,经济学家如果不具备历史学知识,就会犯一些严重的谬误。"

② 卢登,《政治智慧或政策手册》(H. Luden, *Handbuch der Staatsweisheit oder der Politik* ,1811), p. vii 以后。

能仅来自纯粹的理性，而未聆听历史的声音，那它就属于抽象概念的干骷髅而已。它不适于充当作为一个富有生命力之组织的国家之充满活力的宣言，因为它没有利用几千年历史提供给人们的伟大真理。”[①]韦伯也对作为一门科学的政治学使用之纯粹思辨性研究取向提出批评[②]，他说，历史经验呈现了健全判断力(good sense)之规则，它们可以、且应用作实现国家内部和外部生活目标之最有效工具。还有韦克特，在为斯皮特勒的《政治学讲稿》(这是早在1796年就讲过的课)所写前言中赞扬斯皮特勒对“独特性”(the individual)的考量。他说，斯皮特勒提出的政治定理不是可以放之四海而皆准的绝对规则，相反，它们将因地理位置、时代、国家的地理范围、宪制、民族的性格、生活模式而进行调整。而且，斯皮特勒一向要求，只能实行渐进改革，分阶段地进行改良。[③]

上面我们已全面介绍了此处讨论的政治学领域研究取向之最初趋势。其最突出的特征是，与遵循德国近代个人哲学学派政治学研究之片面思辨性研究取向相反，这种历史政治学研究取向承认经验尤其是历史经验，是根本基础，是政治学研究最重要的基础。它试图让历史经验对政治学发挥有益作用，甚至将后者建立在历史学说基础上。它是一般经验主义、具体而言历史经验主义

---

① 珀利茨，《针对我们时代的政治学》(Pölitz, *Die Staatswissenschaft im Lichte unserer Zeit* ,1823)，Ⅰ，p.8以后。

② 韦伯，《政治学原理或对内、对外治国术的主要原理之哲学－历史发展》(H.B. von Weber, *Grundzüge der Politik oder philosophisch-geschichtliche Entwickelung der Hauptgrundsätze der innern und äussern Staatskunst* ,1827)，p.ix［在韦伯的《政治学》(*Politik*)一书中，我们能看到几处涉入历史法学派之研究范围］。

③ 斯皮特勒，《政治学讲义》(F. v. Spittler, *Vorlesungen über Politik*, K. Wächter, ed. ,1828)，p.xix。

(historical empiricism),针对政治事务之先验思辨(a priori speculation)做出的由来已久的反弹,正是它对上述学者之研究赋予了独特气质。

相反,宪法和法学中历史学派的基本思想,能够体现柏克－萨维尼研究取向之努力,并构成其努力之真正中心,“一定数量社会现象有机地、非意图形成的学说”,及该学说对立法与行政管理的全部影响,对以上政治学家来说,却是次要的,甚至完全是陌生的。其思考范围与历史学派没有相交之处。他们反对抽象思辨(甚至反对历史化哲学的抽象思辨),但通常并不反对 17 世纪和 18 世纪启蒙运动与政治学自由主义文献中的抽象思辨。他们反对政治学和历史学中的先验构造,并不反对认识社会现象时的片面的因果论。相反,此处提及的学者中之大多数本身就属于自由主义(即使并不属于某种喜好抽象的自由主义)取向。他们试图尽自己所能,以自己的方式、即以历史学,支持和证明这种抽象的自由主义之指导性观念。[①] 以上学者总的来说基本上是自由主义者,其所要求的是这样一种研究方法:将自己完美而坚实的政治史知识运用于政治学研究,反过来,把后者运用于前者;他们不是历史宪法学学派伟大创始人那个意义上的保守主义者。[②]

① 在具体方面类似于历史的宪法和法学学派的政治科学取向可见 Justus Möser, D.G. Strube, Fr. K.v. Moser, Fr. Chr. J. Fischer, G. Sartorius, J.J.v. Görres, Fr. Gentz, Adam Müller, K.L.v. Haller,等等。

② 在有人致力于将政治学努力建立于经验和历史而非思辨基础之上时,政治经济学领域中也有人做出同样的努力。

雅各布(L.H.v. Jacob)尽管坚持康德哲学,但他已倾向于认为,历史是事实之源,“是几乎全部政治科学立基之本。政治学中大多数原则都需借助历史学获得经验的证另一方面，他们清楚展现其对我们描述之柏克－萨维尼反对法国启蒙运动时代之唯理主义和因果论之片面性的倾向。他们中大多数确实同时既是历史学家，又是政治学家，他们从来未曾将政治学与历史学混合。他们从来没有像柏克那样捍卫现有的东西，历

明。因而，政治科学研究须伴之以历史研究"[《政治学研究导论》(*Einleitung in das Studium der Staatswissenschadften* ,Halle, 1819),p.31]。克劳斯(G.Fr. Krause)要求"从文化和器物的过程来阐发经济学理论"，见其《对国民与国家经济学体系之考察，仅深入考察德国自人民文化衰落以来的发展》(*Versuch eines Systems der National-und Staatsökonomie mit vorzüglicher Berücksichtigung Deutschlands, aus dem Gang der Völkercultur und aus dem praktischen Leben populär entwickelt*, Ⅰ, p.v)。李斯特(Fr. List)在大多数方面都与此处提及的学者意见相左，不过他也宣称，"一个健全的(经济学)体系，绝对需要有健全的历史基础"[《国家体制》(*Das naiotnale System*), Ⅰ(1841), p.xxxi；也可参见同一本书 pp.xxxix 和 170 后)。H. Rau 也一直强调历史研究和统计对政治经济学的重要性[尤其参见他的《政治经济学》(*Pol. Oek.*,1826), Ⅰ, p.13]。

此倾向在伯姆施塔克、申和施密特纳(E. Baumstark、Joh. Schön、Fr. Schmitthenner 那里表现得更明显。第一位学者写道[《财政百科全书》(*Kameralistische Encyclopädie* ,Heidelberg, 1835), p.viii 以后]："我们学科中的政治学部分尤其需要某种历史基础，因为若无此基础，政治学就会偏离正道。我这样说的意思并不是，对财政科学的每条理论都需要先讲一通贫乏的历史，给出冷冰冰的历史资料，而是说，前后一致的公共经济学之整个理论基础，应放在历史学上，而不能放到教条之上，应在国家、文明、商业和一般人类之历史研究结果上，提出这套理论。"Schön 宣称[《由历史哲学证成之政治学》(*Die Staatswissenschaft, geschichtl.-philosophisch begründet*, 2nd ed. ,Breslau, 1840),p.vii; 1st ed. (1831)]，他这本书的目的是"将政治学建成一门有关政治史的哲学，提出社会的历史法则以取代零星的规则"。根据他的说法，这是为政治科学奠定历史－哲学的基础，现在(1839 年)，这样的观念比其书首版时(1831 年)更流行了。

但此处讨论之倾向在施密特纳那里表现得最为突出。他直截了当地反对德国人在社会科学中滥用纯粹思辨哲学，他写道[《国家十二论》(*Zwölf Bücher v. Staate* , 1845), Ⅱ, p.15 以后]："将国家看成有机体系的那种哲学，不可能容许以下说法：我们有可能仅仅根据逻辑，也即根据概念间的关系和概念的理性发展，认识国家的性质。它只能在承认历史知识的前提下，才承认逻辑因素的重要性。""对历史的－有机的方法而言，问题就在于发现人类有机发展之法则。"

史地发育的东西，反对其同时代人的改革努力。他们从来没有像萨维尼那样认为[①]，蕴涵在有机地形成的社会构造物中的智慧是先验的，没有足够证据证明这种智慧高于人的智慧，也即高于当下的判断。他们中大多数人尽管都承认历史研究对政治学的重要意义，但他们很少成为另一种错误的牺牲品，即片面的经验主义，甚至片面高估历史发展，而对“历史学派政治学家”来说这似乎是自然的。珀利茨曾说过[②]：“治国艺术（政治学）是一门交叉学科（哲学原则与历史事实同样重要）。假如一个人仅将治国艺术还原为得自于经验和历史的规则，就不仅缺乏坚实的基础，此基础主要取决于理性之原则。它甚至不可能不存在内在矛盾，因为人们可以从历史中为彼此冲突的政治观点和主张找到证据，这样的事情不在少数。”我们已在前面指出，珀利茨同样没有要求政治学只能片面地源自理性。韦伯也表达过同样的看法，他说：“政治既不是纯粹的哲学，也不是纯粹的历史学。它是一种交叉学科，它是同时由

① 在法学领域，萨维尼－埃克霍恩学派（Savigny-Eichhorn school）的历史取向在很多方面是片面的，也遭到不再是零零星星的反对，最近，法学的理论方面尤其得到更多强调。这一点可从下列学者的著述清楚看到：G. Beseler，Leist，Bluntschli，Kieruff，Rein，Schmidt，Ihering，Brinz，Ahrens，Kuntze，Lenz，等等。最重要的是，萨维尼本人晚年在其著作《现代罗马法体系》（*System des heutigen rümischen Rechtes*，1840）前言中也宣布，法学研究的历史取向已走到尽头。他指出，这门学科必须返回曾被忽视的路径。他写道：“我们学科的全部成功仰赖于不同知识活动之合作。以前，我和其他人士毫不迟疑地使用历史学派一词形容这些知识活动中一种之独特性，科学取向主要来自于它。那时，该学科的这一面得到特别强调，不是为了否认或降低其他知识活动和研究取向之价值。而是因为，那种知识活动长期以来为人忽视，因而在一定时间内需要更强有力的支持，以恢复其自然的均衡。”（同上，Ⅰ，p. xiii）此刻，历史法学派的杰出代表人物已不再认为其方法是专门强调历史的方法，而是历史的－哲学的方法。参见昂格尔的《体系》（J. Unger，*System*，1876），Ⅰ，p. i。

② 同上，p. 7 以后。

哲学原则与历史事实构成的。”[①]对以上观点，人们可能提出很多反驳理由，尤其是对他们提出的将政治学称为“一定程度上的哲学”的观点。以上学者都认为，纯粹的经验主义和纯粹的历史主义在政治学中都站不住脚，对此论述，很多明显的反驳理由其实都是无的放矢。在上面提及的学者的论述中，也很少能见到对历史发展的高估。

二

具此片面性的这场思想运动，实际上是从让·博丹立场倒退之思想运动，首先在19世纪30年代出现，由哥廷根大学一位著名历史学家推动。他毕生筹划撰写一本《政治学》(*Politik*)，却始终没有完成这个打算。因而，他没有发挥某种消除人们头脑中混乱之影响，因为通常，只有详尽阐述的过程本身，才能对某种片面的科学观念发挥这样的影响。我们这里所说的是格尔维努斯，他对哥廷根大学历史学派的年轻天才们发挥了相当大的影响，而接连发生的一连串历史事件，让他对德国经济学家在形成有关方法论

① 上面提及的经济学家有同样看法(本书208页注释②)。劳(H. Rau)甚至写道[《政治经济学》(*Pol. Oek.*,1863)]:“历史提供了机会，让我们既能认识波动的环境对经济形成过程的影响，也让我们能认识到经济状况对政治生活事件的影响。而且，它也借揭示政府选择有关经济事务之制度的结果之好坏，提供了……大量有用的经验。对此教诲，应予高度重视，因为一般来说，国家管理的经验很少不是在国家福利受到威胁时总结出来的，因而，人们必须接受考察以前案例得出的经验的指导……但是，对经济事务的历史考察，不能取消普遍的经济规律，而是使其在大多数情况下的正常作用可为人理解。”

问题的看法时产生了决定性作用。

达尔曼在其《政治学》(*Politics*, 1835)中强调认识社会制度之起源和形成的有机观,也强调光靠因果论立场不足以解释这些制度。对此,他比前辈更坚定,也达到其前辈无法比拟的深刻程度。他已涉入历史法学派之思考范围,这是他与该学派的关系,不再仅仅是表面上的联系而已。他也不失时机地强调一般经验、具体而言历史研究对政治科学的重要意义。另一方面,他倒也没有犯下片面高估历史发展现象之错误,因为他有如下洞见:政治学的本质是一门实践的学科,塑造生活是政治的目标。[①]

他给政治学指派的"重要任务是运用比较各时代而清晰显现之标准,区分必要的新制度安排与心血来潮——不管是出于放纵激情还是由于脾气恶劣——的发明设计出的东西"。

在为初版于1836年的这本著作所写的书评中,格尔维努斯提出了关于某种"纯粹科学的政治学"的想法,这是他一直筹划的,却从未完成。"他(那位作者)本应在这本著作中仔细考察、研究历史领域之方方面面。他本应从大量经验中,从转瞬即逝的、变幻不定的、重复出现的、个别的东西中,仅保留那些有规律的、普遍的东西。他本应努力从各个国家已完成的历史中猜测人类尚未展开的历史,逐个对每个国家进行解释,从整体解释各部分,又从各部分解释整体……他本应在他描绘的图景中专心研究在各民族和国家发展过程中那些已被历史证明为必不可少且合乎自然法则的东西。他的政治科学本可等同于国家的历史,而他的国家的历史本

① 政治学(*Politik*, 1835), p.236(也请参见第83页以后)。

可等同于历史哲学，他的政治科学本应为某种有关人类——其实也就是人——之哲学，奠定最不可少之基石。因为，纯粹科学的政治学无非就是关于历史之政治部分的哲学而已，就好像美学应当是文学史之哲学一样……运用这种方法，政治学将会相当于生理学，或者说相当于最初从生命史推导出的那部分生理学。”而格尔维努斯却觉得，这位作者未能完成这些高远的计划，因为当时的历史材料“还远不足以让人们设想可写出这样一本著作，不管是谁制订的这样那样的天真计划，面对这样一个任务，只能望而却步。一门要将自己完全建立在经验基础之上的学科（政治学），只有在经验达到某种相当高的程度时，才有可能发展出来……柏拉图和亚里士多德的著作无可争辩地是这样一门哲学性政治科学的根本基础”。[1]

由这位哥廷根大学著名学者设想的这本书，起码按他自己的设想，这将是一本巨著，确实将为学术界开辟一个可辛勤研究的无穷无尽的领域，此计划，却未在德国贫瘠的土壤中变成现实。不管怎样，实现这个计划，不要求直接洞悉政治生活或政府活动之目标和手段，也不要求具备那种通常只有依靠直接考察政府活动、参与政治事务才能得到的广泛经验和知识。它也不要求，学者对国家事务做出非常艰难的判断，即从对政治生活之考量，以直接原生的方式选择政治活动的目标与实现它们的手段。实现上述计划所需要的，无非是仔细地、全面地研究历史著作和史料而已，并且明白，

① 格维努斯，《历史著述》（Gervinus, *Historische Schriften*, Karlsruhe），Ⅶ，p.595 以后（上引书评最早发表于 1836 年的 *Litterarische Untersuchungsblätter*）。

需从个别中抽象出普遍。[①] 这样的前提条件德国学术界可以非常轻易地做得很好，因为，即使是一个小小的细节，也会对解决整个问题做出值得称赞的贡献。而且，那些预备性历史研究总有缺漏，但即使是不那么完美的成就，也能受到有抱负的同行们的善意理解，并为他们热情接受。这样的课题提供了在每个方面都吸引人的研究领域。这在很大程度上正好适合德国社会科学研究领域中大量专家所特有之天赋。

对此还可补充，以上研究计划也满足了学术界及具有阅读能力的公众对实证性知识的需求，此需求由近代德国各种流派哲学之天才思辨激发出来，甚至仅仅因为出于对后者的反感而激发出来。在经历了过分的哲学性思辨之后，学术界和知识公众确实渴望经验和历史；对科学体系，越是强调经验主义、具体而言是历史经验主义，评价就越高。

格尔维努斯并未以他的计划带来更为接近法学和宪法研究历史学派之前述历史取向的政治学。相反，他在很大程度上偏离了他们的思考范围。但是，不管怎样，他设想的“政治学改革计划”与此处讨论之那门学科的性质，都是历史的。

由此，我们发现目前称之为“历史”的那个德国经济学流派的出发点。

---

① 参见本书117页注释①。

三

威廉·罗舍尔后来对此处讨论的这个德国经济学派产生了非常巨大的影响，他于 21 岁那年在哥廷根大学研究历史政治文献、发表其论述诡辩派某些学说的博士论文[①]时，已抓住机会阐述了他对政治学（当然不是政治经济学）与历史学关系的看法。在这本篇幅不大的著作中，罗舍尔毫无保留地呈现了当时哥廷根大学历史学派的立场。尤其是，格尔维努斯在其政治学观中对历史发展现象之高估，似乎不能说没对他产生决定性影响。在他看来，历史是政治学唯一的经验基础，政治学不过是广泛地考察历史、比较不同国家之发展结果而已。最好的政治学就是考察各国历史上黄金时代后得到的结果。任何人，若拥有广泛的历史知识，同时也就掌握了政治学的客观真理；罗舍尔当时一直认为，这真理不仅适合于具体的历史时代，也适合于抽象的人。[②]

四年后，罗舍尔还在说："我认为，政治学就是研究国家发展规律的理论。我认为，国家的经济和统计学是政治学特别重要的分支和方面，这样的政治学因此而将特别详尽。我认为，通过比较我所知道的各个国家的历史，我将会发现那些发展的规律……我的政治学当然是建立在前期广泛的历史性研究基础上的。"[③]

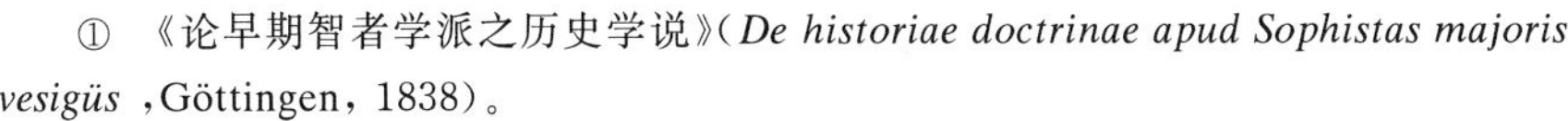

① 《论早期智者学派之历史学说》(*De historiae doctrinae apud Sophistas majoris vesigüs*，Göttingen，1838)。

② 同上，第 54 页以后。

③ 《修昔底德之生平、著作和年代》(*Leben*，*Erke und Zeitalter des Thukydides*，Göttingen，1842)，p. vii 以后。

只是到《历史方法之国家经济学讲稿》(*Grundriss zu Vorlesungen über die Staatswirtschaft nach geschichtlicher Methode* ，1843)一书中，罗舍尔才宣称，他坚守"历史的方法"，[①]希望利用它"在国家经济学中得到一些与萨维尼－埃克霍恩的方法在法学获得之类似成果"。[②] 在谈到这种方法的性质时，他声称，他将致力于"综合一条在不同国家发展过程中共通之发展规律"，[③]"在大量现象中找到根本性东西、规律性东西，找到那种能使人对自己所能了解之所有国家的经济方面进行比较的东西"。[④]

而由此开始，出现了一连串对我们学科之性质和方法的错误理解，而这些错误理解对德国之科学的经济学的发展带来了不利影响，并且，这种错误理解迄今仍未矫正过来。罗舍尔希望为政治科学寻到一些与萨维尼－埃克霍恩运用于法学中的方法所取得之成就相类似的东西。[⑤] 然而，不管是萨维尼还是埃克霍恩，都没有认为其研究之一般主要任务或主要课题是，基于比较其所掌握的各个国家的法律之演变，确定法律自身发展的规律。他们也都没有试图通过这种方法获得一门关于"客观真理"的法学学科。他们追求的是对具体法典给予历史的理解，以证明这些法典是有机发展之非意图后果，而非可随心所欲予以变换之对象，非心血来潮可以创制的，它们在人的智慧之上。罗舍尔意义上的法律哲学或法

① *Grundriss*，p. i。

② 同上，p. v。

③ 同上，p. 2。

④ 同上，p. iv。

⑤ 罗舍尔在这里一直谈论的是国家经济(state economy)，而不是国民经济(national economy)，他没有区分理论经济学与实用的国民经济诸学科。

律历史哲学的想法，从来不是萨维尼或埃克霍恩之科学研究的目标；在一定程度上，其目标正好直接与此相反。罗舍尔所欲研究的政治经济学的方法，其实是像博丹设想的自己研究政治学的方法，是格尔维努斯设想的自己研究政治学的方法。罗舍尔确实从未想从历史法学的精神中得到研究经济学领域之历史研究取向。[①]

罗舍尔对政治经济学及其各部门的性质一直认识不清；缺乏对研究经济之历史的、理论的、实用的立场之真正严格的区分[②]；混淆理论研究尤其是经济历史哲学研究中之个人主义取向，与理论经济学，与广泛的政治经济学；对理论研究之精确取向的性质及

① 如果我们想找到与以上所述研究取向完全类似的法学之同类研究取向，那我们得到的就是比较法学，也即，跟费尔巴赫（Feuerbach）、贝尔恩赫夫特（Bernhöft）[《国际法与比较法杂志》（*Revue de droit international et de legislation comparée*）]等人的取向相似的东西。费尔巴赫曾在为翁特尔霍尔兹纳的《法学论著》（Unterholzner, *Jurist. Abhandl.*）所写前言中写道（见该书 p. xi 以后），“为什么解剖学家有他的比较解剖学，而法学家却不能有他的比较法学？……与语言哲学一样，真正的语言科学来自语言比较，同样，一般性法学，即法律科学，也来自对关系最为密切的国家间之法律和法律习俗，以及各时代和国家差异最大的法律之比较”，如此等等，贝尔恩赫夫特（《关于比较法学之宗旨和工具》（“Ueber Zweck und Mittel der vergleichenden Rechtswissenschaft”），见《比较法学杂志》（*Zeitschrift für vergleichende Rechtswissenschaft*, 1878，Ⅰ，p. 3），甚至在他之前，翁格尔[J. Unger, *System* (1876)，Ⅰ，p. 4，]等人就对法律哲学提出以下要求，它应“从对人类历史呈现出来的观念之研究中得出自己的结论”，进而也获得其严格科学之基础。然而，从这种研究取向中我们可以看到，这里提到的法学家，无一人认识到历史法学之实质，甚至也没有认识到萨维尼方法之实质。他们并不满足于从科学的法律哲学中——他们惦记的就是这一点——确认法律历史之类似性。相反，其意图是比较各国为解决约定俗成的法律（prescriptive）和立法所面临之实际问题而采取的不同方案，为理解和改革目前的法律寻找新基础。罗舍尔曾谈论“经济发展的规律”，这个意义上的法律发展的规律，至多只算比较法学的一个次要分支之目标。而根据我们的估计，上述法学家所说的比较科学，在经济学领域的意义，要比确定可设想的“经济历史之相似性”的研究大得多。

② 《体系》（*System*），Ⅰ，§22 和 §26，等等。

其与经验的－实在的取向的关系认识不清;认为历史的－哲学的研究取向,是政治经济学领域中唯一正当的,类似于历史法学;未能认识到运用历史视角于我们学科,尤其是运用其理论方面之性质;夸大所谓历史方法的重要性;对经济学中有机的方法之性质及由此而给社会研究带来的课题认识不清——所有这些方法论谬误和偏颇,已在年轻的罗舍尔那里有不小程度的表现,在其晚年著述中也同样可以看到,在这些著述中,他越来越频繁地将其方法称为“历史的或生理学的”。①

对此可补充以下事实:罗舍尔与其大多数追随者一样,对政治经济学的表述,根本不合乎上述理论原则。每个不抱偏见者必定承认,其政治经济学体系其实根本不是其所说的有关经济历史之哲学,基本上是“历史的”研究政治经济学之理论性和实用性知识的汇编,而通常是“非历史”的研究。它是一份汇编,构成其中之历史因素者,整体上,并非历史显现之关于经济的理论和实用知识之

① 罗舍尔在其著述[尤其是参见《德意志季刊》(*Deutsche Vierteljahrsschrift*,1849),第一节]中有几处开始试图区分政治经济学中的理论与实践问题。因而举个例子,他曾说(同上,p.182):“我以前曾提请大家注意在任何经济研究、在每项政治学研究中都会遇到的两类性质完全不同的问题:一类问题是,它是什么?另一类问题则是,它应当是什么?”不过,对这段话,罗舍尔并未进一步解释,而只用于对照经济研究中之“现实的”问题与“实践的”问题。因为,经济学领域的历史研究关心的也是“它是什么”的问题。因而,这种对照不能揭示理论经济学与实用经济学之关系。罗舍尔在同一著作中谈及法律时,甚至也谈到(p.180)“各国都可据以满足其物质需求之自然规律”,尤其是谈到“这些需求据以影响国家、反过来又受国家影响”的那种自然规律。事实上,他认为,研究这样的规律就是经济学的任务。不过,罗舍尔所说的这些“自然规律”,只是指经济历史上的相似处(同上,p.181):“熟悉这些自然规律的简单而又意义深远的办法,就是尽可能多地比较不同国家。不断重复出现的东西可确定为规则,而没有重复出现的则可解释为例外。”在这里,“理论经济学”被取消了,被包容到罗舍尔所说的“经济历史哲学”中。

范围的特殊性质，而是偶然的历史和统计材料，与对个别历史事件之历史的、历史的－哲学的枝节讨论。就其根基而言，他的政治经济学不是根据那种“历史方法”编写的经济历史。

这位博学的莱比锡学者之科学人格美德；其对大量重要经济现象之历史理解的重要贡献和推进；就我们学科之文献进行的研究对所有年轻同行发挥之无可比拟的激励作用；德国受过教育的公众对其表述艺术、对其对于其读者圈子之文采需求的精细理解，给予之高度评价——无须赘言，对凡此种种，我们在此未做研究。此处揭示的只是德国历史学派经济学这位创始人之方法论谬误，那些对我们学科尤其是对其理论方面的发展产生有害作用之谬误。

四

在德国历史学派经济学代表人物中，希尔德布兰德最值得一提。确实，在其第一本简短著作（1845 年）中，有一部分讨论方法论问题[①]，在此他只强调考察经济问题之集体主义，与“亚当・斯密及其大多数追随者之个人主义”恰相对立。[②] 但三年后，希尔德

① 《论色诺芬和亚里士多德的公共经济学学说》（*Xenophontis et Aristotetis de oecon. Pub. Doctrinae illustrantur Partic.* ，Marburg，1845），Ⅰ。

② “那么，从亚当・斯密的遗产看，这个传遍欧洲的学说遭到批评不是无缘无故的，因为，他要一个人用他自己的想法判断这个事情；因为，他要求在利润问题上的绝对竞争自由，那么，假如每个人都始终拥有这种自由，必定会发生的事情是，一切诚实都会丧失，每个人将会陷入与每个其他人之间的战争中。”（1，c.，p.3）希尔德布兰德在此认为，对渗透着某种公共精神（common spirit）的古代经济学著述进行一番研究，有助于矫正斯密学派的这种错误。他后来的著作也坚持以上看法，仍反对经济学之“个人

布兰德[①]宣布，他要为经济学领域之基础性历史取向和方法清除道路，将这门学科改造成一种有关各国发展之经济规律的学说。他提出对有关各国生活中之经济方面的知识予以改革，就像19世纪语言学所经历的那样。他说，斯密和其学派企图构建这样一种经济学理论，其中的规律在各个时代、各个国家都有绝对效力（因而也不考虑发展的不同阶段及各国的独特境况）。这些规律可适用于所有国家和民族，不受时间、空间限制。在德国，跟在英国一样，经济学的这些规律和规则一直被称为“经济的自然规律”，并被认为跟其他自然规律一样不受时间影响。他筹划反对这种取向[②]。

15年后，希尔德布兰德写道：

> 经济学科的任务不是像生理学研究动物体或自然科学其他分支那样研究自然规律……但它必须从经济经验值变动中探究人类的进步，从人类经济生活中探究人类的完美状态。它的任务是研究每个国家和整个人类的经济一步一步发展的

主义”[尤其参见其《目前和将来的国民经济学》（*Nationalökonomie der Gegenwart und Zukunft*，1848），p. vi和p. 29及以后]。因而，他[而在他之前，许茨《图宾根政治学杂志》（Schütz，*Tüb. Zeitschrift für die Staatsw.*，1844），p. 133以后，就已]对建立德国经济学研究之“伦理”取向做出相当大贡献，对建立另一种可能与其有别之“社会－政治的”研究取向也做出一定贡献。这确实是在西斯蒙第（Sismonde de Sismondi）于法国解决同样问题之后很久了（关于这一点，参见“附录九　政治经济学之所谓伦理取向”）。

① 《目前和未来的国民经济学》（*Die Nationalökonnomie der Gegeneart und Zukunft*，1848），p. v和p. 324。

② 同上，第27页以后及第34页。

> 过程。它必须以此方法认清目前的经济文化之根基和结构，将寻找解决目前这一代人所面临难题的方法作为自己的任务……也就是说，它必须强调目前这一代人理应为社会发展之链条增加的那个环节。各个国家的经济文化之历史与全部的政治、法律发展之历史及统计学之间的关系，只是有可能成功地发展出一门经济学科之可靠基础而已。

这段话足以表明希尔德布兰德对此处处理之理论问题的态度，尤其能表明他与罗舍尔方法论立场的关系。他把理论经济学与实用经济学区分开来。如果他排他性地研究经济学理论之方法，历史地处理实用经济学科之课题就不会让他日益迷糊，像罗舍尔那样。希尔德布兰德不像罗舍尔那样，在认识经济问题之生理学概念中寻求历史方法之实现。他反对一般经济学之“自然规律”，假如我们可以这样说的话，那他也反对经济生理学，反对经济物理学。相反，他仅仅在集体主义地考察民族生活现象的过程中、在确定国民经济发展规律的过程中，探寻历史方法的本质。当然在此，由于他对历史学与经济理论的区分在一定程度上尚不够充分，由于他缺乏对理论研究之精确取向的理解，因此他的看法大体上跟罗舍尔的某些看法一致。但是，希尔德布兰德从未详尽表明自己对发展规律之性质的看法，而罗舍尔则将这些规律理解为各国经济历史之相似性。他曾两度（1848 年和 1863 年）触及这一问题，似乎要解决历史方法论之真正难题。但这两本著作都在涉及关键问题时半途而废，留下的只是些零散看法而已。

五

比起前述两位学者，卡尔·克尼斯（Karl Knies）在更大程度上推动了我们学科历史研究取向面临之理论难题的解决。在他那里，我们看不到在罗舍尔那里看到的对政治经济学之概念及其各部门之性质的模糊认识；我们也未看到他像希尔德布兰德那样将我们学科的历史视角仅局限于其理论课题，也不像很多人那样将其局限于其实用课题。他的方法论研究不是将关于我们学科之性质、获得知识之路径或方法的互不关联，甚至截然对立的评论，简单罗列一下而已。相反，这些评论由同质的观点贯通为统一的骨架，即使不是总能保持形式上的统一，也在实质上是统一的。他也有清晰感受，单靠“历史方法”之公设和证明，或者仅仅在最一般意义上要求一门关于“经济发展之规律”的学科，而写出来的东西实际上与那些完美公设并不符合，则到头来终究一事无成，在研究经济问题时，只有合乎这些公设才可维护理论上可取得的原则。

然而，克尼斯也未对政治经济学及其各部门之历史取向的性质和课题，获得完全清晰的理解。他确实要求对经济现象给予历史的理解，他确实期望对我们学科之文献史做解释，这样才算正确地处理不断变化的历史状况，他确实盼望有一门有关经济历史的哲学，他也确实注意到了经济研究结论的相对性。尽管如此，他的方法论立场的主要缺陷在于，他片面地倒向讨论理论经济学问题之实在论（realism）和集体论。在他之前，没有哪位学者提出过经济领域研究实在研究取向之方法论命题。但也无人像他那样完全没有认识到经济学领域之理论研究的精确取向的独立含义,或者说没有意识到精确的经济学规律,甚至一般经济学规律之性质。他对理论经济学的看法,事实上会走向一门因时间和地方不同而大不相同的"经验的经济规律"(观察到的相续之规律性)的学科。事实上,它最终会导致人们承认,只有具体的历史研究才是认识经济问题的唯一正当取向。

克尼斯是个对自己的信念很忠实的学者,他深入彻底地触及"历史学派"之方法论课题,他以其对真理的无上之爱,从其片面的前提中推导出那些逻辑结论,因而从某种程度上说,他使上述学派对政治经济学方法论之看法臻于圆满。在他之后,通过探究历史学派面临的方法论难题,还能揭示出什么样的结论,我们将在适当时候予以研究。但总的来说,它们至少已由克尼斯暗示出来了。即使是考茨(J. Kautz)对我们学科历史方法所做的全面研究[①],迪策尔(Dietzel)、黑尔德(Held)、施默勒(Schmoller)、席尔(H. v. Scheel)和申伯格(Schönberg)在很多方面偶尔对方法论问题的研究,就其所论政治经济之历史学派的方法论而言,均不出克尼斯范围之外。我们克制自己完全没有提及奉行历史研究取向的若干意大利、个别英国、法国学者,他们自己的经验尚未让其完全清醒,他们仍希望通过我们研究这门理论-实践学科领域之这种取向,得出近代德国法学、语言学研究所曾获得的成就。

① 与罗舍尔相反,克尼斯与考茨(J. Kautz)不仅在进行研究理论,而且在其实践方面,对"历史方法"极为认真。事实上,他们曾"以历史方法"撰写"政治经济学",不过,写出来的东西却不是在论述政治经济学。

在克尼斯之后，上述研究领域仍有待完成的任务，就是澄清我们学科"历史学派"之方法论谬误和片面性，构建一套知识体系，它虑及经济学领域的所有正当研究取向。

附　　录

附录一　国民经济之性质

不仅孤立于一切人之联系的个体，而且，一个国家的成员，都可显现孤立的经济体（economy）现象[①]，也即到了这种程序，其彼此间没有财货交换，不论其彼此在其他方面有何联系。无须赘言，在此情况下，没有**通常**意义上的“国民经济”。不管怎样，“国民经济”一词，在允许使用该词的任何场合，只能用来指一个国家内个体经济活动的**总和**，与个体经济活动相对而言。

相反，只要一国成员彼此保持经济上的沟通，那么，“国民经济”概念就已有十分不同的含义。其实，即使在此，我们也无法谈论真正的、严格意义上的国民经济。只有（比如在很多社会主义者所设想的计划制度下）当时经济活动之目标**确实**是尽最大可能完满地接近于以下经济状态，即满足**人们设想的作为一个整体**的国家之需求时，我们才能看到真正的、严格意义上的国民经济。只有**作为整体的国家**（不管是直接地还是间接地通过国家官员）确实是

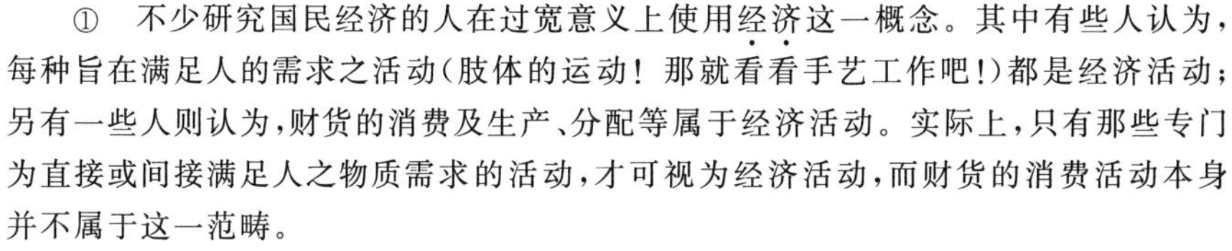
① 不少研究国民经济的人在过宽意义上使用**经济**这一概念。其中有些人认为，每种旨在满足人的需求之活动（肢体的运动！那就看看手艺工作吧！）都是经济活动；另有一些人则认为，财货的消费及生产、分配等属于经济活动。实际上，只有那些专门为直接或间接满足人之物质需求的活动，才可视为经济活动，而财货的消费活动本身并不属于这一范畴。

经济活动主体时，才有国民经济；最后，只有当可获得的财货确由被视为整体的国家所支配时，才有国民经济。然而，无须赘言，这些条件在目前的国民经济中是找不到的。因为，在我们当下的社会条件下，国家根本不是一个经济活动主体（其官员也不是）。单个的或集体的经济体之领袖人物确实是经济活动的主体。但总的来说，后者的目标不是满足作为整体之国家的物质需求，而是满足他们自己的物质需求，或者是其他可明确指出的实在的或潜在的人物之物质需求。最后，其所掌握的经济手段，非为确保满足作为整体的国家之需求，而只是满足那些实际的或潜在的人物之需求。国民经济学家用"国民经济"一词所指的东西，即通常意义上的国民经济一词，完全不是孤立的个别经济体之简单并列。相反，个别经济体通过交易而彼此紧密联系。但它们也同样不是上面所说的严格意义上的国民经济，或者说不是国民经济本身。相反，它确实是一个综合体，或者像有些人乐意说的，它是诸经济体（单个人和集体的）之有机体，但我们要再说一遍，它本身并不是一个经济体。用常见情形来说明，这里存在的关系类似于以下：呈现一个整体的链条由各个环节构成，却不是各环节本身；作为一个整体的机器由轮子等东西构成，却不是轮子本身。[①]

---

① 当代多数经济学家十分严格地区分"私人经济"（private economy）和"国民经济"。因而这些错误不是由于混淆了这两种现象。其错误在于，"国民经济"未被视为个别经济体之综合体，而被视为本身就是一个大型的单个经济体，在这里，"国家"就是需求、经济和消费的主体。

但在此存在一个明显错误。因为，几个迄今在经济上互相隔绝的人，若在继续追求其个人经济目标的同时，又致力于彼此互相交换其财货（因而其实也只是比以前更有效地追求其个人利益），其从前互相隔绝的经济体，不能因此而变成一个集体的经济体，在此之外，也未出现一个新的经济体。相反，从前隔绝的诸经济体不过更有组织而在大多数国家，政府所发挥或认为他们对经济事务所能发挥的有益影响，也丝毫不能改变这样一个事实。第三方经济活动之好处本身不能视为一个独立的经济体。个别经济体或其综合体(complex)受某种力量，不管是什么力量的刺激，并从中受益，也不能将其变成一个整体性的经济体。因而，国家政府针对本国经济活动主体所采取之有益活动，不能视为是国民经济本身，这种活动也不能将一个纯粹由个别经济体组成的综合体，变成一个严格意义上的国民经济。当然，显而易见的是，国家政府在发挥有益影响时，其目标也非保护国家的需要，以为其为个别经济体，而仅为保护个人经济体之综合体的福利，它并非严格意义上的国民经济。

国家政府旨在保护他们自己的需要(公共财政)的活动，无疑是一种独立的经济体。事实上，国家政府也是经济性的。但是，财政经济一向只是个别经济体之综合体中的一员而已，这一综合体的整体常被说成“国民经济”，但其实，它本身从来不是国民经济。

让我们概括一下前面的讨论。事实上，一国中个别经济体会

已。它们确实丧失了其作为孤立经济体之性质，却并未具有单个经济体之性质。只有当每一经济主体都放弃其个人经济目标和活动，放弃其个别经济体，也即，只有当社会所有成员的需求得到尽可能完美地满足成为全体经济主体的共同目标时，才会出现上述后一种情况。只有在这种情况下，此处讨论之单个经济体才会消失，才会有一个共同的经济体取而代之。另一方面，如果各经济主体只以上述方式将组织其经济努力之一部分于共同经济体中，其余努力仍投入其个别经济体中，则会在前述个别经济体之外，增加一个新经济体，实际上是一个共同经济体。而且，下面一点是不证自明的：在此处讨论的人的圈子中，只有一部分人在构造整全的共同经济体。目前称之为国民经济的东西，就是各种各样的个别和共同经济体的组合，而非真正意义上的国民经济，其本身，就其整体言，也不是一个经济体。关于这一点，参见科恩“公共需求与合作经济”[E. Cohn, “Geminbedürfniss und Gemeinwirtschaft”, 见《图宾根杂志》(*Tübinger Zeitschr.*, 1881)，第 478 页以后]。

彼此互相交易,但此事实不能将一国个别经济体变成不可分割的该国经济,变成严格意义上的国民经济。一国统治者从事一些活动,从整体上有益于个别经济体,这一事实同样不能。最后,一国存在真正的财政经济,也同样不能。相反,通常称为"国民经济"的现象,其实呈现在我们面前,总是个别经济体之有组织的综合体而已,无数经济体结合为一个更高级单位,其本身却非严格意义上的经济体。

我们已在另一处[①]强调,上述区分对准确地理解经济现象是多么重要。若以完全不合乎现实的方式,把社会化组织起来的人之经济现象视为国家之整体活动的结果,视为利用国家所掌握之手段的结果,并以此为根据进行解释,这是一回事。同样这些现象,若合乎实际地理解其为无数个人努力的结果,由交易活动联结在一起的经济主体(实际的或潜在的)活动的产物,就是另一回事了。在第一种情况下,经济现象,以及目前的社会形态,肯定以个别经济现象之极端简化图景呈现给我们,以此解释,不会有任何值得一提的难题。而在后一种情况下,我们将面对一个与个别经济体不同的社会结构,要解释它,当然要困难得多。也就是说,在第一种情况下,我们面对的现象从本质上类似于个人经济体,因而对我们的理解来说是十分清晰的。而在后一种情况下,经济学研究面临着一个无比复杂和困难的任务,那就是"解释呈现为目前社会形态之人的经济之复杂现象,它由以其商业彼此联系的个别经济体制的努力和关系组成"。

① 参见本书卷二第二章。

然而，显然，上述简化丧失我们学科的真正价值，因为它所依据的是一种完全靠不住的虚构。而政治经济学领域中的学者却必须理解和解决经济学中的复杂课题，它们确实是经验提供给我们的。表现为其社会形态之人的经济，也可说是自然之妙（Natura rerum subtilis）。但不管事情的本质，依据站不住脚的虚构，悖乎事物之本性，简化这门学科，欲把经济体的复杂综合体视为一个大型的个别经济体，是何等愚蠢。偏要这样做，而非详尽考察经济现象实际的复杂性，比如，不把这些现象溯至构成它的个别经济要素那里，以此寻求对这些现象的理解，确实不大容易的理解，这是何等愚蠢。当然，科学的这些课题确实可以如此过分简化，但代价只能是完全不成功。

亚当·斯密及其学派一向忽视还原复杂的一般人的经济现象，具体而言是其社会形态，“国民经济”至个别经济体之努力，这才合乎现实事态。他们一向忽视教导我们理论地理解其为个人活动之结果。其努力之目的毋宁是，其实在很大程度上是下意识地，让我们从“国民经济”虚构角度，理论地理解这些现象。另一方面，德国历史学派经济学家则有意识地延续这一错误认识。它甚至倾向于视其为对我们学科的无可比拟之深化。然而，显而易见的是，在此处讨论之虚构的左右下，是不可能获得对“国民经济”现象合乎实际的理论性理解的。目前流行的种种经济学理论价值不大，正可这样解释：对人的经济之当下社会形态的实质，在不小的程度上持有以上错误的基本看法。

附录二　理论经济学之概念与其规律之性质

一门学科的定义必须包括三个要素：(1)指出这门学科的准确称呼；(2)指出其研究对象(比如是动物界还是植物界，是国家还是国民经济，等等，或者其中更具体的领域)；(3)用以考察该对象之形式性视角(比如是历史的还是理论的，等等)。因而，对理论经济学的准确定义，不仅要说明其名称与其研究对象——国民经济；还得确定关涉国民经济之上述学科据以探究经济现实的形式性视角(不同于探讨同一对象的其他学科，如国民经济、经济政策的历史学、统计学等)。

相应地，一门学科的定义可能出现三种根本缺陷，理论经济学也不例外。首先，它可能没有足够清晰地指明这门学科到底是什么。有关理论经济学的定义中，那些没能清楚指明其包含什么内容的定义就存在这种缺陷：它到底是一般政治经济学(它囊括理论经济学、经济政策和财政科学)，还是仅仅包含上述政治经济学的两个分支，或者只包括其理论部分。事实上，这样的定义有时甚至让我们怀疑，正在研究的是不是政治科学或一般社会科学。

其次，对这门学科的研究对象是什么，未予清楚指明。这是这一点，让理论经济学之所有那些定义，让我们对这门学科的研究对象，不明就里；或者，一会儿说这个对象是一般社会现象，一会儿说这个对象是国民经济某个具体领域或部分。[①] 有人说理论经济学就是一门一般理论性社会科学，有人认为它是一门纯粹交换学(catallactics)，关于国民经济历史之哲学，如此认识，都属于这一类型的谬误。

第三，大多数理论经济学定义的主要缺陷正在于此，未能准确指出探讨国民经济现象之经济学科形式性视角。因为大多数定义让我们疑惑，经济学到底是从历史的、理论的，还是从实践的角度研究国民经济？或者换句话说，我们搞不清楚，它到底是一门研究国民经济的历史的、理论的还是实践的学科？事实上，各种定义通常不严谨地将这三种完全不同的研究视角搅在一起。

不过，即使是那些似已从根本上认识到理论经济学的形式化特征之士，在这方面也几乎毫无例外地存在某种错误。理论经济学的任务不仅是向我们揭示经济现象之“规律”，还得揭示这些现象之“普遍性质”(general nature)[②]。举例来说，上述学科的论述，

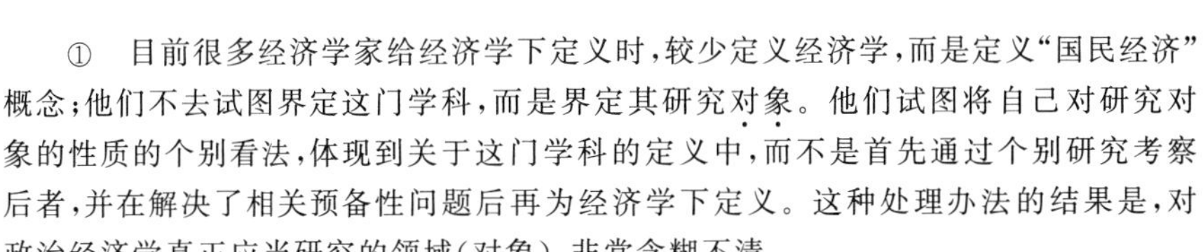

① 目前很多经济学家给经济学下定义时，较少定义经济学，而是定义“国民经济”概念；他们不去试图界定这门学科，而是界定其研究对象。他们试图将自己对研究对象的性质的个别看法，体现到关于这门学科的定义中，而不是首先通过个别研究考察后者，并在解决了相关预备性问题后再为经济学下定义。这种处理办法的结果是，对政治经济学真正应当研究的领域(对象)，非常含糊不清。

② 赫伯特·斯宾塞(Herbert Spencer)在这方面进行了很有意思的探索，见其《描述性社会学或社会事实之类别》[*Discriptive Socialogy, or Groups of Socialogic Facts* (London, 1873)]。在这本他与一群合作者共同撰写的计划周密的著作中，斯宾塞试图以有助于进行比较的表格形式，描述个人在其发育不同阶段的社会经验形态(涉及其政治、宗教、思想和经济生活等)。斯宾塞也认为，这样的比较不能提供对社会学领域进行理论研究所需之所有经验材料，但若能完成，将对追寻知识的这种取向，尤其是对采取经验的-实在取向的社会学领域理论性研究之各分支，具有无可置疑的价值。

即使确实可以告诉我们有关财货、价值及价值表现之种种形态，经济体、价格、地租、资本所得、投机收益、货币等的规律，却未告诉我们这些东西的性质，那么无论如何，它也是不完整的。因而，把理论经济学(更不要说一般政治经济学)定义为一门“研究国民经济规律之学科”，无论如何是太狭窄了。

如果“规律”概念是随心所欲确定的，仅指某一类“规律”，则这种定义更不恰当。如果像吕默林(Rümelin)在研究社会规律概念时那样，以现象的“规律”我们只能理解与所谓“经验规律”相对应的所谓“自然规律”[①]，那么，将理论经济学定义为研究国民经济之“规律”的学科就太狭窄了，实际上不能囊括更大量、通常被认为属于理论经济学范围的知识。把理论经济学(甚至是政治经济学)定义为一门“研究国民经济发展规律的学科”、定义为“有关经济历史的哲学”，诸如此类，也同样太狭窄了。

下面我们罗列几位近代德国经济学家关于我们学科的性质的看法。[②] 根据上面的论述，显然可直接对这些看法给出批评。

劳(H. Rau)在其本人主持编写的《政治经济学》最新一版(*Politische Oekonomie*，1868，Ⅰ，§9)中下了这样的定义：“经济学(政治经济学中最主要的理论性部分)是揭示国民经济之性质或揭示一国如何通过其成员的经济活动供应物质性商品之学科。”斯特恩[L.v. Stein，*Lehebuch der Volkswirtschaft*(《经济学教科

① 《演讲与论文》(*Reden und Aufsätze*，1875)，Ⅰ，p.5 以后[也请参见穆勒《逻辑学》(J. Stuart Mill，*Logic*)，Part Ⅲ，Chap. Ⅳ]。

② 一些较早的文献见 J. Kautz，*Theorie und Geschichte der Nationalökonomie*(《国民经济学之理论与历史》)，Ⅰ，p.288 以后。

书》)，1858，p.2]的定义是："对国民经济的科学呈现，就是经济学。"(也可参见第二版，1878，p.564以后)罗舍尔《体系》(W. Roscher，*System*，Ⅰ，§16)认为，经济学是"研究国民经济、国民的经济生活发展之规律的学科"。曼戈尔特也是这种看法[H. v. Mangoldt，*Grundriss der Volkswirtschdft*(《国民经济学原理》)，1871，p.11]。希尔德布兰德[Br. Hidebrand，*Jahrbücher für Nationalökonomie u. Statistik*(《国民经济学与统计学年鉴》)，1863，I,#3]写道："有关国家之经济的科学……所承担的任务是，研究各个国家及整个人类逐渐发展的历史过程，并以这种方式认识到目前这代人的贡献是社会发展之链条中的一个环节。"至于克尼斯的观点，因从未集中论述过，只能参照他在《历史方法视角下的政治经济学》中的论述(*Politische Oekonomie vom Standpunkte der Geschichtlichen Methode*，1853，p.17和p.32以后，尤其是第二版，1881，p.1及以后)。考茨[J. Kautz，*Theorie und Geschichte der Nationalökonomie*(《政治经济学的理论与历史》)，1858，Ⅰ，288]说："经济学是研究国民福利发展之基础、手段和规律的学科。"格拉瑟尔[J.C. Glaser，*Handbuch de Politischen Oekonomie*(《政治经济学手册》)，1858，Ⅰ，10ff]说："经济学科是阐述人旨在获得和利用财富，或者换句话说旨在利用自然及自己的力量满足自己需要之活动。"此后，他区分考察经济状况的三种不同办法，也即三种类型的经济理论，即：应用的，现实的和伦理的(关于这一点，参见上引书p.12)。乌姆普芬巴赫[K. Umpfenbach，*Die Volkswirtschaftslehre*(《论国民经济学》)，1867，p.12]认为："经济学系统地确定一些规律，具有自由意志的人类可据此

获得种种为维持生存所需之手段。”沙弗勒[Schäffle, *System*(《体系》), 3rd ed., Ⅰ, 46]将经济学定义为“研究人类社会中经济现象原则的科学”,而瓦格纳[Ad. Wagner, *Politische Oekonomie*(《政治经济学》), 1876, Ⅰ,59]认为,“经济学或者政治经济学”是“研究国民经济、研究政治地组织起来的国家之个别经济体之有机体的科学”,与沙弗勒的看法相反,他认为,经济学的课题是揭示有关经济现实的原理如何在国民经济中实现。韦尔特[M. Wirth, *Grundzüge der Nationalökonomie*(《国民经济学原理》), 1861, Ⅰ, 3]则认为,“经济学或国民经济学是研究国民经济的自然发展规律的科学,研究这些规律影响下人类社会中财货的生产和分配情况;观察那些违反了这些规律的国家是如何遭受损失并毁灭的”。

申伯格[G. Schönberg, *Die Volkswirtschaft der Gegenwart*(《论当代国民经济学》), 1869, p.38]说:“我们学科的研究对象是国民的经济生活,它是国民的一种特殊的精神现象,它一步一步地发展,与文化发展有紧密的因果关系,它构成一种越来越高级的有机体。应以由此有机体中形成之规律和规则,认识这一有机体本身,在认识到这一点——这也将使我们发现我们这一代人所必须解决的问题——后,则应致力于通过这种研究使经济生活越来越趋于其高级的、伦理的目标,——简而言之,此即我们学科要解决之问题。”[也请参见他的 *Volkswirtschaftslehre*(《经济学》), 1873, p.3 以后]瑙曼[F.J. Neumann, *Tübinger Zeitschrift für die gesammte Staatswissenschaft*,(《图宾根制度与理论经济学杂志》)1872, p.267]则认为,我们的学科是“研究个别经济体彼此间及其与国家整体之关系的学科”，舍伊尔[H. v. Sheel，见申伯格《政治经济学手册》(Shönberg, *Handbuch der Politischen Oekonomie*), 1882, Ⅰ, 57]也认为，政治经济学的研究课题是“从起源和性质上揭示私人经济体彼此间的关系，及其与更大范围的经济共同体(国家、省市等)间的关系，确定该共同体已达到或即将达到的文化发展阶段所需之最合适的制度安排的规则”。科恩[G. Cohn, *Ueber die Bedeutung der Nationalökonomie*(《论国民经济学之重要性》), 1869, p.3]将经济学定义为“研究经济人的学科，即研究那些旨在获得我们实现我们多样化生活目标的外部工具的活动”。

上述关于我们学科的定义，非常清晰地显示了德国政治经济学领域理论性研究水平之低下。从这些定义中，不用说[①]，我们学到的基本上是这些学者对经济、国民经济、社会的性质的个别看法。任何一个不带偏见的人都不能否认，这些定义，除了其正确性大成问题外，甚至不能满足关于一门学科之恰当定义的形式化要求。

对自吕默林以来德国社会科学文献关于社会规律之性质的认识的相关问题，我们在此可做如下评论：“关于现象的规律”(相对于规范性法律)可根据其所涉及的经验领域(按其研究对象)或可按其形式化性质分类。我们首先可区分出自然规律(具体地包括无机的、有机的自然规律)、精神生活之规律和社会现象(包括经济现象)之规律，等等。从形式化角度，我们可区分出相续规律和共

① 参见本书233页注释①。

存规律，精确规律与经验规律，在上述范畴中，又可分出“发展规律”、“大数规律”等。因而，谈论社会现象（包括经济现象）之自然规律的人士不在少数，但这种说法混淆了分类，是肤浅的，自然规律实际上只涉及自然现象。在上述情况中，我们应当谈论社会现象和国民经济的精确规律，与单纯经验的规律相对应。

至于把现象之所谓“自然规律”看成“各种具体情形中可视为基本形态之活动的基本的、恒定的模式之描述”的观点，约翰·斯图亚特·密尔和吕默林持此观点，依然可认为是正确的。因为它突出了关于现象之“经验性”规律与“精确”规律间的不同，防止人们把这两类科学知识混为一谈。吕默林在德国社会科学方法论方面做出了重大贡献，他试图让德国社会科学领域的学者从逻辑上理解近代英国之方法论成就，试图使学者们不要再将有关现象之精确规律与利用实在－经验的方法获得的理论知识轻率地混为一谈。但对理论经济学来说，他的“规律”概念还是太狭窄。按目前对这门学科的认识，我们在别处（卷一第五章）已论述过，不仅必须探究和描述精确规律，还得研究和描述经验性规律；事实上，后者还有很多种类。它也不仅得探究和描述经济现象之普遍联系中的基本规律性，还得研究引申出来的规律性。

附录三　国民经济之实用性学科与经济实践、与理论经济学之关系

对以随便哪种方式接触过一般知识理论的人来说，无须赘言，所谓一般实用学科(应用技术)，具体而言，国民经济之实用学科(经济政策和财政科学)，本身具有实践应用的能力，因而，须对国民经济之实用学科与其实践应用之间做严格区分。前一种教导我们在不同情况下能使国民经济受益之普遍性原则、定理，及如何最恰当地建立国家财政之普遍原则、定理。相反，这些学科之实践应用表现为具体的立法活动、行政管理措施等。因此，理论性学科与实用学科、这两门学科与国民经济实践之间的关系如下：理论经济学须向我们描述经济现象之普遍性质和普遍联系(规律)，而经济政策和财政科学则教给我们一些原则，根据具体环境运用这些原则，可最有效地推进国民经济，也可最恰当地建立国家财政。而国民经济的实践就是公共当局根据每个国家和民族的具体情况对国民经济的实用学科的具体应用。理论经济学与经济政策和财政科学间的关系，及这两类学科与负责执行经济政策及建立财政之人士之间的关系，类似于理论化学与化学的应用学科之间，及这两方面研究活动与从事实践之化工技师的活动之间的关系。也可以说，它们类似于解剖学、生理学与外科学、具体治疗方法之间，以及

这两门学科与受过科学训练的医生的实践活动之间的关系。

有迹象显示，我们学科的学者实在没有多少哲学感觉，即使在相当著名的经济学家中，对上述最基本的知识理论问题，也存在着大量模糊认识，其看法也互相冲突。参见萨伊《政治经济学概论》[J.B. Say, *Cours complet d'E. P.* (Paris, 1852), I, 24 以后]，尤其是他[对 Stoch(*Cours*, Paris, 1823—1924), I, 4]的评论。在这里，萨伊试图只赋予政治经济学的实践应用以正当性，而未赋予国民经济的实践学科以正当性。萨伊的无数追随者在很大程度上继承了这种观点。罗舍尔(Roscher)也认为，政治经济学可分为一般性部分和几个特殊部分，而非分为理论部分与实践部分。其实，政治经济学应分为一门政治经济学理论学科和一系列实践学科。不过，这些学科中每一个(既包括理论经济学、也包括每一门实践的经济学科)又可相应地分为一般性部分和具体部分[也请参见 A. Wagner 的 *Allgemeine oder theoretische Nationalökonomie*(《一般或理论的国民经济学》), 1876, Part I, p. xii 和各处; H. v. Scheel, 收入 G. Schönderg 的 *Handbuch der Politischen Oekonomie*(《政治经济学手册》), 1882, I, 57; F. J. Neumann, 上引书, p. 115 以后]。

确实，理论经济学是作为一门依附性学科出现的，在政治经济学上述两门实践性分支学科之后。但是，以为理论经济学是把后两门学科的共同因素拿出来、组合到一起才形成的(F. J. Neumann, 同上)，这种想法是错误的。理论经济学是由于政治经济学的实践学科需要理论基础才形成的。这方面的讨论，对国民经济现象之普遍性质、普遍联系即规律的研究，散见于有关统治术之最古老文献中，后来也散见于研究经济政策和财政问题的论著中。不过，这些讨论根本上有别于这些学科之“普遍性”方面，显而易见，就其形式性质而言，基本上还是实践性的。也就是说，它由有关推进国民经济发展和财政活动之普遍性实践真理构成，而非由关于国民经济之理论性知识构成。理论性国民经济学是在几位德国学者（最早一批是 Jacob，Hufeland，Soden，等等）收集、完善、系统地整理了散见于国民经济各门实践学科——既有其中的普遍性部分、也有各个具体部分——中之理论性讨论之后，才作为一个学科出现。这样的讨论在重农学派那里，而尤其在斯密和萨伊那里，所在多有。前面提及至瑙曼的那种观点显然以一种错误的想法为基础：即一门学科的普遍性方面与其理论方面是一回事。

尤其是下面一种根深蒂固的看法，完全是由于未能认识到理论经济学与实用经济学的关系才产生的，它以为，理论经济学是“在不考虑公共当局干预的情况下提出有关国民之经济生活的规律”，而实用经济学则考虑了进行这些干预的原理。这种看法常在德国经济学文献中看到［参见珀利茨，《针对我们时代的政治学》（Pölitz, *Staatswissenschaften im Lichte unserer Zeit*），Ⅱ，3；勒茨，《手册》（Lötz, *Handbuch*），1837，Ⅰ，§6；劳，《政治经济学》（Rau, *Politische Oekonomie*），Ⅰ，§9，等等］。这种对理论经济学性质的看法是不正确的，原因很简单：理论经济学也把对于现实的国民经济现象，因而也包括受到国家影响的那些现象之普遍性质和规律的研究，囊括在其研究对象中。那种看法之所以不正确，因为，从国民的经济生活中抽掉政治影响因素，实际上是不可想象的，至少就理论研究的经验取向而言是如此。因此，雅各布［L. H.

v. Jacob, *Grundsätze*(《原理》), 3rd ed., §5]、罗泰克[Rotteck, *Vernunftrecht*(《理性法》), 1835, Ⅳ, B, 23以后]及晚近以来的罗舍尔、克尼斯、舍伊尔、瓦格纳等人都正确地拒绝了这种关于理论经济学的看法。不过,瓦格纳[*Politische Oekonomie*(《政治经济学》), Ⅰ, §9]曾以为,经济学之分为伦理部分与实践部分最终依据以下观念:"首先可于不存在国家的前提下考察国民经济,只有在这之后,才能考察存在国家情况下的国民经济",仍属于误解,因为,这样的区分与此处讨论之看法并无比较明显的关系。雅各布(Grundsätze,《原理》, 3rd ed., §5以后)则完全正确地处理了理论学科与实用学科的关系,这位学者也可以正确地宣称自己的功劳:终于完成了对政治经济学两大领域之上述重要区分。

附录四　经济学科之术语与分类

我们已在另一处[①]谈及“政治经济学”及其分支的性质，谈及用于描述其各个分支的术语。现在可以提出的问题是，这些用语是否适合于指称被归于那个名下的研究国民经济的理论的－实用的学科整体，也即，“理论经济学”“经济政策”“财政科学”等说法是否适合于描述“政治经济学”的各个分支？这个问题相对于前面提到的，对这门学科的研究来说，确实只具有次要的、术语的意义。不过，由于此问题涉及基础的东西，具有根本性质，所以，这个问题并非一点都不重要。

我们认为，欲为一门学科确立令人满意的术语，尤其是在考察其主要范畴时，使这些范畴的性质与其名称比较和谐，使这门学科的研究对象与其概念相和谐，此愿望在任何情况下都值得高度赞扬。这是因为，正确的术语不仅能防止在科学知识的研究与接受过程中出现无穷无尽的混淆。实际上，对大量从事这一研究的科学家来说，这也是一颗指路明星，因为其注意力经常不是指向事情本身，而是指向言词，经验证明，这类人总是占大多数。

而且，乍一看，我们关切的术语问题会面临特殊难题。这些难

① 本书卷一第五章。

题能说明，为什么一直到现在，都有很多人试图改变用来指称政治经济学及其各门分支学科的名称，抛弃已广泛流行的叫法。[①] 这确实是些难题，之所以出现这些难题，终极原因可能在于，目前所理解的政治经济学，由几门形式化性质大相径庭的学科构成，要根据其性质找到完全合适的指称它们的叫法，确实面临着不大容易克服的形式上的难题。

我们认为，在此有一个最重要的问题，值得考察，因此问题触及政治经济学及其各分支的性质。此问题是：政治经济学是否可被包括进政治科学或社会科学？我们不准备回避这个问题，因为众所周知，这已成为此处之试图修改术语之努力的基本想法。

即使社会的概念被看成与国家相对立，这正是那些认为政治经济学是一门学科的大多数人的基本想法，因而政治经济学可被称为社会经济学（social-economy，économie sociale，等等），然而在此，人们忽视了一点：经济政策和财政科学是名副其实的政治科学。因而，根据上面的要求，这种叫法起码不适合于形容包括后者的经济学科。反过来，老一代德国学者（Lotz、Fr. B. W. Hermann，甚至罗舍尔在其早期著作中一直都在使用）喜欢用一种说法，“有关国家经济（state economy）的科学”，而不喜欢政治经济学，而这对“理论经济学”之类的所指制造了很多疑问［参见斯特恩《国民经济学》（L. v. Stein, *Die Volkswirtschaftslehre*），1878，p.571 以后］。

① 考茨（J. Kautz）概述了这方面的努力，见《国民经济学之理论和历史》（*Theorie und Geschichte der Nationalökonomie*），Ⅰ，p.285 以后，也请参见本书 p.288 以后。

用“经济学”描述我们通常包含在政治经济学一词下的整门理论的－实用的学科，似乎不那么含糊。如果正确理解了“国民经济”一词，也即，将其理解为一个国家中所有经济体（也包括财政的经济体）的综合体，理解为诸经济体之“有机体”，它与旨在有益于它的那些文化和政治活动（国民经济的培育）似乎并非那么完全不可分离①，那么，上述说法似乎并非完全不适合于用来指称此处讨论的这组学科。据此，我们甚至可以更方便地将“经济学”划分为理论部分和实用部分，再将后者划分为“经济政策”部分和“财政科学”部分。但是，不少德国经济学家和大多数外国经济学家仍倾向于使用“政治经济学”这个既不准确也不确切的词，之所以如此，显然是因为，这个词是国际通行的。也就是说，他们之所以用这个词，是因为他们怀疑术语具有什么重要性，当然更不相信其有决定性意义。不过，他们选择使用这种叫法，也许部分地因为其不够确切的性质，这样可以很方便地掩饰其所指概念之模糊性。

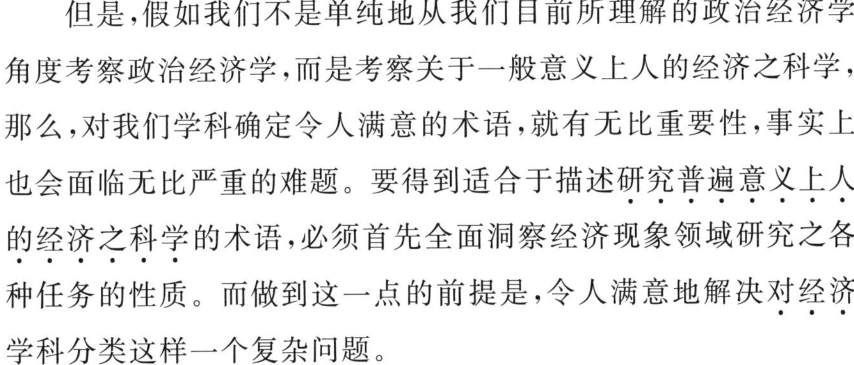

但是，假如我们不是单纯地从我们目前所理解的政治经济学角度考察政治经济学，而是考察关于一般意义上人的经济之科学，那么，对我们学科确定令人满意的术语，就有无比重要性，事实上也会面临无比严重的难题。要得到适合于描述研究普遍意义上人的经济之科学的术语，必须首先全面洞察经济现象领域研究之各种任务的性质。而做到这一点的前提是，令人满意地解决对经济学科分类这样一个复杂问题。

无须赘言，一般意义上的人的科学理论、具体而言社会科学理

① 参见本书“附录六　所有人的经济之起始点和目标是被严格决定的”。

论，一直在回避这样的目标。不管怎样，与自然科学领域的研究做类比，远不能解决这个问题。诚如最近经验所证明的，相关理论即使在最基本问题上也是众说纷纭。自然科学及与其相关的认识论，比起关于人的科学来说，其发展水平要高出多少！关于人的科学要经过相当长时期的发展，才能完全认识清楚关于人的现象领域之科学研究的各种各样目标，进而也才能有条件对一般意义上的社会科学、具体而言对经济学科进行完整的分类，并确定其准确术语。而在这之后，以下关于相关问题关键点所做之若干提示，或许有助于这些问题的解决。

涉及人的经济的这门完整的科学，即最宽泛意义上的经济学科，可划分为三大类，对应的是在研究经济现象时人的心智可能为自己设定的三大任务：Ⅰ.历史的，Ⅱ.理论的，Ⅲ.实用的。

Ⅰ.历史性经济学科必须考察和描述经济现象之个别的[①]性质和个别的联系。根据其从现状角度还是从发展角度解决问题，又可将其细分为有关人的经济之统计学与历史学。只有集体地考察有关人的现象，历史科学才能完整地完成其任务，同样，只有集体地考察经济现象，历史的经济学科才能完整地完成其任务。如果我们考察的是广大数量的人之生活[②]或经济中之个别现象，考虑

① 关于这一点，尤其是请参见布洛克《论统计值理论和实践》(M. Block, *Traité théoretique et pratique de Statistique*, 1878)，在此对近代德国论述统计学之性质及其概念的最重要文献给予了认真考察。

② 显然，这一点对一般历史性科学之方法论是极端重要的，而并不排除对人类经济之个别经济现象的状况和发展过程之描述。但这确实能说明，历史性经济学科之普遍问题，何以必然导致认识经济现象之集体观——形成有关“国民经济”的历史学和统计学。

在此也需寻求解决经常与历史性研究相关的一个问题之基础：种种历史性学科删

到科学研究技术的迫切需要，则显然必须这样做。历史性经济学科是正当的，因为其承担了必不可少的科学任务，即从集体的视角描述人的经济，即描述前述意义上的国民经济。[①]

繁就简、所呈现的是人的生活的哪种现象？这些历史性学科确实承担着一项任务，从集体考察视角描述人的生活中之个别现象，描述那些本身对人的生活之集体图景比较重要的个别现象。只有用这种方法，它们才能普遍地实现其具体的任务。

所谓的书写历史之技艺问题，也足可用以上关于历史学性质及其与人的生活中个别现象之关系，予以解释。历史学家（还有统计学家）真正的技艺主要体现在其能使我们从集体视角注意人的生活中大量个别现象，在于他们向我们提供人类现象整体之发展和状况的集体图景[自洪堡以来即不断试图解释所谓的“历史学之技艺”的性质的种种努力，请参见 Gervinus, *Grundzüge der Historik*（《历史总论》），第 13 页以后；J. G. Groysen, *Historik*（《历史学》，1875），第 75 页以后；O. Lorenz, *Fr. Chr. Schlosser*, *Sitzungsbericht der Wiener Akadamie der Wissenschaften*, vol.88，第 136 页以后]。

在此，特别需要澄清历史性学科与理论性学科之间的对应关系。后者不描述“个别的现象形态”，而是描述“普遍的现象形态”和“现象的规律”。后者的任务不是使我们注意各种各样的个别现象，而是要让我们注意狭窄得多的范围内之现象形态，注意其典型的关系。理论性学科完全可以不理睬与历史性学科密不可分的这种集体视角。事实上，我们已看到，这种视角对理论性学科是完全不合适的（相关讨论请参见卷二第二章）。

① 那些致力于用“历史方法”取代种种前人运用、而被认为不令人满意的社会研究方法之士，跟那些信守研究社会现象的“有机观”之士，有一共通之处。他们都对其所用研究方法的现状抱有严重的幻想。我们已在另一处强调（参见第 137 页），借与有机构造物类比的方法解释社会现象，等于是用知之更少的东西解释知之不多的东西，而我们的经济学家对历史方法也有同样天真的信心，仿佛他们已对其了如指掌，仿佛他们对这种方法的性质已无一丁点疑问，而真正的历史学家自己对此方法之性质，似乎倒不如这些经济学家更清楚。关于这一点，参见德罗森[Droysen, *Historik*（《历史学》，1875），第 3 页]：“如果要就其研究之科学依据及其与人类其他知识的关系质问历史学家，如果就其所确定之研究程序及他们的研究课题间的关系质问他们，他们也并不能给出令人满意的回答。”参见洛伦兹（O. Lorenz）[*Fr. Chr. Schlosser und über einige Aufgaben und Peincipein der Geschichtsschreibung*（《施洛瑟与历史学之若干任务与原则》），*Berichte der Wiener Akademie der Wissenschaften*（《维也纳科学院报告》），vol.88，第 133 页]：“必须承认，即使到今天，我们也并不具备彻底的原则，不具备公认的历史编纂学取向，甚至没有统一的历史方法。”

Ⅱ.人的经济之理论学科必须考察和描述经济现象之普遍性质和普遍联系(规律)。作为整体,它们构成有关国民经济之理论,单独地,则分别对应着国民经济领域各种各样的理论研究取向。对这些取向,我们都已熟悉,并知道如何区分理论研究之精确取向与经验取向,而在经验取向中,又如何区分历史哲学的取向、理论性统计学的取向、"生理学的-解剖学的取向"等等。不过,乍一看显而易见的是,即使这样划分下去,也不能穷尽国民经济领域理论研究之各种各样正当的取向之整体。显然,我们学科的发展一次又一次地揭明获取知识之新取向。目前,由于社会科学的发展微不足道,因此,国民经济领域理论研究之各种取向的研究成果,都可归结为一门学科——"理论经济学"。由于同样的理由,它可归结为一门学科,其所呈现的知识尚缺乏严格的形式统一性,因而也缺乏严格的系统性研究进路。但我们估计,随着社会科学的不断发展,逐渐地分化出不同的分支,部分是由于逻辑的原因,部分是由于实际的原因,是不存在什么障碍的,就像自然科学研究领域那样,这些分支的每一个都将展示某种程度的、起码是相对的独立性。在此之前,以上讨论或许有助于澄清国民经济领域之理论课题,说明在理论经济学中严格系统性研究进路碰到之特殊难题。

Ⅲ.最后一个是实用的经济学科,可教导我们一些基本原则,据此人们可最恰当地设计(在具体条件下)人的经济活动方案。这包括:

1.经济政策,一门研究公共权威(在具体条件下)改进"国民经济"之恰当做法的基本原理的学科。

2.个别经济的实践理论,研究个别经济体(在具体条件下)赖以最完美地实现其经济目标之基本原理的学科。

后者又可进一步划分为：

(1)财政科学，研究具体条件下一国最大的经济体，及政府预算之恰当制度，及其他具有财政权力之经济活动主体的恰当制度之基本原理的学科；[①]

(2)有关私人经济的实用学科，即研究私人(生活于目前社会环境中)可借以最有效地进行其经济活动(在具体情况下)之基本原理的学科。[②]

这些经济性学科合在一起，覆盖在其目前组织中的人之经济，

① 具有财政能力的经济活动主体的预算各具特色，它们构成把实用性学科与由它所形成的恰当制度区别开来的基础。但据其性质，它也属于一种个别经济体，因而，财政科学也与有关私人经济之实用性学科一道，归入"个别经济之实用性学科"这一更大范畴中。

② 由上同时可见，有人认为，关于私人经济之实用学科与实用经济学根本对立，此看法是完全错误的。因为，关于私人经济之实用学科也涉及社会地组织起来的人之经济，其理论基础也不在于关于私人经济之某种特殊理论科学，而在理论经济学那儿。股票经纪人、银行家、股票、谷物投机者等人在其私人经济活动中，要依靠价格理论、资本收益理论、地租理论等，也即依靠理论经济学之科学，就跟从事经济政策的人一样，也跟管理公共活动的财政问题的人一样。理论经济学是私人经济之实用学科的理论基础，就如同它是财政科学和经济政策的基础一样。犯了这样的错误的人还有约翰·斯图亚特·穆勒[*Essays on Some Unsettled Question*(《论若干未解决之问题》)，p.125]之类的人物，他们根本不承认私人经济也是科学研究的主题，而仅仅是技艺的主题。因为显而易见的是，理论和实践知识也是私人经济的基础。

所以，所有实用经济学科都仰赖于理论经济学科。但以为后者构成前者唯一的理论基础，却是错误的。因为，实用学科，不管是什么样的，并不仅以一门理论学科为依据。相反，通常情况下，会有多门理论学科构成前者的理论基础。举例来说，构成外科学和治疗学理论基础的，不仅仅是解剖学，还有生理学、物理学、机械学、化学等。理论化学不是化工技术之唯一理论基础，相反，物理学，甚至机械学和数学，都为它提供了基础。对实用性经济学科来说，也同样如此。它们确实要依靠理论性经济学科，但不是仅仅以它为基础。

也即目前存在的比喻意义上的“国民经济”。不过，伴随着社会的严格的社会性组织，它们跟经济本身一样，呈现出相当不同的形态。

在如此形成秩序的共同体，在共同体经济之外，基本上就不存在私人经济，也不存在具体地推进国民经济的问题，也不存在财政管理问题。因而与此相关的实用学科也就不复存在了。此时只存在唯一的一个经济体，真正意义上的国民经济。其经济活动主体是国家（或其代表）；其目标是尽可能完整地满足社会所有成员的需求。于是，将只存在唯一的实用性学科，即研究在具体条件下能最恰当地创建和管理共同体经济之基本原理的科学。在我们这个时代被不准确地称为“社会主义理论”的那些东西，就是这种实用性学科之开端，因而，其在经济学科体系中的性质和位置就一目了然了。

名副其实的、社会主义意义上的这门实用经济学，跟其他实用性学科一样，也需要某种理论基础。以下事实同样显而易见：它只能在那种将使我们注意到共同体经济之普遍性质和普遍联系的学科中，找到其理论基础。社会主义意义上的理论经济学将与目前的理论经济学大不相同。另一方面，它也不会跟目前的理论经济学绝对地不同。关于大多数常见的经济现象之生理学基础，关于人的需求与我们可掌握的用于满足这些需求之手段的理论，关于需求与财货之性质和数量（关于需求和可得到的财货数量）的理论，关于使用价值及其测量的理论，关于经济体与抽象的经济现实的理论，等等，在两种理论经济学中都是共有的。确实，关于复杂经济现象之普遍性质和普遍联系，社会主义的理论经济学确实会展示出不同的特征，与其实在现象的差异相吻合。

因而，社会主义国家之社会科学的系统研究进路，将完全不同于目前的社会科学的研究进路。因为，在前一种状态下，“经济政策”和“财政科学”，还有大部分“关于私人经济之实用学科”都将不复存在。于是，最通常意义上的“经济学科”，将只能划分为国民经济之“历史性学科”，划分为“理论性”经济学科和“实用性”经济学科。与其变化了的研究对象相适应，这些学科展示出的特征将不同于目前相应的那些社会科学的特征。

附录五　在人的现象领域精确规律(所谓“自然规律”)可在与自然科学领域相同之形式性预设下建立

在社会哲学家中间,没有哪种看法比以下看法流传更广远:在自然现象领域中,存在着精确规律(所谓自然规律),而在人的现象中则不存在这种规律;可在前一研究领域中建立精确理论,在后者中则不能。这种看法,一方面基于以下事实:在自然领域中,可观察到严格意义上的典型现象(如化学中最简单的成分,物理学中最基本的要素等),而在人的现象领域,现象所具有之复杂性(先不管现象的发展这一因素)排除了严格意义上的典型性,因而也就排斥了从这些现象中发现精确规律的可能性。另一方面,此看法又基于以下事实:自然现象遵循那种只是机械地活动的力量,而在人的现象中,意志的因素却发挥着决定性作用。

然而,在此论证中,存在好几个根本错误。我们完全毫无保留地承认,实在的人之现象确实不是严格典型的。我们承认,正是由于这一原因,同时,也是由于人有意志自由——对此我们当然无意否认——的原因,在人类活动之现象领域中,确实不存在**绝对严格的经验规律**。但我们要予以批评的是以下看法:自然现象,**就其完**

整经验实在而言,是严格典型的,或者说,绝对精确的自然现象规律可通过关于自然的理论研究之经验的-实在的取向提出。[①] 从经验的实在论(empirical realism)立场看,精确的自然规律跟社会现象之精确规律一样是无法获得的。真正意义上的精确自然规律,也不是对自然进行经验的-实在的研究之结果,而是精确研究之结果。而这种研究,依其基本性质而言,类似于社会现象领域之精确研究。[②]

社会哲学家之错误在于,他们试图通过经验研究的工具,获得精确的社会规律。而通过这种方法,是根本不可能建立有关现象之精确规律的,不管是精确的社会规律,还是精确的自然规律。

主宰社会哲学家的主流看法是,物理学、化学等学科中的严格规律是理论研究之实在取向的结果,这种看法导致其中一些人企图通过“经验的”方法,也就是说,不是通过精确的方法,获得有关社会现象之精确规律。而这又诱使另一些人用精确研究的标准衡量社会科学领域之经验性研究成果,反过来,又用经验性研究的标准要求精确社会研究之结论。这两种谬误对社会科学发展有同样有害的影响。之所以出现这些谬误,很大程度上是由于主宰目前

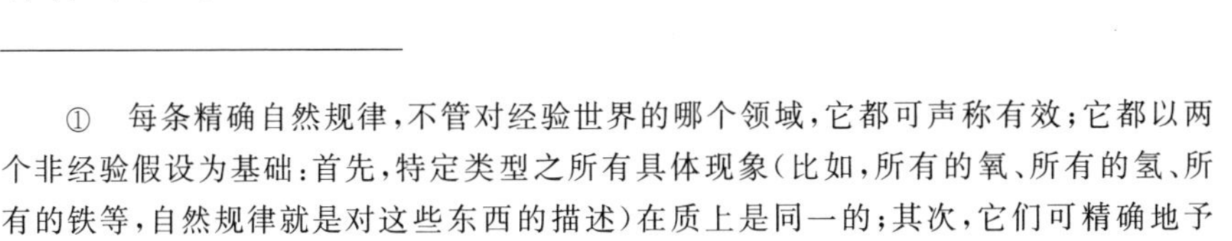

① 每条精确自然规律,不管对经验世界的哪个领域,它都可声称有效;它都以两个非经验假设为基础:首先,特定类型之所有具体现象(比如,所有的氧、所有的氢、所有的铁等,自然规律就是对这些东西的描述)在质上是同一的;其次,它们可精确地予以测量。然而,在现实中,上述现象既不是严格意义上典型的,它们也不能精确地进行测量(参见卷二第一章)。

② 精确社会科学的独特性在于,对人类活动现象领域的精确研究首先得假设,活动主体有某种明确的选择取向。但这并不能说明自然现象之精确研究与精确的社会研究之间存在根本不同,因为,前者也是从一个假设开始的,它展示了与此处讨论之假设形式上的相似性。

理论性社会研究的错误认识,不管是其形式还是其具体做法(关于这一点,请参见卷一第四章、第五章和第七章)。

附录六　所有人的经济之起始点和目标是被严格决定的

特别是由于经济文明的发展，我们现在不只需要消费性财货(consumers' goods)，也即直接用于我们生命与幸福的财货。同时，一方面，我们也需要生产工具[1](即原材料、辅料、用于技术性生产的机器、掌握高效技术的劳动力等)；另一方面，也需要交换工具(比如货币或其他用于交换的东西)。与上面提到的直接需求相对而言，这些需求可以说是间接的。而我们对生产资料和交换工具的需求会受到我们对消费品需求的约束[2]，因而，人类全部经济活动终极目标是应付我们的直接物质需求，确保我们的直接需求得到满足。我们用以实现这一目标的经济手段越来越复杂，然而，即使在具体情况下，把首先满足我们的间接需求视为我们经济活动的首要目标，但如上所述，终极目标依然是满足我们直接的物质需求。

---

① 参见我的《国民经济学原理》(*Grundsätze der Volkswirtschaftslehre*)，Ⅰ，p.4。我用"第一级财货"(goods of the first order)表示消费品，对生产资料，则根据其与消费财货的关系，而将其依次称为第二级、第三级、第四级以及更高等级的财货，在我看来，这样的叫法本身不仅非常合适，而且根据上述叫法对财货进行的分类，对于精确地理解价值与价格现象也是不可或缺的。

② 参见我的《原理》(*Güterlehre*)，p.35以后的讨论。

不过，每项经济活动的起始点都是经济活动主体能直接得到的财货。我们也可以间接方式拥有未来某一时间或某一时期的财货（通过我们所拥有的生产工具或交换工具），但我们以此方式所能获得的财货（相关的产品和材料），在质量和数量上都受我们可直接获得之财货的制约。我们的经济学之最明显不过的出发点，永远只能是后者。

我们将经济理解为旨在满足我们的物质需求的有目的的活动。总结一下前述观点及经济活动之实质的这种特征，则显然，“经济”归根到底是指我们用可直接得到的财货（可直接获得的生产工具、交换工具和消费性财货，即借助生产、交易和管理活动），满足我们直接的物质需求之活动。经济其实无非是我们从前述人的活动的出发点通往前述目标之道而已。

在每种具体情况下，每个经济活动主体的直接需求由其个人之天性和其以前的成长情况（即其个性）决定。而他可直接得到的财货则严格地由当时的经济形势所决定。就当下而言，我们直接的需求及当下可得到的财货都是给定事实，而非由我们自由决定的。因而，每一具体的人之经济活动的起始点和目标，归根到底，都是严格地由当时的经济形势所决定的。

乍一看，位于人的一切经济活动之上述两极间的人的经济活动，似乎非常复杂，没有规律可循，似乎是任意而为的。我们的终极目标永远是确保满足那些严格地由我们的本性和从前成长情况所决定的直接需求。而可直接得到的财货又是严格地由当时的事态所决定的，对我们而言，这一点又构成了再明显不过的起始点。为维持我们的生命和幸福，我们所能做的——这一点需要仰赖我们的能力和意志力——就是要沿着一条尽可能合适的道路，在我们所讨论的情形下，就是以尽可能经济的方式，从某个被严格决定的起始点，走向那个同样被严格决定的目标。

恐怕不需格外强调，从精确研究的角度看，这一点对解决我们学科之理论问题的重要性。不过，若考察以下事实，可能会使我们的意思更为显豁。

尽管人的努力之起始点和目标是给定的，不管此努力属于什么类型，不过，经济活动主体为实现自己所向往之目标而实际采取的或能采取的办法，却不可能是严格地先验地决定的。相反，意志力、错误和其他力量都能够且确实会导致以下情势：在从被严格决定之起始点走向同样被严格决定之活动目标时，不同经济活动主体采取不同路径。另一方面，可以肯定，据上述预设，只能有一条路径是最恰当的。

当然，对人类经济来说，也是如此。如果在每种具体情况下，起始点和目标都由经济情势所决定，那么在每种此类情势下，就只能有一条最恰当的路径实现相应目标，只有一条经济的办法。换句话说，在给定条件下，经济人若欲确保其需求得到尽可能完整的满足，那他就必须走那条由当时的经济形势所规定之唯一路径，它将使他从被严格决定的起始点走向同样被严格决定的经济目标。因而，这条路，或者换句话说，人的经济活动，从经济角度看是确定不移的，即使——可以肯定也确实——在实际中并非如此。因为在每一具体经济形势下，经济活动主体可设想出无数行动取向。但是，假如我们不考虑与经济无关的因素之差异，则可以肯定，只能有一个经济活动取向是最合适的，是经济的。换句话说，在每一经济形势中，可设想出无数不经济的行事方式，但如果不考虑与经济无关的因素之差异，则只有一种行事方式是可以设想的，也即，只有这种行事方式能体现被严格决定了的经济取向。

人们不难认识到我们这番探究的这一结论对我们学科之方法论所具有的重要意义，尤其是对理解经济学领域之精确研究取向的性质及其与经验的－实在的研究取向的关系之重要意义。而人的经济之实在现象，乍一看似乎非常悖谬，在不小程度上具有非经济之性质，因此，从经济实在之角度看，也就并不是一种被严格决定的现象。然而，恰恰以上给出的理由，通过经济学领域理论研究之实在取向是不可能得出“精确规律”的，而只能发现人的经济之实在现象共存和连续的“规律性”。相反，经济学领域理论研究之精确取向则全面考察抽象的经济实在之现象，如上所述，此现象是被严格决定的。因而可以肯定，它不会得到有关人类经济之实在——在一定程度上是高度非经济的——现象(real phenomena)的精确规律，而是会得出有关经济实在的精确规律。

我们已一再强调这些规律对理解社会现象之经济方面的重要价值[①]，我们也指出以下事实：其形式性质，与任何其他学科，尤其是自然科学的精确规律，并无不同之处[②]。那些片面坚持理论社会研究之经验的－实在的取向的人士批评说，这些规律显示了某

① 尤其是参见卷一第七章最后一段。

② 参见本书附录五。

种非经验的性质;他们提出用于反对这些规律的种种理由只是揭示了,那些提出这些反对理由的社会哲学家,没能够认识到社会现象领域之精确研究的真正性质。

附录七　归于亚里士多德之看法：国家是与人的存在同时给定之原生现象

我们已证明（卷三第二章），那种认为国家是一种原生现象、人类一存在就出现国家现象的看法，是站不住脚的，甚至是荒唐的。对此无稽之谈，亚里士多德当然从未说过，尽管经常有人将他称为这种理论的始作俑者。不过，为澄清这位伟大的哲学家关于国家起源的理论这个有趣的问题，我们将首先从其著作中随便引用几段，因为其中几段至少从表面上看似乎容易引起误解。

亚里士多德［*Polit*.（《政治学》），Ⅰ，1］以下面一段话论国家的性质及其起源："要洞悉一事物之性质，没有比看到该事物在我们眼前形成这样的办法更好的了。因而，我们也用此办法研究我们的主题（确定国家的性质）。为此，我们必须首先将两个绝对不可分离的两个人，即男人及其妻子合为一体。因为他们的使命就是繁衍他们的族系。但他们走到一起，并不是他们的意图和理性作用之结果，而是本能作用之结果……第二种最简单的结合是主人与其奴仆间的结合，一个人发号施令，另一个人则服从……这种结合也是自然的……从这两种结合，即配偶与主奴的结合中，首先发育出了家、家族……然而，一个地方（locality）之自然的起源，乃是由于以下事实：这第一批家族从其内部派出殖民者……于是，从诸多家族就形成了城邦和部落，在家族内，存在着君主制的治理形态。家族中年龄最大的人是当然的首领。然后，这种统治方法很容易扩散到那从第一批家族中分出、在其附近定居、住在自己住宅中的家族。几个地方联合组成一个几乎完整的、自给自足的社会，这就是国家，或者说公民的共同体……因此，假如这些家和地方的联合是**自然的**，那么，公民共同体就也同样是**自然的**东西……据此显而易见的是，公民组成的社会，即最初、最简单的国家，应被视为**自然的杰作**之一，人是一种被造物，自然注定了调整自己，以过一种公民的生活（a ξωου πολιτικόν）。”

在此，（为解释国家之性质）亚里士多德描述了国家从个体或家族发育成长的过程。他揭示，这一过程不是人旨在组建国家之意图的产物，而是其自然本能之结果。他揭示，这一过程是一个**自然的**过程，因而国家本身也是上面所说那种自然之产物。然后，他接着说：

“尽管家族由个人组成，国家由若干家族组成，人们仍可在**某种意义上**说，国家或共同体是**第一位的**、**最原生的东西**，而家族和个人只是受限于它（依赖于它）的东西。因为，整体必然是部分的基础，因而也必须将其视为占据主导地位且更本质的东西。一旦整个身体死亡了，手脚也就死亡了。至少，它们只能作为外在的东西、仅在名义上存在，就像把石头制成的东西称为手一样……因而，假如没有文明社会人就无法存在，人如果脱离社会就不能自给自足，那他与社会的关系就无异于部分与整体的关系。而整体是主导性的、原生的，部分则是受到制约的、衍生出来的。因而，国家也是第一位的实体，个人则是末位的。”

亚里士多德对国家性质和起源的上述描述，本身部分地互相矛盾，故常遭人误解为如下：国家是一个有机体，其每个部分都受制于整体。不可能设想存在生活在国家之外的（文明）人。因而，相对于文明人来说，国家是更为原生性的，文明人则是后生的、受制于它的。但是，亚里士多德根本没有断言，离开国家，也不可能设想存在非文明人，因而，国家跟人类是一起出现的。相反，他明确指出（*Pol*.，Ⅰ，1 快结束时）：“荷马曾描述说，在库克罗普斯人中，各个家族是彼此分散居住的。在古时代，这种生活方式是普遍的。”如我们上面所说，他甚至详尽描述过由家族发育出国家的过程（他曾明确强调过家族与国家的根本区别：*Pol*.，Ⅰ，1 开头）。他十分明确地——其实是没有必要地——指出［*Nic*. *Eth*.（《尼各马可伦理学》），Ⅴ，14］，人就其本性而言，更像是一种为家族纽带而造之动物，而不是为国家而造之动物，因为家族比国家更古老也更为必需。

亚里士多德甚至承认，文明人也有可能“由于某些机缘而生活在文明社会之外”（*Polit*.，Ⅰ，2）。对那些“靠着自己的自然本性”生活在社会之外，因而在他们那里没有表现出人自然具有的与他人合群之本能的人，他以一种典型的希腊风格说，他们要么不够人的水准，要么是超人。他从不否认确有可能存在具有如此本能之人，但他们却并没有达到组建国家的地步。因而，经常被人引用的亚里士多德的话“Άυθρωπος ζου πολιτικόυ”，并不是说，人一直就生活在国家中，国家跟人本身一样古老。它仅仅意味着，人内在固有的本能会驱使他与他人合群，趋向于组成国家，“希腊”意义上的人,即文明人,不可能比国家更古老。这种看法,假如我们不是只考虑从整个文本中拿出一段话,是合乎那位伟大哲学家的意思的。不仅如此,它也合乎人们的常识,这种常识告诉我们:一个复杂的整体,不可能比它必须赖以形成的那些要素更古老。

附录八　法律之"有机的"起源及对其的精确理解

法律，呈现为实证立法的结果，是这样一种社会现象，如欲就事论事地以某种具体取向解释它，会带来某些特殊困境。法律如果是组织化的国民共同体或其统治者的意志之有意图的产物，则不管涉及其普遍性质，还是涉及其起源，都是一种不会对学者洞察力构成挑战的现象。但是，假如法律不是作为实证性立法（有确定意图的共同意志）之结果，而是作为某种"有机"过程之产物而出现，情况就不同了。因为在此，如同前述货币之起源一样，我们看到的是一种极大地有益于社会之共同福利的社会构造物。事实上，这种社会构造物决定着社会的共同福利，然而，它不是作为社会旨在建构它的某种意志之产物而出现的。它是社会发展的一种非意图后果，决定着并增进着社会的福利，其程度甚至超过人的意图和计算所形成之一切社会制度——解释这种引人注目的现象，是社会科学家必须解决的一大难题。

无须赘言，此处讨论的问题不是靠简单地提一下法律之有机起源、"原生性质"、"原初性"等就可解决的[①]。这类解释活动纯粹

---

① 仅说法律起源于民族精神（national mind），也不能解决上述问题。因为，即使

是一种比喻，是将自然有机体之生成与法律之形成过程加以类比而已。而我们在另一处[①]也已阐述，这种相似性完全是表面的。相反，如果要使法律的“有机起源”理论不流于一句空话，如果确实要解决上述问题，如果我们确想揭明与法律之社会的-因果性起源相对之法律的“有机起源”课题，那我们就必须深入考察法律之性质。我们必须仔细考察法律在没有实证立法情况下的形成过程，而我们一直将此过程称为“有机的”。

考察法律在各种具体情况下最初如何实际地生成，汇编不同国家这种历史发展之相似处，对确定法律起源及其不同表现形态，无疑是一种非常有用也非常可靠的做法。但同样无可置疑的是，仅靠此方法是无法实现这一目标的。法律早在人类有文字记录的历史之前的时期就已出现。因而，历史学家对这一形成过程的报道，只能依靠推理，而无法以经过验证的经验知识为根据。即使最小心地运用历史学，也不能向我们提供解决史前法律如何形成问题所需之充分的经验依据。当然，理论研究在回答此问题时，必须非常仔细地利用历史学和人类学知识。但是，企图单靠历史的-经验的方法解决此处讨论之问题，就跟自然科学家单以历史的-经验的探究寻找自然有机体之最初起源一样，是不恰当的。

只说法律的“有机起源”、法律的“原初性质”，以及其与自然有

我们承认，区别于个人之心智的民族精神也是一种实在的存在，具有自己的意识和欲望，有别于社会关系网络中之个人所有者，我们也仍可提出一个问题：在具体各个国家，法律的观念究竟是如何在如此心智中形成，并获得其具体的表现形态？上面的解释不过遮蔽了此处讨论的问题，而未解决此问题。参见《法律哲学》(Ahrens, *Philosophie des Reshtes*, 1870), Ⅰ, p.175 及以后。

① 参见本书卷三第一章。

机体的相似性,是毫无价值的。只靠历史方法也是无望解决上述问题的。

可能只有一种办法能使我们获得对于法律最初起源之“有机过程”的理论性理解。此即详细考察普遍人性之哪些倾向和外部哪些条件有利于形成在所有民族中都能看到的、我们称之为“法律”的社会现象。我们必须全面考察法律如何能从这些普遍倾向和条件中形成,并根据其间的差异理解其具体经验形态。

由此获得的知识不是历史性知识,即不是经验的-实在的意义上的历史性知识。但是,与法律的“原生性”“原始性质”“有机起源”等说法不同,这种知识无论如何标志着对最原初形态的法律形成过程之理论性理解的重大进步。事实上,其好处在于,它不仅向我们提供了这里所讨论的现象之发展的表面图景,也向我们揭示了,人对自己利益日益增长的洞见,正是推动法律生成的驱动性力量。

不用说,在比较发达的社会,法律通常是由立法或者由社会成员意在创设它们的明确协定而形成并发育的,也即,主要以因果方式形成并发育的。相应地,我们也必须主要用因果方法来解释它们,探究立法者之意图和决定这些意图的环境。在文明的最初阶段,在居住在特定疆域内的人们相互交往较少的时代,当其一体化程度还不高时,在其休戚与共之感还不完善时,则是另一番情形。在这样的时代,我们不能还说法律是民族组织化起来的总体意志之表达。不管怎样,在此,法律的生成不是上面所说的因果性的。那么它究竟是什么样的,就成为我们无法回避的问题。

在最原始状态下,一定地理范围内的家族首领们发现自己处于同样的外在环境中,同时,其个人劳动成果没有保障——大家都有这种感觉。这局面对个人造成的压迫，也会被所有其他人深切感受到。以人的本性，灾难的威胁之持续存在，要比即将到来的灾难本身，能被人更为深切地感受到。每一个人，即使没有受到直接伤害，都会感受其利益受到暴力活动之最严重的威胁，尤其是那些处于弱势的个体，而他们与强者相比总是居于多数。

在此情形下，会出现一种念头：有必要对暴虐（*despotism*）施加某种限制，下面我们将予以讨论。这种念头很可能最初只出现在本人群最聪明的人之头脑中，也即那些能超出眼前短期利益、认识到长远利益的人士头脑中。而随着洞见不断增加，逐渐地，所有人都发现，对个人之暴虐加以限制，对自己也有好处。这甚至包括那些处于强势的个体，其利益也要求维护其靠强力获取的东西。

因此，有必要对暴虐施加限制的信念，最初不是被作为有组织单元之民族认识到的。它也不是某一个人，甚至某个旨在增进全体公民福利之国家委员会经反思才认识到的。相反，它是在越来越清楚地意识到自己利益、即个人利益的社会各成员之头脑中形成的。限制暴行给所有人、起码是给绝大多数人所能带来的好处，是逐渐被人们认识到的。

按事物的本性，人们逐渐意识到的上面那类信念之形态，乃是对有关行动规则的信念，而且，在最开始，对其具体形态，该民族所有人直接就其达成一致。最初会表现为一种一致同意的只能是这些规则的内容，而非其形态，直到机缘或天赋逐渐带来一种特别适应于不那么文明的民族之认知能力的特别幸运之规则的形态。因此，不需契约，也不需具体协定，这种形态固定在所有人的头脑中。这原理通行于所有民族，即使最野蛮的民族。

就这样，随着适合于该国人民之福利的某些行动规则的出现，这个民族的成员就开始意识到法律到底是怎么回事，尽管这种认识还不完备。欲达到完备的认识，还需另一因素，实际上，在我们上面描述的情形中，已暗示了这一点。

在社会形成之初，每个人都直接意识到了这些规则对他自己福利的重要意义。每个人都认识到，所有社会成员遵守这些规则是有利于他的个人利益的，而如果人们践踏这些规则，会危及他的利益。

因而，对每个人认为属于自己的利益予以保护，就成为每个人的利害所在。于是，在人们中间会发育出这样一种意识：在每种具体情况下遵守规则，不是个人可自由裁量之事，而是必做之事。由此就形成了法律与道德之间的区别。但与此同时，最原始形态的国家法律之概念也就完整地形成了。此即由国民信念所支持的那些规则之本质，它对民众的随心所欲施加了限制，而根据全体民众的意志，遵守这些规则不是个人可做可不做的事。

在任何情况下，法律均须得到切实执行，践踏法律的行为须得到真正惩罚，或能够给予惩罚，而具体而言这就意味着，必须真正存在并正当地行使强制性权力，所有这些，在最原生形态的法律观中其实是不存在的[①]。但毫无疑问，强制性权力的出现是上面描

① 自托马修斯（Thomasius）以来，很多法律哲学家都以是否存在强制性权力来区分法律与道德，甚至以法律规则是否表现为可强制执行来区分法律与道德，这种看法是错误的。因为，法律即使未被强制执行（比如曲意回护最聪明者或强者，甚至仅仅由于不公正），或者即使践踏法律的行径未受惩罚，法律也依然是法律。事实上，即使根本就没有相应的强制性权力（比如在很多情况下的国际交往活动），法律也仍然是法律。法律区别于道德之处毋宁在：人们所设想或立法者意图中之法律规则是这样的，是否遵守它们，不是留给个人可任意决定之事。而道德规则却非如此。强制性权力之实际存在、对践踏法律的行径予以切实惩罚，这些确实是上面描述之法律性质自然而然、正常出现的后果，但不是法律的必要条件，也不是法律的根本属性。

述的过程之自然后果。

在国家法律刚刚形成之文明起步期，国家每个成员不仅确信法律规则之合目的性（*perposefulness*），也确信，不把是否遵守法律规则留给个人自由裁量之必要性。而且，他们也感到一种冲动，必须捍卫受到威胁的法律，或者必须惩罚践踏法律的行径，因为在个人力量之外，没有任何力量有能力保护法律。最原生形态的法律不仅生成、生存于人们的头脑中，而且，其实现也完全是个人的事。它实际上表现为"自助"（*self-help*）和"国民司法"（*national justice*）。它在传统和日常交易习俗中得到肯定。一个民族越是不发达，此处描述的东西的力量就越大。在法律生命仍处于其孩提时代的所有民族中，"自助"和"国民司法"扮演着重要角色。即使在发展程度较高时期，我们也依然可在法律中看到这些最原生的法律保护形态的痕迹。

紧密团结的观念，国家共同体的意识，在人们心智中只能逐渐发育出来，而将国民之全体民众聚拢为一个更高级的整体，只能逐渐发展。它们需借助外在天命之类的东西，借助共同的历史、血缘、语言、宗教感情等的发展，而遵守法律（和法律规则）之共同信念和为实现这些信念而采取的共同行动，对上述观念的发展所发挥的作用，也一点不小。

在此阶段之前，法律只存活于个人头脑中，由个人（那些参与者及具有共同信念者）的能力予以保障，而只有在此之后，法律才真正成为统一的、有组织的国民意志之表达。只有到此时，法律之践行才成为一定疆域内或一国人民之事务，这时的人民已成为一个有组织的单元。

因而，最原生形态的国家法律，确实不是某种契约的产物，或旨在确保公共福利之反思的产物。诚如历史学派已指出的，事实上，国家本身也不是这样形成的。相反，法律比国家出现得更早。事实上，法律是一定疆域内民众凝聚为一个国家并形成其国家组织形态之最强大纽带之一。

当民众已意识到共同体观念，当民众逐渐开始感受到他们是一体的，其利益范围也就会扩展，而其法律规则也会随之扩展。法律不再单纯是一国人民为保护自己个人利益而努力之结果。公共利益，或者说，人们头脑中所设想的公共利益，也会进入人们的思考范围，人们逐渐认识到，有必要保障这种公共利益不受个人暴虐之侵害。于是，在个人努力为确保自己个人利益而奋斗之过程所形成的法律之外，也出现了旨在保障共同体种种努力之结果的法律。不过，这种法律未必是公共协商之产物，它们既不是协定、契约的产物，也不是实证立法之产物。其起源类似于一般性国家法律。

在文明之初，人们可能意识到法律观念时，仿佛是破晓时刻的第一束光线。不过，随后各代人，不会再亲历法律最初形成之过程本身，相反，他们将从其祖先那里继承下已有法律基本特征的东西，因而有可能将其视为具有更高智慧之灵感的源泉，因为所有民族都曾在其文明发育的最初时期，将其法律观念与这种最为崇高的情感结合在一起。法律规则已变成国民信念之内容，成为代代相传的神圣传统，它们已成为宗教教育的一项重要内容。于是，文明初创之时人人自己所亲历、自己参与创造的东西，在国民心目中，逐渐变成某种客观的东西，某种高于人的智慧、超越于人的利益之上的神圣东西。而逐渐唤醒的对于法律之公共功用的洞察，又强化了这种值得称赏的错误认识。

上述过程当然只能逐渐地完成，而且，由其性质决定，也是不可能圆满无缺的。它本身也很少能影响法律的内容。但是，法律内容的性质，却不可能不受其影响。

人们对国家之民众的利益与作为民众正确认识这些利益之结果的法律之间的关系，本有活生生的洞见，它逐渐被替代，发展出法律是权威信仰之对象——对神圣事物的信仰，对法律高级源头的信仰。至少就法律的核心观念、就决定法律的基本因素来看，法律不再在人们头脑中呈现为其亲身经历的东西了，不再是对**他们的**见识和**他们的**信念的表达，不再是某种**主观的**东西。相反，它看起来像是某种不取决于他们的东西，是由外部对他们做出的规定，是某种**客观的**东西。

在立法开始塑造法律之前，法律在具体情况下呈现的具体内容是什么，取决于民众的具体状况，法律正源自于其头脑。原生形态的法律旨在保障该国民众最重要也最普遍的个人利益，而随着个人间相互交往逐渐增加、个人对自己利益的认识逐渐加深，法律也逐渐地拓宽、深化。它得到习俗的支撑，又因其所赖以形成的环境之变化而发生动摇，最终做出调整变化。由普遍人性所决定、因而各处一般无二的特定状态，必然在各个地方形成同样的法律制度，而部落间的千差万别、外部条件和思考范围之差异，也必然造成法律的差异。在一个国家被视为合法和正义的东西，在另一个国家可能未必如此。随着条件的变化，这样的现象也可能出现在同一个国家的不同发展时代。在所有地方，法律都是根据时代潮流、根据人的状态而设定的，正是由于这些因素，它各有其特殊存在。[①]

然而，即使在最原始的条件下，法律也可以另一种完全不同的方式形成：即由权威制定。掌握权力或智力优越之人可对服从于他或智力低于他之弱者的自由裁量权（*discretion*）划定一个界限。获胜者可为被征服者划定一个界限。他可对他们的行为制定规则，而根本不考虑其自身想法，他们出于恐惧而不得不服从。然而，这样的规则，至少从表面上看类似于国民法律（*national law*），但其起源和执行的保证机制，却从根本上不同于那种从人们信念中生长出来、其执行也主要是国民分内事务之法律。事实上，他们是与国民法律直接对立的：他们其实是政令（*statute*），而非法律。但处于强势地位的人却愿将其称之为"法律"，给它们装饰上一层法律的神圣性，将其与宗教传统捆在一起，提升其地位，使其成为宗教与伦理教育之科目。情况一直如此，直到人们逐渐养成遵从的习惯和低人一等的感觉，直到人们认识到，在这些政令中也有某些类似于法律的东西为止，直到这种习惯和感觉使得那些从国民信念中生成之旨在限制个人自由裁量权的规则，与强者为弱者规定的规则之间没多少区别为止。假如后一种规则已存在了几代人之久，并且是在成文历史记录尚不存在的时代就跟国民性

① 施默勒[Schmoller, *Ueber einige Grundfragen des Rechts und der Volkswirtschaft*（《论法律和经济学之若干基本问题》1875），p.25 以后]对以下看法提出的批评是正确的：关于婚姻、私人财产权等问题之伦理性观念总会保持相同；他揭示了（p.29 以后），伦理因素并不总是能够保持连续性。也可参见其《经济学中的正义》。["Gerechtigkeit in der Volkswirtschaft," *Jahrbuch für Gesetzgebung, Verwaltung und Volkswirtschaft*（1881），p.29 以后]

法律一起形成，则哪怕是科学，也很难将其辨析出。而国民法律与当权者政令混合的过程进展得越容易，国民法律越会变成权威信仰之对象，而不再依赖基于对个人利益之洞察而形成的国民信念的支持——而这正是国民法律最初的源头所在。所有使法律神圣化的制度，甚至那些使法律“客观化”或将法律描述为某种“高于人的智慧之上”的东西的哲学体系，也总会有利于权力。[①]

法律最初或起源于国民成员之信念，或依靠暴力而形成。一旦国家状况发生变化，即随着文明进步，其法律呈现复杂性质，以至于法律知识不再是全体民众之事，劳动分工的必要性带来一个

① 法律秩序是人们进行各种形式的相对来说比较发达的相互交往的前提条件，反过来，后者又是获得一切较为高级的人类福利之前提条件；而对福利的欲望是一种普遍的人性。因而，法律不是偶然之事，相反，就其本质观念和具体内容而言，法律都是本质上由人性和具体条件内在给定之物。而据此，就观念和具体内容而言，法律就不再是实在的东西。决定它的那些因素只要得以承认和考虑，则确实显现，法律肯定是由某种精神过程创造的。如果我们不想认为人们是借助外在或内在启示意识到法律的，换句话说，如果一个人只愿用科学承认的工具研究法律，那他就必须承认，法律仅由人性和其他相关条件所决定，让其变成某种实在东西的过程，只能发生于人的头脑中。科学的任务是向我们澄清这一过程，单靠说什么“原生性”、“原始性质”或“有机起源”，是不可能完成这个任务的。借助批评上述问题之解决办法，我们同时也揭示了，作为客观实在的法律，并不先验地蕴涵在人的头脑或具体某个民族的头脑中，也不是由外在于人类的某种智慧显现给人的。相反，只要它呈现在我们面前，不是作为权力或实证立法活动之产物，那它就是由需求之人进行反思性考量、判断及社会成员置身于其中的环境之产物。因此，法律本身不是目的。法律自身显然不是目的，因而，若我们所说的法律秩序对个人自由裁量权施加之限制，在某种社会状态下变得太多，或者如果法律已有害于人的福利，从而其对人的自由的限制成为负担，它就立刻无效，变得毫无用处。由此，每个人都会自己认识到，法律既不是“外在的”，不是“天然如同吃奶”，也不是“神圣的”，而是一种源于人的理智、服务于人的利益的制度。在德国历史法学派出现前，人们经常形成很多误解，原因即在于以下事实：法律并不总是(有意图的)旨在创设它、并借以增进人的福利之共同意志的产物。从源头上看，法律根本不是这样起源的。不过，此事并不排除法律有可能作为人的智巧之产物而形成。

特殊阶层。这个阶层,即法律家(*jurist*)阶层的任务是研究、适用和发展法律。另一方面,国家组织形态的进步也导致法律越来越多被视为统一组织起来的共同意志之表达,保护法律也被视为国家当局之事。在个别存在的范围,或者说在国家法律留有空隙之处,法律仍可以其原生形态发展,在此可能基于某部分民众之信念、甚至是在敌视国家法律之某种特殊法律思想,形成普通法(*common law*)。不过,总的说来,在文化发展的过程中,法律的发展、法律的管理、法律的执行一般都变成国家当局和法律家阶层之事务。他们成为人们普遍获得法律知识、法律执行及其技术高度完善之条件。他们成为运用法律付诸实践之工具。

显而易见,此处所说的过程也只能逐步趋于完整,并且,并不必然与原生国民法律对立。国家当局通常并不废除普通法,而会承认、并从技术上完善它。具有专业技巧的法律家阶层也只能逐渐地发挥其发展和管理法律之功能。但随着这一过程的推进,也可能出现社会成员之法律信念与法律家之法律信念、政令间的对立。

在此,若仔细考察可见,国民法律不一定在各方面都处于劣势。从细节上看,国民法律可能存在漏洞、自相矛盾或不精确之处,以及其他类型的技术缺陷。整体上,它不可能总是合乎当时统治者关于国家及其法律秩序的看法。毕竟,它不可能跟上政治和社会状况那么快的变动。所有这些缺点,一旦某个特殊阶层开始专门投入研究法律,不可能不立刻注意到。经常发生这样的情形,法律家看到这类缺点的能力越多,对其他国家更发达的法律之研究更会让这些缺点看来扎眼。至于法律内容,最初是从大多数人之生活状态中发展出来而未反思共同福利之国民法律，不可能总能同样通过其是否适合实现公共功用之检验。

因而，通常服务于国家当局的法律家阶层最终会在各国对国民法律进行一番彻底改革，但可以肯定，他们也不可能不受到整个事态之性质所引发的种种错误之摆布。

国民法律从民众要求和信念、从民众基本特质发育而出，通过数百年持续实践而有其合乎具体状况之形态。作为源远流长的、经过考验的国民智慧之结晶，它存活于民众心中，民众本能地遵守它们。甚至在其早就记不起这些法律规则与当时形成它们的具体状况间的联系时也遵守着。在国民法律中有大量智慧，今人只可感受到，而不再清晰知晓。

这一重要因素，几个世纪中，博学的法律家们却未正确认识到，事实上，其错误理解越完整，他们就越是远离关于自己国民特征之研究，而片面地转入其他国家更发达的法律或抽象法律理论之精神活动领域。他们不仅缺乏对蕴涵在国民法律中之非意图智慧的**理解**，也缺乏对它的**情感**。

有些人把国家及国家制度、社会及社会制度仅视为一块疆域中的民众或其统治者之有目的的活动之产物。他们自然从一开始就认为，所有有机地形成或受有机力量影响而形成之社会制度是弊端，是社会的灾祸，因为他们未理解这些制度对社会维持、发展之重要性。他们热衷于按某种方针改良这些制度，而他们所奉行的方针，越是趋于绝对地随心所欲，其背后所依据之见识的缺点也就越多。蕴涵在有机地发育而成的社会制度中之“直觉智慧”（*intuitive wisdom*）［与自然有机体所具有之“适应性”（*suitablity*）的命运不无相似之处，水平高超的自然科学家对这种适应性给予的关注非常引人注目，而水平低劣的学者却对此视而不见]，一般而言，为这一取向之代表人物忽视。在实践的政治领域，这种取向的后果是，对现有社会制度提出幼稚批评，并试图对此进行同样幼稚的变革。

因而，当有人运用改革家之手、以为自己在为共同利益而努力时，理论上的片面性与荒谬的创新欲望，常严重损害该国之法律。而统治者与法律家联手，用仅服务于统治者之法律取代形成于国民、服务于国民的那些普通法，结局将会更糟。

历史法学派的一个无可否认的功绩正在于抑制司法领域中这些幼稚的、轻率的改革努力，再一次重申普通法之有机起源及其中所蕴涵的非意图智慧。这样的贡献本身就是宝贵的，何况，该学派又通过在法律历史领域的全面研究，尤其是拓宽我们对法律的历史理解，也取得了很多成就。

另一方面，上述学派因为犯下一系列错误和疏忽而应予以批评，对此，我们在此不得不略作讨论。

历史法学派确实强调普通法之“有机起源”，其“原始性质”和“原生性”，其发源于国民精神，如此等等。但它止步于此，仿佛普通法律的起源问题用上面那些部分是比喻性质、部分是毫无意义的词，即可解决。历史法学派忽略了让我们从理论上理解那些形成普通法之过程的性质和路径。

同样，只是说说非意图地形成之普通法律的“更高智慧”，也无济于事。从一定程度说，这样做甚至会将一个新谬误带入科学考察领域。这种说法的意义，只能合理地指，普通法，尽管事实证明，它不是旨在有意识地服务于公共利益之社会意志的产物，但其造福于社会利益的程度，还高于相应的实证立法。然而，在可设想的种种方面，这种说法是错误的。因为，普通法也经常被证明有害于公共利益，相反，立法经常改革普通法律，使之有益于公共利益。以上理论与经验相矛盾。

如果说，这样的错误反复出现于历史法学派之方法论著述中，事实也显然如此，尽管有各种可想象的保留，那么，出现这种错误的根源就在于，他们对“有机过程”之性质存在含糊之处，所谓普通法正是由此形成的。自然有机体确实显现出某种不可比拟的适应性，正是这种适应性引起水平高超的学者们的赞叹。然而，由此对普通法及其在造福于人之福利方面的适应性，又能证明什么呢？普通法律毕竟只是在比喻意义上才被称为“有机构造物”。因而，对自然有机体来说正确的说法，不能简单地适用于法律。这同样不能适用于普通法，尽管普通法不是旨在创设它们的共同意志之产物，而是如我们已分析指出的，是个人努力之结果，因而并不与人的智慧直接对立。[①]

但即使上述图景是严格恰当的，即使普通法确实是完全类似于自然有机体的构造物，那么，是否可据此得出结论，立法机构必须保持克制，绝对不能干预这一有机体之发育，即使个别情势需要干预时也不能？

一位政治家，仅仅因为涉及公共利益的法律确实或被人声称是“有机形成”的，就犹疑不敢改变它，就相当于一位农夫、技工或

① 参见本书附录九。

医生，仅仅因为敬畏体现其中之高级智慧，而回避对自然有机体发育过程的任何干预。这世界上不也存在着完全有害的有机体吗？

因而，普通法有“更高智慧”的理论，不仅与经验相矛盾，同时也源于一种含糊的情感，一种错误的理解。这是对下述正确说法的夸张，甚至达到扭曲的地步：实证立法有时未能深刻把握普通法中蕴涵之非意图的智慧，试图为公共利益而改变它们却导致相反后果，这种情况实在不在少数。

假如历史法学派不止步于断言普通法之有机性质和更高智慧的阶段，假如他们更深一步，达到此处讨论的问题之核心，那么毫无疑问，他们就一刻也不可能坚持其现在对此问题的态度。如果普通法的规则和制度并不总是不能被证明更适合于满足公共利益，那么，科学的任务就是让我们理解这种优势。作为某种“有机过程”之非意图后果的普通法之适切性，有必要得到法律家和立法者的关注，让由此得出之新洞见有益于实证性立法。假如个人主义时代未能认识到普通法特有之价值，并试图通过幼稚或鲁莽的改革改变它而非逐渐完善它，那么，历史法学派的责任就是避免人们在未来重蹈覆辙，但不是靠宣称普通法具有更高智慧，而是教导人们正确地认识其对立法提出之洞见。他们的观点之效果，不应是人从原则上避免实证性法律之发展，而是妥善立法。应当借助从对普通法之深思所得之新洞见，纯化实证立法。农夫、技工和医生研究自然有机体发育的性质和规律，为的是根据因此获得的洞见，按自己的意愿塑造这些有机体；同样，历史法学派也应使我们理解从前未被充分理解的普通法之优势。他们必须这样做，从而向立法者提供新的办法和工具，使立法者可透过如此扩展之知识实现其高尚职志。但科学永远不可放弃对这些“有机”形成的制度之适切性的考察——这是此处评论之关键点所在。若细致的探究证明，实有必要，就以现有科学认识和实践经验改革、完善普通法。没有一个时代可拒绝这一“天职”(*calling*)。

附录九　政治经济学之所谓伦理取向

与“历史取向”有所不同、但与德国历史学派经济学方法论有密切关系的，是所谓“伦理取向”。其在德国经济学中的代表人物有舒茨（*C. W. Ch. Schütz*）、希尔德布兰德和迪策尔（*K. Dietzel*），匈牙利人考茨（*J. Kautz*），等等。但其主要信奉者，我们可以说是德国历史学派经济学家之大部分。

我们已在卷一阐明[①]，就“政治经济学”理论部分而言，这种取向实为一种方法论上的错误认识，未能认识国民经济学理论研究之真正性质及其课题。我们在此特别强调以下一点：不管是对理论研究之精确取向，还是对经验的－实在的取向而言，谈论伦理的取向都是不理智的。

原则上，精确理论的任务是让我们理论地理解[②]实在世界之个别现象。精确经济学的任务是让我们理解国民生活之经济现象。据此，“精确经济学之伦理取向”丝毫不能让人感受到向我们同时显示对国民生活之伦理现象和经济现象之精确理解的抱负，也即将伦理学与经济学的任务合二为一之抱负。精确经济学之伦

① 参见本书卷一第六、七章。

② 参见本书第六章。

理取向要求不过是，这门学科必须不仅对经济现象而且对那些受伦理倾向影响之经济现象，甚至对那些合乎伦理要求之经济现象，给我们以精确理解。然而，无须赘言，这样的要求与理论研究之精确取向的性质是完全相悖的。[①]

在经验的－实在的国民经济理论中采用伦理的取向，这种想法同样是不恰当的。因为在此，考察对国民经济有伦理影响之力量，只要其在现象中是实在的，必定已涉入相关认知努力之性质中。事实上，这是不可避免的。如果不考察伦理因素对该现象的可能影响，就不可能以实在的－经验的方法掌握有关国民经济现象之规律。因而，我们无法想象，经验的－实在的经济学之伦理取向，要承担什么样的任务。

采取"伦理取向"的想法，对我们学科之理论方面而言，是一个含糊不清的研究要求，没有任何深刻内容可言。

所谓"伦理取向"对实用经济学科同样是含糊不清的要求。当然，每人在从事经济活动时都必须遵守某些道德规范，不管其是什么。因而，研究实用经济学的学者也不可能不受这一事实的影响。

---

① 研究国民经济的很多学者从道德视角期望在考察国民经济现象时，理论经济学有伦理取向；因而举例来说，探究可从伦理角度予以承认的财货，也即，可承认为"正确的"财货；探究价格、资本收益等现象时，指其为道德上应予以反对的。然而在此，无须赘言，不存在经济学的伦理研究取向，只存在对国民经济单个现象之道德判断。这种判断根本不能影响国民经济领域理论研究之结果。即使是"不正确的"或"不道德的"财货，也同样服从价值、价格的经济规律等，因而从经济学角度看，仍然是"财货"，其价值、价格等必须从理论上予以解释，与有益于高尚目的之财货一样。或者，有关国民经济的某种"伦理"理论是否应当从原则上拒绝解释那些有益于不道德目的的经济现象？它是否应将自己仅限于理解地解释那部分合乎伦理原则或某种伦理取向的经济现象？那么，该由哪门科学向我们提供有关"不正确的"财货之规律的理论性理解，或提供有关国民经济中"不合乎伦理原则的"现象之理论性理解？

人的经济活动之基本原则——实用经济学提出的就是这样的原则——必须局限于法律和习俗所圈定的范围内。

但是,这是所有实用性学科共有的特征,不管哪门学科,甚至包括政治学、教育学、功能恢复疗法、军事科学,还包括技术。若从此意义理解实用国民经济学科之"伦理取向",那就不存在别的实用学科了,而只存在伦理取向,因为,不仅仅是经济活动,所有人类活动,都要服从道德规范。

只有在实用经济学科中,超出上述限度之伦理考察从根本上被认为对人的经济活动有决定意义,只有在实用学科中,经济考察从根本上说从属于道德考察——只有这样的学科可声称具有自成一体的伦理取向。然而,这种类型的论述实已非"实用经济学科"了,而是有关人的经济活动之道德著述。

因而,政治经济学之所谓"伦理取向"是一个含糊不清的要求,不管是对政治经济之理论课题还是对其实践课题,都无意义,它是思维混乱之结果。事实上,我们可以设想,要求获得那种能揭示法律、道德规范等与经济之间,或在伦理学与经济学之间关系的知识,是一种正当的取向。然而,伦理取向的经济学并不比经济学取向的伦理学有更大正当性。

确实,这整个想法,一方面,源于未能认识国民经济之理论的、实用的学科之性质和特有课题;另一方面,源于低估国民生活之经济现象相对于其他有更高价值之现象的意义,结果,大量经济学家想通过"伦理取向"研究,让那些不为人尊重的研究对象显得崇高一些。仿佛一门学科的价值取决于其对象,专门研究这一对象的人士的价值则取决于该对象之性质,而非取决于其研究结果之重要性、深刻性和原创性！欲在我们学科采取伦理取向，部分地是来自古典时代之哲学的残余，从另一个意义上说，是中世纪禁欲主义哲学的残余。然而，往好里说，它不过是对科学性不足的一种拙劣补充，如其在历史研究中所有之作用。这几乎是没有足够能力解决其学科难题者之典型做法：他们想靠引进其他科学的研究成果、机械照搬这些成果，找到解决自己研究领域问题之令人满意的办法。

相关文献

卡尔·门格尔*

理查德·瓦格纳

在任何人甄选出的有影响力之经济学家神殿中，一定有卡尔·门格尔一席之地。他的著作跟威廉·斯坦利·杰文斯和列昂·瓦尔拉斯一道，最早提出研究经济学之新古典或曰边际效用理路。即使到今天，这种方法仍主宰经济学。门格尔也是后来人称奥地利学派经济学之三大创始人之一，另两位分别是奥伊根·冯·庞巴威克和弗里德里希·冯·威塞尔。作为一个自成体系的奥地利学派，则公认形成于19世纪80年代，一直繁荣发展至20世纪30年代，之后进入沉寂期，而最近二三十年又显出一些复兴迹象，主要是在美国。

生平与著作

门格尔生平的基本活动是简单的，没有多少值得记叙。他出生在加利西亚，现主要位于波兰与乌克兰交界地区，按正常年份，他应算出生于2月最后一天，但他出生那年即1840年是个闰年。

* 相关文献中两篇文章均为中译者添加。

他从 1859 年进入大学，先在维也纳大学读了一年，然后在布拉格大学读了三年，然后又去克拉科夫大学，在那里写作他的学位论文。1873 年，他被维也纳大学聘任，并一直任教至他于 1903 年退休，中间从 1876 年到 1878 年间，曾作为鲁道夫亲王的导师，并与他一起旅行。门格尔于 63 岁那年辞去教职，得以集中更多时间于学术活动。退休后的生活持续了 18 年，到 1921 年去世，尽管从各方面的报道中我们得知，他一直在勤奋地读书、做笔记，但退休后却很少写作。门格尔的名声几乎全部建立在他于 1871 年至 1892 年间发表的著作之上。不过，即使在 1892 年之后，门格尔没有发表任何东西，他的知识名望也不受多少影响——假如会受到影响的话。

门格尔绝大多数著作已被收入哈耶克编辑的四卷本文集，由伦敦经济学院于 1934 年至 1936 年间出版，收入“经济学与政治学稀见文献重印丛书”中。未收入之大多数著述，也可通过查阅第四卷所附的文献书目搞清楚，尽管有一些著作，尤其是一些没有署名的报刊投稿，未被收入该书目。该文集第二版于 1968 年至 1970 年间发行，内容与第一版相比没有变化，只是哈耶克所写原文为英文的前言，被译为德文(有一个有趣的简短注释，哈耶克收回了他在原前言中关于门格尔是个高个子的一段描述，而改正说，门格尔是个中等身材的人)。

该文集第一卷收入门格尔两本完整书籍的第一本(1871)，英文译为《经济学原理》(1950)。除其他著作外，正是这本书把从生产成本角度解释价格，转变为根据消费者边际估价解释价格，这种转变，普遍地被认为是古典与新古典之根本区别所在。第二卷收入门格尔第二本书(1883,即本书)。这本书英文版译为《经济学与社会学的课题》(1963)。这本书之所以知名,是因为它引发了奥地利学派与德国经济学家之间的争论,后被称为“方法论大论战”,这场论战强化了那种自成体系的奥地利学派经济学给人的印象。除此之外,《课题》的重要成就是清晰阐述以下论旨:有很多有益的社会制度,不是形成于计划或意图,而是人们追求其个人利益、执行自己计划而形成之非意图的副产品。门格尔尽管简单提到很多例子,但他在这方面主要集中于讨论货币之起源。就此方面而言,其文集第四卷收入门格尔的货币著述,开篇就是其著名论文(1892)《货币》(“*Geld*”)第三版,最初发表于《政治学辞典》(*Handwörterbuch der Staatswissenschaften*),其中一部分也以《论货币之起源》为题,以英文发表。门格尔文集第三卷主要收入关于方法论争论的更多著述,是他在方法论大论战中发表过的文章。另外也收入五篇传记性文章,其中两篇是纪念门格尔去世100周年之际弗里德里希·李斯特和约翰·斯图亚特·密尔所写,另三篇是悼词,分别出自洛伦兹·冯·斯泰恩(Lorenz von Stein)、威廉·罗舍尔(Wilhelm Roscher)和庞巴威克之手。

边际效用、经济秩序与经济过程

在19世纪70年代之前,经济学家一般都将产品价格的差异归结为生产这些产品的成本差异。根据这一解释原理,有的产品之所以能卖出高价格,是因为生产成本更昂贵。尽管新古典三雄各有自己的阐述和表达方式,但其共同之处是,以边际效用理论取代这种生产成本决定价格和资源配置的理论。新古典三位奠基人都用消费者赋予某一商品的边际单位之效用解释价格。不是高成本导致消费者必须掏高价格，相反，是消费者对新增产出的估价，促使生产商投入更多开支，以生产同样产品上市。

约翰·斯图亚特·密尔的《政治经济学原理》（第一版出版于1848年）于1871年出版修订版，他关于定价和资源配置的经济学理论，可能是被人引用最广的。他首先评论说，“对于目前及未来的学者来说，关于价值规律已没有什么需要澄清的了，关于这个问题的理论已经完善了”，而就在这之后，他开始信心十足来处理“钻石与水悖论”。大约在这一个世纪之前，亚当·斯密也是这样做的。钻石很昂贵，水很廉价。但没有钻石，人仍可生存，而没有水却活不了。这成了一个悖论，当时学者靠区分使用价值和交换价值、并将经济学解释仅限于交换价值，以解决这一悖论。然而在新古典范式中，这个悖论立刻迎刃而解。市场价格取决于消费者对新增一单位钻石或一单位水所赋予之价值。在钻石就像春天的蒲公英一样到处开花或人们开始觉得美的就是丑的之前，钻石一定可以卖出比水高的价格。但假如有一个怪物垄断者可控制全部水，而另一个垄断者可控制全部钻石，则水的垄断就要值钱得多。相对市场价格取决于相对边际效用，但这并不适用于相对总效用。

对于价格与资源配置之解释而言，边际效用工具显然是在生产成本理路上前进了一步。很显然，门格尔跟新古典其他两位创始人一样，也是根据消费者对边际效用估价之变动解释价格变动的。但同样清楚的是，他所使用的分析工具不同于其他新古典经济学家。对那些经济学家来说，经济学的核心问题是解释价格与资源的配置。到今天，这一点仍能从经济学常用词汇中清楚看出，人们经常说，经济学就是价格理论或有关价格与资源配置的理论。而在门格尔看来，定价和资源配置只是次要问题，而由于这一缘故，门格尔与其他新古典经济学家分道扬镳。在门格尔看来，价格与资源配置只是经济学理论的一小部分而已。

根据后来主宰新古典的瓦尔拉斯之研究取向，核心的分析性课题是解释，在一个知识已凝固、时间已暂停的背景中，相对价格之结构和资源在互相竞争的用途中的配置。在这样的分析范式中，如果允许考虑时间因素，则此时，知识的变化将被视为外生冲击源。与此截然不同，门格尔尝试提出另一个分析框架，在此，时间的流逝及伴随着时间流逝而出现之知识、制度和组织的发展，占据分析之最显著位置，而不是作为外生因素被注入。他确实也讨论消费者的估价和价格问题，但也讨论了知识的获取问题，新产品的开发问题，新制度与组织的生成和创建问题。

门格尔自己对定价活动的研究，尤其是他重视价格形成更甚于价格结果，就可说明这一点。瓦尔拉斯试图用边际效用逻辑解释某些均衡模式，而门格尔甚至拒绝规定这样的前提：同一商品在每个地方都售出同样价格。这种价格同一现象，门格尔确实承认，在某些历史背景下有可能出现，但分析的中心任务应当是解释这种同一的形成机制，而不是靠假设来强行规定就是如此。门格尔最关注的是解释实际价格是如何形成的，而不是揭示假设的均衡价格之逻辑。这种对于在时间中展开的经济演进过程的关注，导致他得出以下看法：竞争从垄断开始演进，经济过程的核心特征是新知识和新产品之生成，它不是对某些均衡逻辑之外源冲击，而是某种稀缺诱导、在时间中展开的竞争活动之自然特征。

自发秩序、制度演进和立法

门格尔认为社会、经济过程，就其核心而言，是在时间中展开的运动，而不是与时间无关的某些点上的关系结构，此观点之重要部分是他对自发秩序和制度演进的研究。在个人选择的直接目标与这些个人及其选择间相互作用而形成的非意图后果之间，存在着根本区别。经济活动的模式一般总是有序的，是可以把握的，但这种秩序井然并非某个人的意图、责任或人为创造，而不过是社会性互动之副产品而已。

因此，经济学的一项基本任务就是解释那些对社会有益、却非源于个人之计划或意图的制度性安排如何演进和形成的问题。门格尔谈到过一些例子，如货币、语言和法律。他用力最勤的是对货币形成过程的解释，其他的例子只是提了一下或列举了一下，而未予以发展或详尽阐述。

门格尔解释了从实物交换中形成货币之过程，他将此作为其制度演进之范式性例证。货币不是通过立法创造出来的，并非立法完成之后经济过程才开始。相反，货币是人们增进其经济利益的努力而形成的、不在其意图之中的副产品。若无货币，交易机会就仅限于实物交换者双方所需之商品正好匹配。人们逐渐认识到，有些货品比别的更易售出。人们将会在交易中接受这些货品，而不再拒绝交易，尽管他们对这些东西并无直接需求，因为这些最易售的货品在未来相对来说更容易交换到他所希望得到的其他货品。尽管在历史上曾有很多货品都有这种易售性质,但金银之类的贵金属是其中最卓著者,除此之外,还有代表对这些金属之索取权的纸券。

尽管如此,门格尔也指出,用“看不见的手”解释制度形成,并不等于说,演进结果不能借助立法予以改进。门格尔尤其在《课题》附录八中指出,法律规则自发形成的过程有时会生成某些对公共福利有害之规则,矫正这样的规则是立法机构的任务。举例来说,门格尔并不会论证说,普通法是最有效率的,而如今在这方面则有大量文献。他确实不会承认,在经济生活开始之前,人们需要有意识地采取某些法律框架,相反,他会坚持认为,这样一种框架会自发地形成,并与经济活动同始同终且有共同边界。但与此同时,他也会主张,在有些情况下,自发地形成的规则也可通过立法予以改进完善。

作为纯理论论述,这当然是一个可信命题。不过,门格尔并未详尽做出具体说明,也未提出任何图式说明,我们如何能够判断,什么时候立法确能矫正自发规则之弊,什么时候立法在矫正弊端之外又会带来别的问题,而戈登·图洛克(Gordon Tullock,1967)开创的当代有关寻租问题的文献,做到了这一点。尽管门格尔清楚揭示了货币是如何自发地形成的,但伴随着货币之自发或市场形成之自由银行制度(free banking),与立法所创造出来的中央银行制度相比,似乎并不更胜一筹。历史上中央银行制度优于自由银行制度的事实,是不是门格尔心目中需通过立法矫正他视之为演进过程形成之有缺陷东西的一个例证?较好的办法是看看门格尔关于在各种具体情况中自发演进与深思熟虑的立法之间关系的成熟思想。门格尔从维也纳大学退休后，其余生全部用于阅读和写作。但从他大量未发表的笔记和零散手稿中可见，在这方面，他并未取得重大进展；不过，这样的研究现在已经是法律经济学、新制度经济学、演化经济学和公共选择等各种研究纲领之前沿课题了。

方法论大论战是破坏性的自发演进？

也许方法论大论战本身就说明了通过自发演进也能形成社会性缺陷。方法论大论战的过程显然是自发演进的产物，而非有意规划设计之结果。方法论大论战的一个重大后果是形成了这么一种意识：人们可以很明确地说，存在着一个被称为奥地利学派经济学的东西。若无方法论大论战，几乎肯定不会出现诸如奥地利学派经济学或德国历史学派这样的社会学现象，因为，经过这场争论，人们才有这样一种认识：这两派是针锋相对的。

方法论大论战由门格尔 1883 年的著作引起，然后演变为一场互相辱骂、双方都听任情绪发作的争论，一直持续了 20 多年，直到其参与者都对该争论厌倦为止。在这些思想家与其所代表的研究进路之间，确实存在着重大区别，但这些区别与正在成长、强调经济理论就是不考虑时间因素的价格与配置理论的新古典之间的区别相比，实在算不了什么。门格尔研究经济学和社会科学之取向，也正是 19 世纪德国经济学传统之特征，其主要代表人物是古斯塔夫・冯・施默勒，他跟门格尔差不多是同代人。尽管施默勒缺乏门格尔的理论敏锐和明确性，但很显然，施默勒的《一般经济学原理》(*Grundriss der allgemeinen Volkswirtschaftslehre*)体现的是跟门格尔相近的研究取向,也有鼓舞人心的精神,也集中讨论制度安排随时间而演进的问题。

方法论大论战恐怕应被归类为一场家族内部的失和,尽管我们也应强调,大多数谋杀都发生在家族或朋友中间。关于这一点,约瑟夫·熊彼特曾说(*Schumpeter*,1954, p. 815),方法论大论战基本上是一场意气之争,这确实是相当有道理的评价。伊赛亚·伯林曾在他那篇论述托尔斯泰的名篇中区分了刺猬和狐狸,据此分类,门格尔也许更像一只刺猬,在竭力追寻统一的原理,解决社会问题之普遍适用方案。相反,施默勒更像一只狐狸,强调多样性和独特性,而且过于强调这一点,以至于轻视了有益于概念之清晰的一般组织性原则。他们两人气质上的这种差异在普鲁士和奥地利人互相敌视的背景下又被放大,因为两国之间曾爆发过1866年的战争,于是,一场充满激情的家族争执就有了血腥味。

家族失和会产生长远后果,方法论大论战似乎也不例外。尽管到了20世纪30年代后期,已不再存在任何自成一体的奥地利学派取向的经济学研究进路了,但过去二三十年间,学界又重新出现对奥地利学派经济学的兴趣,尤其是在美国。卡伦·沃恩教授(Karen Vaughn,1994)的著作清晰追溯了其来龙去脉。尽管这一复兴的主要思想人物是米塞斯和哈耶克,但沃恩教授也十分正确地将门格尔定位为这两位人物背后的主要灵感源泉。

1994年,尼克莱·佛斯出版了《奥地利学派与现代经济学》(*The Austrian School and Modern Economic*)一书。与沃恩一样,在佛斯的记述中,米塞斯和哈耶克也是两大核心人物。只是佛斯并未描写奥地利学派经济学之复兴，而是将它写成一个正在退化的研究纲领，主要是因为，其追随者所提供的更多是批评性评论而非建设性贡献。佛斯的书是写给有志于法律经济学、新制度经济学等目前生气勃勃的研究纲领之士的。他认为，米塞斯和哈耶克仍有很多洞见，可供这些学者参考，但他建议这些学者，不要让奥地利学派经济学家独占这些普遍被归功于米塞斯和哈耶克的思想，并因此而干扰其承认这些洞见之价值。

佛斯和沃恩都很尊重门格尔，也尊重米塞斯和哈耶克，只是他们对奥地利学派经济学的前景之预测，大相径庭。到今天还在讨论的这一问题，是方法论大论战及在那之后形成的社会结构之产物。方法论大论战确实帮了瓦尔拉斯体系的忙，使之得以确立在经济学理论中之优势地位，也造成学界对由此而被取代的那种经济学派之知识遗产的评价不足。如果没有爆发门格尔和施默勒之间那样狂暴的家族内讧，那很有可能我们会发现，我们今天既不会谈论奥地利学派经济学，也不会谈论德国历史学派，与此同时，我们会发现，在我们眼前出现的是一种可取代瓦尔拉斯型新古典的富有生机的经济学体系。这种体系最关注组织和制度的发展，而不甚关注去除了时间因素的价格与配置之逻辑，它会将目前分散在诸如新制度经济学、演化经济学、法律经济学和奥地利学派经济学中的精华因素融为一体。然而，方法论大论战确实发生了，结果是，经济学在20世纪走上一条不同发展道路，如果19世纪最后二三十年维也纳和柏林的学者们的头脑更冷静一些，就不会走上这样一条道路；而这样一条道路，使得替代瓦尔拉斯新古典的观念体系之传播和为人接受，难上加难；这样一种替代体系最恰当的名

字,本来可以是后古典经济学(postclassical economics),尽管它早在方法论大论战之前就已形成。

参考文献

Foss, Nicolai Juul (1994),《奥地利学派与现代经济学》(*The Austrian School and Modern Economics*), Copenhagen: Munksgaard International Publishers。

Menger, Carl (1968—1970),《全集》(*Gesammelte Werke*), 2nd ed., Tübingen: J. C. B. Mohr, 4 vols。

Menger, Carl (1871),《经济学原理》(*Grunndsätze der Volkswirtschaftslehre*), Vol. 1 of *Gesammelte Werke*。

Menger, Carl (1883),《对社会科学、具体而言对政治经济学方法之探究》(*Untersuchungen über die Methode der Sozialwissenschaftern und der Politischen Ökonomie insbesondere*), Vol. 2 of *Gesammelte Werke*。

Menger, Carl (1950),《经济学原理》(*Principles of Economics*), Glencoe, IL: The Free Press, 1950。

Menger, Carl (1963),《经济学和社会学之课题》(*Problems of Economics and Sociology*), Urbana, IL: University of Illinois Press。

Schumpeter, Joseph A. (1954),《经济分析史》(*History of Economic Analysis*), Oxford: Oxford University Press。

Tullock, Gordon (1967),"关税、垄断和盗窃之福利成本"("The Welfare Costs of Tariffs, Monopolies, and Theft"), *Economic Inquiry*, 5, 224—232。

Vaughn, Karen I. (1994),《奥地利学派经济学在美国:一个传统之迁入》(*Austrian Economics in America: The Migration of a Tradition*), Cambridge: Cambridge University Press。

方法论大论战

萨缪尔·博斯塔菲

经济思想史家公知的那场叫作“方法论大论战”(Methodnstreit)的学术交锋,是一场有关经济学之方法和形态学(Morphology)的论战,其主要参与者是卡尔·门格尔(1840—1921)和古斯塔夫·施默勒(1838—1917)。这场争论当时并未分出胜负,争论双方所使用的措辞之尖刻则是出了名的。而且,门格尔的余生深深沉浸于这一论战所提出的问题及与其相关的种种因素,这使得他最终未写完并出版他已承诺写作的一本经济学通论和经济学方法论著作。

论 战 历 史

门格尔于 1883 年出版了《社会科学方法论探究》(*Untersuchungen ueber die Methode der Socialwissenschaften und der Politischen Oeconomie insbesondere*,即本书),引发这场论战。此时距他发表其《国民经济学原理》(*Grudsaetze der Volkswirtschaftslehre*)已有 12 年,那本书让他一举成名,并使他获得维也纳大学受人尊敬的经济学讲座教授位子。而在《探究》中,门

格尔提出一套论证，反对那种将经济学视为以历史学为基础的学科、仅致力于运用“历史方法”的观念，他认为，德国历史学派成员所秉持的就是这样的观点。他也提出他本人对这门学科之性质、课题与范围的看法，同时也提出针对自然社会与社会科学，以及政治经济学主要分支（理论、政策与财政）之方法论有关问题的看法。

我们不是特别清楚，门格尔为什么选择批评历史学派，当时，该学派的领袖和主要代言人是施默勒。门格尔《原理》曾批评过历史学派创始人威廉·罗舍尔（Wilhelm Roscher），而不管是老一代历史学派学者，还是年轻一代学者，都未对《原理》表示过不满或敌意，当然，他们也不可能对这本著作对经济学理论做出的开创性贡献表示喝彩。不管随后几年门格尔为何会投入《探究》，反正这些努力的结果，是对历史方法、对历史学派学者将政治经济学看成一门主要研究国家集体之经济发展过程的学科的基本认识，发起了一场广泛攻击。

施默勒对这一攻击的回应，是在他主编的《年鉴》（*Jahrbuch*，1883）上发表了几篇书评，对门格尔的批评意见之几个关键方面，及他眼中门格尔本人之论点，表示强烈反对。之后，门格尔于1884年进行了格外无礼的反击，而施默勒在《幻想的德国国民经济学之历史主义欺骗》（*Die Irrthuemer des Historismus in der Deutschen Nationaloekonomie*）中，对其予以很简慢的处理。施默勒并未直接予以答复，在著作（*Die Irrthuemer*）对门格尔根本不予置评。随后几年，围绕着门格尔、威塞尔和庞巴威克逐渐形成奥地利学派，在两个学派代表人物之间时不时爆发零星争论。于是，这场争论从门格尔与施默勒之间的论点对立，上升为奥地利学派与历史学派的全面对抗，双方定期爆发零星战斗。

要解释这场学者之间冲突的根源，并不是一件乍看之下那么简单的事情；这场争论也并未涉及太多个人恩怨或社会政治因素——尽管这场争论的一个结果是，据说，施默勒靠自己的影响力，将在这场争论中支持奥地利学派观点的学者，排挤出了德国学术界。令人惊讶的是，实际上，方法论大论战甚至根本就不是一场围绕着经济学研究之具体方法而展开的争论，而是（Bostaph, 1976, 1978）围绕着经济学研究的组织和推动原则进行的。也就是说，这场论战源起于构成门格尔和历史学派各自方法论的一整套方法背后的认识论与形而上学基础之间的冲突。历史学派主要遵循休谟的唯名论（nominalism），而要正确理解卡尔·门格尔，则最好将其置于 19 世纪亚里士多德主义/新经院哲学（Aristotelian/neo-scholarsticism）背景下考察。不幸的是，不管是门格尔还是施默勒都未认识到这一点，因而也从未就让他们分道扬镳之最根本问题，也即其截然不同的有关概念、共相（universals）和因果关系的理论，展开过讨论。相反，他们集中于争论一些更肤浅的问题，比如经济学各分支之正确分类，各分支之目标、范围和所要研究的现象，如何最好地构建经济学理论，在多大程度上经济学理论能从经济活动生成的角度提供某种对这些经济活动之理解。对所有这些问题，他们各自的回答都源于他们背后互相对立的认识论原则，这些原则必然造成互相对立的方法论。方法论大论战实际上只是以比较肤浅的方式体现了两种最基本的方法论倾向，即历史的－经验的倾向与抽象的－理论的倾向背后至关重要的认识论基础之间曾反复出现的根本性对立。

历史学派的认识论

威廉·罗舍尔(1817—1894)是老历史学派创始人,也是其最重要成员,另外两个最重要的成员是布鲁诺·希尔德布兰德(Bruno Hildebrand,1812—1878)和卡尔·克尼斯(Karl Knies,1821—1898)。施默勒是其下一代、通常被称为年轻历史学派的领袖和主要代言人。这两代学者在主要信念方面有若干差异,不过,他们有一共同点,都基本上采用经验论和整体论(holistic)倾向。两代学者都主张运用某种描述性"历史方法"处理历史数据(date),从中得出经济规律;不过,他们对这些规律之范围或必要性有不同看法。

罗舍尔认为,可以通过对不同社会、社会过程和社会制度做跨时空比较而发现绝对的经济发展规律。这样的规律,从其性质上看,不同于刻画具体某一社会某一给定"阶段"的那种经济规律。这类"短期"规律描述的是具体某一经济体之"生理性"过程,因而是因时、因地而异的,而不具有普遍性。希尔德布兰德和克尼斯对这些发展规律的"绝对性"的看法,与罗舍尔有异,但他们并不反对其经验论和整体论方法。尽管是同样运用描述性方法获得规律,但对这些规律的必要性,他们的认识并不一致,这里蕴涵着某种认识论上的不一致,后来施默勒则回避这种不一致,他干脆完全不承认通过描述性历史方法所获得的规律有任何"绝对性"之可能。

罗舍尔和老一代历史学派主张研究整个"社会有机体"(social organisms),施默勒则转而研究各种社会制度及其相互关系,研究国民经济内部之社会过程。他主张，对这些制度及其间关系进行观察、描述、分类并形成概念，不过是为描述经济现象之“普遍本质”及普遍性理论所做的准备而已。施默勒所理解的因果关系，如同他所理解的概念形成过程一样，也是描述性的（descriptivistic）；其宗旨是在现象前后相续过程中，发现经验上可观察的“短期”一致性（uniformities），由此得到的就是相关于我们所探讨之现象或以其为依据之经济“规律”。借助于运用这种历史方法而得到的概念和规律之综合体，就是我们所追求之经济学理论，从其性质上来看，这种理论必然是相对的或偶然的，也是“集体主义的”。可最充分地体现施默勒对经济学概念、规律及由此所得到之结果的认识论性质之理解的因果概念，就是休谟唯名论的因果概念。正是这种哲学观念支持着他将“历史方法”鼓吹为可用来建构理论的唯一合适的办法，且保证这样的理论必然是相对的。

卡尔·门格尔的认识论

门格尔在批评历史学派时，特别反对只能用一种方法理解经济实在、从而形成经济学理论的观点。他认为，经济历史不过是经济学科的一个分支而已，这个学科还应包括经济理论、有关经济政策和公共财政的实用性学科，而要求将同一方法运用于各个分支则是荒唐的。每门学科都应使用适合于它所研究之具体现象及它所追求之目标的方法。门格尔特别探讨了历史学派声称其方法是生成经济学理论之唯一工具的说法。门格尔所说的“经济学理论”是指对经济现象之普遍性质和普遍性关系的解释，不同于对单个或集体个别经济现象之性质和关系的描述，他认为，后者完全是经济历史研究之对象。他认为，只能运用两种方法——精确方法和“实在的－经验的”方法——中的一种，才能获得经济学理论。每种方法所得到的理论，在“精确性”或“绝对性”程度上有所不同。

通过观察现象的实际“类型”和“典型关系”而发现之现象并存和相续之规律性，门格尔称之为“实在的－经验的”理论，这些理论会出现例外，会因时而异。从某种意义上说，这类理论正是历史学派宣称所能发现的，尽管他们（尤其是施默勒）对赖以把握“类型”和“典型关系”的方法有不同（在门格尔看来，是错误的）理解。而通过精确方法所发现的现象之并存与相续规律性，则由于认知过程所使用之方法的性质，而不承认有例外。在这里，门格尔提出了最抽象也最晦涩的解释，而人们对它的阐释，也一直存在相当大分歧。这里所看到的只是我们本人的一种阐释，是将门格尔归之于亚里士多德主义/新经院哲学认识论后得出的结论。人们普遍承认，门格尔受到某些类型的亚里士多德主义之强烈影响；但对他是如何受此影响、受到多大程度影响，却无一致看法。我们可在两篇文章中（Smith，1986；Caldwell，1990）看出某种看法上的分歧。门格尔从未明确说过自己的认识论属于亚里士多德主义，也从未明确提及亚里士多德有关形而上学或认识论的著述。他在其著述中也从未提及他同时代亚里士多德主义学者的认识论著作，也未发表过专门讨论认识论问题之书籍或论文。

门格尔认为，通过“精确”方法所发现的现象之并存和相续的规律性，由借以揭示这种规律性之认知过程的性质所决定，是不承认有例外的。为得出“精确”规律，首先需要确定什么是“典型的”

现象。“典型的”现象就等于个别现象之某种确定的质(defining quality)或本质(das Wesen),可将其认知为该类型之集中体现。在这样解决概念或共相问题时,门格尔说,他要追寻每一现实现象中“最简单的”构成因素;后来,在追寻经济规律时,他则试图将现象孤立起来,利用如此得到的“简单因素”推论(1883,p. 61)“复杂现象是如何从现实世界中最简单且在一定程度上是非经验的要素中发展出来的”。因而,门格尔所致力于寻获的,不仅是由“类型”所例示之普遍性知识,也要获得由“典型关系”所例示之普遍性知识。他相信,这些典型关系,或者说经济现象间之普遍性联系,可被我们作为“严格”意义上的“精确规律”而发现。门格尔指出,“精确的”或者说因果起源性(casual)规律,必然是绝对的陈述,根据我们“思维的规律”,不能设想这些规律也有例外。

用亚里士多德主义来阐释就是,门格尔相信,实在整体按其本性是存在于“典型关系”中的。因而,有关一个实体的概念,假如它体现了该实体之本质,就体现了其性质。使用这些概念上的“简单构成要素”进行的推理,就是在按其性质进行推理,由此所建构(演绎)之关于因果关系的概念体系,必将合乎现实世界之因果关系。这是因为,在具有某种确定性质的实存的确定事物间是存在这种因果联系且有待于我们查知的。要全面把握某种因果关系,就要借助处于这种联系中的这些确定事物来全面地认识这种联系,正是这些事物形成了这样的联系,而且,这些事物只能按其性质发挥作用或受到作用。因而,概念上或“理论性”因果规律,就是有关现实的规律,用门格尔的话说,它们是“绝对的”。

据此,我们不难理解施默勒对门格尔《探究》、对门格尔“精确”

方法所蕴涵的演绎的普遍性理论之反应了，因为，施默勒坚持具有强烈经验论色彩的研究取向，除了实用的需要之外，他从根本上反对对经济现象之完整经验复杂性（发生在具体社会背景下）做任何抽象。而门格尔则认为，任何由历史方法所生成的理论，根本不属于真正的理论，因为他坚持由概念和因果关系构成的理论，完全不同于历史学派心目中的理论。他关注的经济现象之本质是“原子式”普遍性“类型”及从其中逻辑演绎之“典型的”因果关系；它们不是集体性个性及其相应的关系，而这却是历史学派之兴趣所在。门格尔从来不用“整体论的”和“脉络论的”进路（contextual approach），他不承认历史学派总结出来的经验性规律是因果性规律。反过来，门格尔所使用的人的自利这一“简单要素”、他所使用的单一因果论方法（monocasual approach），是施默勒不能接受的，是“违背现实的”，他相信，人的经济行为动机是多样的，就像在任何经验背景中，因果影响都是多样的一样。

参考文献

Bostaph, S. (1976),《经济学中方法论冲突的认识论根基：19 世纪方法论大论战的案例》（“Epistemological Foundations of Methodological Conflict in Economics: the Case of the Nineteenth Century Methodenstreit”，未出版之博士学位论文，南伊利诺伊大学 Carbondale 分校）。

Bostaph, S. (1978),《门格尔与德国历史学派之间的方法论冲突》（“The Methodological debate between Carl Menger and the German Historicists”, *Atlantic Economic Journal*, 6, (3), September, 3—16）。

Caldwell, B. (1990),《门格尔与他在经济学中的遗产》（*Carl Menger and His Legacy in Economics*, Durham, NC: Duke University Press）。

Graasl W. and B. Smith (1986),《奥地利学派经济学的历史与哲学背景》

(*Austrian Economics*: *Historical and Philosophical Background*, New York: New York University Press)。

Menger, C. (1871),《国民经济学原理》(*Grundsaetze der Volkswirtschaftlehre*, translated (1950) as Principles of Economics, ed. J. Dingwall and B.F. Hoselitz; reprinted, New York: New York University Press, 1981)。

Menger, C. (1883),《社会科学方法论探究》(*Untersuchungen ueber die Methode der Socialwissenschaften und der Politischen Oeconomie insbesondere*, translated(1963) as *Problems of Economics and Sociology*, ed. Louis Schneider; reprinted, New York: New York university Press, 1985)。

Menger, C. (1884), *Die Irrthuemer des historismus in der Deutschen Nationaloekonomie*, Vienna: Alfred Hoelder。

Menger, C. (1889),《对经济学科进行的一种系统的分类》("Grundzuege einer klassifikation der wirtschaftswissenschaften") *Jahrbuecher fuer Nationaloekonomie und Statistik*, n. s., 19, 465—496, translated (1960) as "Toward a systeatic classification of the economic sciences", in *Essays in European Economic Thought*, ed. Louise Sommer, Princeton: Van Nostrand, pp.1—38。

Schmoller, G. Von (1883),《国家的与社会的科学之方法》("Zur methodologie der Staats-und sozialwissenschaften"), *Schmollers Jahrbuch fuer Gesetzgebung*, *Verwaltung und Volkswirtschaf*t, 7, 975—994。本文略有修改,改题为"Die schriften von K. Menger und W. Dilthey zur methodologie der Staats-und sozialwissenschaften", 收入 G. Von Schmoller, *Zur Litteratur-geschichte der Staats-und sozialwissenschaften*, Leipzig: Duncker and Humblot, 1888; 收入 Bibliography and Reference Series, No.169, New York: Burt Franklin, 1968。

Schmoller, G. Von (1893),《经济、经济学及其方法》(*Die Volkswirtschaft die Volkswirtschaftslehre und ihre Methode*), reprinted, Frankfurt: Vittorio Klosterman, 1949。

Smith，Barry（1986），《奥地利学派经济学与奥地利的哲学》（"Austrian Economics and Ausrian Philosophy"，in W. Grassl and B. Smith，eds，1986，pp. 1—36）。

翻译说明

本书系奥地利学派经济学创始人卡尔·门格尔继《国民经济学原理》后所写的唯一一部经济学专著，为帮助读者理解门格尔于本书阐发之论点，译出门格尔名作《论货币之起源》为卷三附录，又搜寻翻译若干二手文献附录于书后。

书中原有若干法文、拉丁文段落和语句，法文部分由吾友谢学敏君介绍新华社杨京德先生帮助译出，拉丁文由吾友孙怀亮君介绍雷立柏教授（Leo Leep）译出。无私帮助，心怀感激。不准确之处，悉由本人承担。

本译文曾以《经济学方法论探究》为书名，列入“奥地利学派译丛”出版。今检旧译，颇多错谬。愧对读者，思之每每赧然而汗流浃背，益知文字之事，不慎则成大过。今商务馆愿予重出，一则以喜，一则以忧，喜得补过机会，忧在学识不足。

蒲城姚中秋谨志于丙申孟夏

图书在版编目(CIP)数据

社会科学方法论探究/(奥)卡尔·门格尔著;姚中秋译.—北京:商务印书馆,2024
(汉译世界学术名著丛书:120年纪念版:珍藏本:增订本)
ISBN 978-7-100-23811-3

Ⅰ.①社… Ⅱ.①卡…②姚… Ⅲ.①社会科学—方法论 Ⅳ.①C03

中国国家版本馆 CIP 数据核字(2024)第 078647 号

汉译世界学术名著丛书
(120 年纪念版·珍藏本·增订本)
社会科学方法论探究
〔奥〕卡尔·门格尔 著
姚中秋 译

商务印书馆出版
(北京王府井大街 36 号 邮政编码 100710)
商务印书馆发行
北京新华印刷有限公司印刷
ISBN 978-7-100-23811-3

2024 年 5 月第 1 版　开本 710×1000 1/16
2024 年 5 月北京第 1 次印刷　印张 19¾
定价:108.00 元